पत्रकार अम्बेडकर

परम्परा और विमर्श

पत्रकार अम्बेडकर

परम्परा और विमर्श

सम्पादन और भूमिका

श्यौराज सिंह बेचैन

वाणी प्रकाशन

प्रकाशन के उत्कृष्टतम 63 वर्ष

vaniprakashan.com

सजिल्द पहला संस्करण : 2026

वाणी प्रकाशन

4695, 21-ए, दरियागंज, नयी दिल्ली-110 002

फ़ोन : + 91 11 23273167, 23275710

शाखाएँ

अशोक राजपथ, पटना-800 004, बिहार

कॉफ़ी हाउस कैम्पस, महात्मा गांधी मार्ग, प्रयागराज-211 001, उत्तर प्रदेश

महात्मा गांधी अन्तरराष्ट्रीय हिन्दी विश्वविद्यालय, वर्धा-442 001, महाराष्ट्र

sales@vaniprakashan.in
vaniprakashan@gmail.com

Patrakar Ambedkar : Parampara Aur Vimarsh
by Sheoraj Singh Bechain

ISBN : 978-93-7348-029-9
Journalism

मूल्य : ₹ 595

आर. टेक ऑफ़सेट, दिल्ली-110 032 में मुद्रित

वाणी प्रकाशन का लोगो मक़बूल फ़िदा हुसैन की कूची से

समर्पित

बाबा साहब डॉ. भीमराव अम्बेडकर

के

'मूक नायक' (1920)

और

'बहिष्कृत भारत' (1927) के शताब्दी वर्षों को।

डॉ. श्यौराज सिंह बेचैन

आभार

जिन राष्ट्रीय पत्र-पत्रिकाओं ने जगह दी–दैनिक जनसत्ता-मैगजीन, कथा मासिक 'हंस' त्रैमासिक, पूर्वदेवा, मासिक–हम दलित, समकालीन जनमत, दैनिक हिन्दुस्तान, दैनिक राष्ट्रीय-सहारा, पश्यन्ती, साप्ताहिक–इंडिया टुडे, 11MC की पत्रिका–विदुर, मासिक 'समय-सरोकार', 'संचार माध्यम', आकाशवाणी, मासिक आजकल सभी का आभार।

अनुक्रम

भूमिका

यह संयोग ही है, कि बीते 2020 और आगामी 2027 साल बाबा साहब के क्रान्तिकारी समाचार पत्रों के शताब्दी वर्ष हैं। 'मूकनायक और बहिष्कृत भारत' ऐसे समय में हम उनकी पत्रकारीय सेवाओं के सरोकारों और प्रभावों पर बात कर रहे हैं। यह अत्यन्त प्रासंगिक है।

सौ सालों की यात्रा की सफलता-असफलता का अध्याय कर यह जानना अपेक्षित है, इस लोकतान्त्रिक युग और स्वराज में कितना बहिष्कार दूर हुआ, किन-किन क्षेत्रों में बहिष्कार यानी अस्पृश्य भारतीयों की समता, स्वतन्त्रता और बन्धुता के मूल्यों के साथ शिक्षा में, सिनेमा में, साहित्य में, राजकीय अर्थव्यवस्था में, खेलों में, मीडिया में, न्यायपालिका में, कितनी भागीदारी और कितनी सामाजिक स्वीकार्यता मिली?

पुस्तक समीक्षा, पुस्तक लेखन के सार्वभौमिक नियमों के परिप्रेक्ष्य में ही न्याय संगत हो सकती है। कोई भी पुस्तक चाहे वह शोधपरक हो अथवा चिन्तनपरक लेखक के हाथों से निकल, प्रकाशन प्रक्रिया से गुज़र कर अधिसंख्य पाठकों-विचारकों की वस्तु हो जाती है। तीन दशक तक चिन्तन की आँच पर पकने के बाद यदि स्वयं लेखक उस वस्तु पर विचार करता है, तो अनासक्त और निरपेक्ष भाव से एक जिज्ञासु विद्यार्थी की भाँति, वह स्वयं सोच सकता है, क्योंकि मैंने अनुभव किया है, ज्ञान कभी निरपेक्ष नहीं होता, सदैव समाज सापेक्ष होता है। ज़ाहिर तौर पर ज्ञान का क्षेत्र अनन्त है, पर अन्ततः क्षेत्रबद्ध है, गणित के कुछ उच्च अपवादों को छोड़, परिणामतः बौद्धिक गतिविधि के कतिपय मौलिक और व्यापक क्षेत्र सृजित होते हैं। मसलन मानव का आन्तरिक अन्तर्विरोध, मानव-मानव या मानव-समूहों-

समाजों के अन्तर्विरोध या मानव और प्रकृति में विद्यमान अन्तर्विरोध। समाज-संस्कृति के क्षेत्र में दलित चेतना इन अन्तर्विरोधों से स्वायत्त करके नहीं देखी जा सकती और दलित पत्रकारिता तो समाज को निचली सीढ़ी के जीवन और अन्ततः लोकतान्त्रिक समतामूलक समाज बनाने के विचारों का प्रमुख स्थान है। सृजन के ज़रिये मानव जब स्वयं को परिभाषित करता है और अपने भीतर के अन्तर्विरोधों को चिह्नित करता है, तब वह स्वयं के प्रति भी संवेदनशील हो जाता है। अन्तर्विरोधों को चिह्नित करना, उनकी व्याख्या करना, उन्हें हल करनें का प्रयास करना, यह समूची कवायत मानव को स्वप्नशील ऊर्जस्वी और उत्साही बनाती है, न कि पस्तहिम्मत। इसे आप कल्पना शक्ति भी कह लें तो भी अनुचित न होगा, इन्हीं-किन्हीं के बीच सृजन का आधार-बिन्दु छिपा होता है। इस प्रक्रिया में परिवेश जब स्वप्न के प्रथम पदचाप को रोकता है, तब उसे सायास तोड़ देने की नयी कल्पना का जन्म होता है, यहीं से आर्थिक रूप से शोषित श्रमिकों और अस्पृश्यता ग्रस्त दलितों के मुक्ति-मार्ग प्रशस्त होते हैं, विचार क्रान्ति के बीज अंकुरित हो उठते हैं, मानव की इन अनन्त प्रक्रियाओं की अभिव्यक्ति भी अनन्त रूपों में होती है। कविता, कथा, उपन्यास, गीत-संगीत, ललित-कलाएँ, समाज शास्त्र, राजनीति शास्त्र, तर्कशास्त्र दर्शन, अर्थशास्त्र, इतिहास, यह सब उसी अभिव्यक्ति के विभिन्न रूप हैं, पर जब मानव, 'मैं' और 'मेरा समुदाय' 'मेरा वर्ण' या 'मेरे वर्ग' को केन्द्र में रख लेता है, तो वह स्वयं या अपने वर्ण/वर्ग को दोषमुक्त घोषित करता है, परिणामतः वह अन्य व्यक्ति या समुदायों को अपना या अपने वर्ण/जाति/वर्ग का सेवक मान बैठता है। यह स्थिति, मूलतः अनैसर्गिक, स्वप्न को दोषपूर्ण बनाती है, सृजनशीलता को नष्ट करती है, संवेदना को जड़ बना देती है, समाज की वैज्ञानिक प्रगति में रुकावट डालती है। व्यक्ति या उसका समुदाय/वर्ण/जाति/ वर्ग, पराजित हो जाता है, इससे उसकी वैश्विक दृष्टि का विकलांग हो जाना स्वाभाविक परिणति होती है, दूसरे शब्दों में, बौद्धिक-बांझपन का शिकार समाज गति-विहीन हो जाता है। समाज के इन अन्तर्विरोधों का अध्ययन करना सामाजिक ज्ञान के क्षेत्र में आता है। इन स्थितियों में जिसके पास दूर दृष्टि, तार्किकता और वैज्ञानिक विचार शक्ति होती है, भविष्य के लिए वही टिकता है। दलित पत्रकारिता की खोज को हम अन्य अध्ययनों

से अलग करके नहीं देख सकते। वह इसलिए कि प्रकृति के अन्तर्विरोध भी सार्वभौमिक नियमों से ही आबद्ध होते हैं। इन अन्तर्विरोधों तथा इनमें अन्तर निहित सार्वभौमिक नियमों की अज्ञानता, प्रकृति पर रहस्य की चादर डालती है। ज्ञान-पिपासा, जिज्ञासा रहस्यों के प्रति कौतूहल बढ़ाती है, और कौतूहल की शान्ति के लिए, तर्क व्याख्या की माँग करता है। तार्किक क्षमता का अभाव, मानव के समक्ष, दैवीय शक्तियों का रहस्यमय संसार सृजित कर देता है। तब सूर्य ग्रहण, चन्द्र ग्रहण आदि दैवीय प्रकोप के फलस्वरूप उत्पन्न होते हैं तथा मानव की अपनी ज़मीन भी सौर्य मण्डल का केन्द्र बन जाती है। मानव जब तक तर्क शक्ति में कमज़ोर रहा, अपेक्षाकृत प्रकृति के रहस्यों को समझने में भी असफल रहा। वह तर्क शक्ति ही तो थी जिससे 1543 ई. में कोपर्निकस (Nicolaus Copernicus) अपनी किताब 'Derevolutibus orbium Coelesaium' द्वारा चर्च की इस मान्यता का तर्कसंगत खण्डन कर दिया कि ब्रह्माण्ड का केन्द्र पृथ्वी नहीं, बल्कि सूर्य है तथा गैलेलियों ने दूरबीन बना कर यह सिद्ध किया कि किस तरह पृथ्वी सूर्य की परिक्रमा करती है, तब खगोल-विज्ञान में क्रान्तिकारी उन्नति हुई, क्योंकि मानव ने सौरमण्डल के सार्वभौमिक नियमों को समझ लिया। जब आइन्सटिन द्वारा सापेक्षता का सिद्धान्त प्रतिपादन के बाद, भौतिकशास्त्र में क्रान्तिकारी विकास के साथ-साथ प्रकृति के सार्वभौमिक नियमों को समझने की प्रक्रिया प्रबल हुई, तब इस क्षेत्र की समस्त बौद्धिक गतिविधियाँ वैज्ञानिक दृष्टि ने बदल दी।

यूँ तो मानव भी प्रकृति का ही अंग है, पर प्रकृति में विद्यमान जीव प्रकृति की सर्वोत्तम कृति है। पर 'सर्वोत्तम' में 'सर्वश्रेष्ठ' मानव है, क्योंकि, बाकी जीव परिवर्तनशील प्रकृति के अनुसार स्वयं को रखते हैं। जो आवश्यकतानुसार स्वयं को ढ़ाल नहीं पाते तो वे विलुप्त हो जाते हैं। मानव भी परिवर्तनों के अनुरूप और अपनी सुविधानुसार प्रकृति को ढालता रहा है। यह कार्य, समस्त जीवों में, मात्र मानव ही कर पाता है। मानव, बाढ़ से निपटने के लिए, जल का संरक्षण करता है, जल से विद्धुत उर्जा भी बना लेता है। इस तरह मानव प्रकृति से संघर्ष करता है, प्रकृति का संवर्धन भी करता है, प्रकृति का दोहन भी करता है। मानव व प्रकृति के बीच अन्तर्विरोध को मानव अपने पक्ष में हल करता है तथा इसी प्रक्रिया में मानव औजारों के सृजन सम्बन्धी मानव की

बौद्धिक गतिविधि टेक्नोलॉजी जो विज्ञान के नियमों पर ही आधारित होती है, उसके प्राकृतिक नियमों का अतिक्रमण भी करता है, सृष्टि का संवर्धन करता है और महाविनाशक नाभकीय हथियार भी बनाता है। क्रान्तिकारी आविष्कार के रूप में ए.आई (AI) हमारे सामने है।

विवेचित दलित पत्रकारिता ग्रन्थ समाज के अन्तर्विरोध के ही सन्दर्भ में है। ग्रन्थ की विषय वस्तु ही उस की सबसे बड़ी शक्ति है। बाबा साहब डॉ. बी.आर. अम्बेडकर के क्रिया-कलापों का दायरा बहुत व्यापक और अनेक आयामी था, वे सम्पादक से इतर वस्तुतः अर्थशास्त्र में ब्रिटेन के विश्वविद्यालय से डिग्री प्राप्त करने वाले पहले भारतीय नागरिक थे। वे विधि विशेषज्ञ थे और उन्होंने ही भारत के संविधान की रचना की थी। वे वैज्ञानिक स्वभाव के दार्शनिक थे। भारतीय समाज के अन्तर्विरोधों को हल करने का दर्शन भी उन्होंने ही प्रस्तुत किया था। वे क्रान्तिकारी थे तथा सामाजिक आन्दोलन उनके जीवन का अविभाज्य अंग था। वे बेजोड़ राजनीतिज्ञ थे, उनके द्वारा लड़ी गयी राजनीतिक लड़ाई तथा उस लड़ाई में विकसित की गयीं राजनीतिक अवधारणाओं का कोई जबाव नहीं, वे शिक्षा शास्त्री भी थे और उन्होंने ही लोकतान्त्रिक शिक्षा की नींव रखी। सार्वजनिक नि:शुल्क विद्या को उन्होंने भारतीय ज्ञान व्यवस्था का प्राणतत्त्व माना। उन्होंने सब को मुफ़्त शिक्षा के अभाव में भारत के पुनः गुलाम होने की पूरी आशंका महसूस की। वे एक सजग पत्रकार भी थे, पत्रकारिता ही उनका संदेश सम्प्रेषण का प्रमुख माध्यम थी, जिसमें उनके विश्व दृष्टिकोण की अभिव्यक्ति होती थी।

'हिन्दी की दलित पत्रकारिता पर पत्रकार अम्बेडकर का प्रभाव' ग्रन्थ रचना-दृष्टि से दो पहलुओं पर केन्द्रित है–प्रथम; पत्रकार के रूप में डॉ. अम्बेडकर की विशुद्ध बौद्धिक गतिविधि। बहस को और सार्थक बनाने के लिए, इस प्रश्न को हल करना आवश्यक हो जाता है, यह बेचैन रचनाकार, डॉ. अम्बेडकर और दलित समाज की बौद्धिक गतिविधियों को ही अपना अध्ययन का लक्ष्य क्यों बनाता है? रचनाकार के विषय-चयन सम्बन्धी निर्णय के पीछे वे कौन-से सम्भावित कारण थे जो इस ग्रन्थकार को ऐसा करने को बाध्य किये?

ज़िम्मेदार लेखन और गम्भीर चिन्तन का परिणाम ऐसा ही होता है। यह एक सर्वमान्य नियम है। इसी से चिन्तन की अन्तर्वस्तु, निर्धारित होती है। अतः रचनाकार निर्धारित विषय पर ही बहस चलाता है, इस प्रक्रिया में चिन्तन की दिशा तय कराने वाले कारणों पर बहस अनावश्यक हो जाती है। अनावश्यक इसलिए कि यदि कारणों का वर्णन होने लगे, तो निर्धारित विषयवस्तु से भटक जाने का ख़तरा उत्पन्न हो जाता है। पर इस प्रकार के ख़तरे से बचने के प्रयास में एक अन्य आशंकित ख़तरे का सामना करना पड़ता है, जो हमेशा मुँह-बांये खड़ा रहता है। वह ख़तरा इसलिए कि यदि पाठक वर्ग सीमित है और लक्ष्यजन दलित-वंचित सजग नहीं है, तो रचनाकार द्वारा चयनित विषयवस्तु की मौलिक अवधारणाओं को आत्मसात करना आसान नहीं रह जाता। इस तरह के संकट का सुदृढ़ आधार भौतिक होता है। हर रचनाकार आवश्यक रूप से पाठक भी होता है, पर हर पाठक, आवश्यक रूप से रचनाकार नहीं होता। परिणामस्वरूप, रचनाकार, सामान्यतया, पाठक से बौद्धिक रूप में श्रेष्ठ होता है–दूसरे शब्दों में, रचनाकार का बौद्धिक स्तर, सामान्यतया पाठक के बौद्धिक स्तर से ऊँचा होता है। तब, प्रश्न यह उठ खड़ा होता है, क्या पाठक की सुविधानुसार रचनाकार स्वयं के बौद्धिक स्तर के प्रस्तुतिकरण को सम्बन्धित पाठकों के बौद्धिक स्तर की ग्राह्यता शक्ति के स्तर पर ला खड़ा करे? सुविधा का यह मार्ग तत्कालिक रूप से फलदायी प्रतीत तो हो सकता है, पर ऐसी ऊँची क़ीमत पर भारी नुकसान होता है जिसकी भरपायी दुष्कर हो सकती है। अर्थ यह कि सरलीकरण का मार्ग पाठक के बौद्धिक स्तर को ऊँचा उठाने के बजाये, उसे जड़ता की ओर ले जाता है। दूसरे शब्दों में जिस समाज को लक्ष्य करके रचना की गयी होती है, उस समाज की बौद्धिक क्षमता को और परिष्कृत एंव संवर्धित करने के बजाये उसे कुन्द और निर्बल करती है, किन्तु वैचारिक परिपक्वता, स्तर के अभाव में रचनाकार का उद्देश्य पूरा नहीं होता। जो लोग मानते हैं, "पत्रकारिता का क्षेत्र गम्भीर चिन्तन का क्षेत्र नहीं होता। पत्रकार ज्ञान का उत्पादन नहीं करता। समाचार पत्र जिसमें वह कार्य करता है वह उपलब्ध सूचनाओं के आदान-प्रदान का सिर्फ़ माध्यम भर होता है।" ऐसा नहीं है वैचारिक और सामाजिक सरोकारी पत्रकारिता में बुद्धि विवेक की भी ख़ास दरकार होती है।

उपर्युक्त सन्दर्भ को ध्यान में रखा जाये, तो यह कहना तर्कसंगत ही होगा कि ग्रन्थ को परखने के लिए, पाठक को उस बौद्धिक स्तर को प्राप्त करना होगा या प्राप्त करने का प्रयास करना होगा, जिस बौद्धिक स्तर से वे अपने चिन्तन को अभिव्यक्ति देते हैं। यानी कि सागर को समग्रता में समझने के लिए, बेशक उसके अनन्त तल पर पहुँचना सम्भव न हो परन्तु सागर की गहराइयों में तो जाना ही होगा या पर्वत को समग्रता में समझने के लिए, भले ही उसकी चोटी पर न पहुँचा जाये पर किन्ही खास ऊँचाइयों तक तो जाना ही होगा। यदि हम ऐसा कर लेते हैं, तो यह समझना आसान होगा कि यह लेखक अपनी रचना का केन्द्र बिन्दु, डॉ. अम्बेडकर एंव दलित समाज की बौद्धिक गतिविधि को ही क्यों बनाता है? समीक्षक स्वयं समर्थ हैं, बल्कि मेरे अगुआ बौद्धिक हैं। उन्हें उनका कर्त्तव्य समझाने की मेरी चेष्टा नहीं। वे जानते हैं उन्हें मात्र ग्रन्थ की अन्तर्वस्तु की ही परख करनी नहीं होती, बल्कि विषय चयन के निर्णय के पीछे विद्यमान अवर्णित, पहलूओं को भी पाठक के समक्ष प्रस्तुत करना चाहिए, क्योंकि जैसाकि इतिहास दर्शाता है, किसी गम्भीर रचना को समझने के लिए, उस रचना में जितने पृष्ठ हैं, उससे कहीं अधिक रचना पर की गयी टीकाओं में होते हैं, गम्भीर समीक्षकों में डॉ. धर्मवीर, कंवल भरती, चन्द्रभान प्रसाद, ओमप्रकाश वाल्मीकि, जयप्रकाश कर्दम आदि ने ऐसा किया है। पुस्तक में संकलित इनकी विषयवस्तु इस कथन की तस्दीक करती है।

वापस मूल प्रश्न पर लौटते हैं, मेरे जैसे लेखक अपने अध्ययन की विषयवस्तु, बौद्धिक गतिविधि को ही क्यों बनाते हैं? इस प्रश्न का उत्तर मानव की विकास यात्रा में निहित है। दृश्य-अदृश्य सूक्ष्म विहंगम, समस्त भौतिक तत्त्व, जल-तल जीवन--जगत, पेड़-पौधे, वनस्पति सब प्रकृति के ही अंगोपांग हैं। सार रूप में कहें तो इन सबका पूर्ण योग ही प्रकृति है। वह सब कुछ प्रकृति है जो स्वजनित और स्वनिर्मित है। फिर मानव क्या है? लगभग एक करोड़ वर्ष पूर्व, चार पैरों वाला, वृक्ष-वासी वानर-सम जीवों का एक समूह? वृक्षों से उतर कर ज़मीन पर वास करने आया जीव? या शनैः-शनैः दो पैरों पर चलने वाले जीव के रूप में परिवर्तित होने वाला प्रकृति का ही विशेष उत्पाद। इस प्रक्रिया में, इसकी शारीरिक संरचना में भी परिवर्तन हुए। उसके ज़मीनी प्रवास ने नये प्रश्नों को जन्म दिया। लगभग अस्सी लाख वर्ष तक, प्रकृति के थपेड़ों

से जूझते हुए, उसी समूह से, मानव-सम प्राणी का उदय हुआ। किसी के मुख बाहू उदर से नहीं, किसी वर्ण-जाति धर्म की जेर में लिपटा-चिपटा नहीं, किसी से छोटा-बड़ा ऊँचा-नीचा नहीं। शुद्ध मानव-सम प्राणी, यानी वानर चिम्पाजी और गुरिल्ला के पूर्वज जो एक ही वृक्ष वासी थे। कदाचित यह कहना नितान्त ग़लत है, "मानव के विकास में इसे वानर या चिम्पाजी या गुरिल्ला बनने के किसी चरण से गुज़रना पड़ा था।" मानव-सम प्राणी, पुनः नयी परिस्थितियों, नयी आवश्यकताओं के चलते, नये प्रश्नों से गुज़र कर आया होगा। मानव विज्ञान के अध्ययन बताते हैं, लगभग साढ़े-उन्नीस लाख वर्षों तक प्रकृति के थपेड़ों से जूझने के बाद, आधुनिक मानव (होमो सेपियन) का उदय हुआ। वर्तमान मानव का इतिहास इसे 30-40 हज़ार वर्षों से अधिक का नहीं मानता। एंथ्रोपोलॉजी (मानव शास्त्र) यानी विज्ञान की वह शाखा जो मानव एंव उसकी संस्कृति के विकास का अध्ययन करती है, उसकी यही स्थापना है।

मानव शास्त्र के अनुसार, लगभग तीस-चालीस हज़ार वर्ष पूर्व, लम्बे अरसे से चल रहे परिवर्तनों के फलस्वरूप, मानव मस्तिष्क के आकार में क्रान्तिकारी बदलाव प्रकट हुए। मस्तिष्क के आकार में वृद्धि के साथ मस्तिष्क की क्षमता में भी गुणात्मक परिवर्तन हो गया। फलस्वरूप, मस्तिष्क विचार उत्पन्न करने की क्षमता के साथ ही, मानव तर्कसंगत ढंग से सोचने के योग्य हो गया। मानव ने आग उत्पन्न करना सीखा और उस पर क़ाबू पाना भी सीख लिया। अपनी जीविकोपार्जन और अपने प्राणों की रक्षा के लिए वह श्रेष्ठतर क़िस्म के औजार बनाने लगा। गति का ज्ञान पा कर उसने पहिये का आविष्कार किया तथा सभ्यताओं का निर्माण किया। तीस-चालीस हज़ार वर्ष पूर्व अग्नि से भय खाने वाला जीव अब अन्तरिक्ष के बाहर दुनिया तलाशने लगा। मस्तिष्क के आकार में वृद्धि के बग़ैर, यह सम्भव नहीं था। समस्त जीवों में, मानव ही एक ऐसा जीव है, जिसके मस्तिष्क का आकार, उसके शरीर के आकार के अनुपात में, सबसे बड़ा है यानी गजराज के मस्तिष्क का आकार, उसके शरीर के आकर के अनुपात में, मानव के मस्तिष्क के आकार के मुक़ाबले छोटा होता है। मानव एंव अन्य जीवों में अन्य विशिष्टताओं के अतिरिक्त मस्तिष्क का आकार, मानव को सभी जीवों से श्रेष्ठ तो बनाता

ही है, बल्कि समग्र प्रकृति का स्वामी बनने की ख़्वाहिश के साथ ही वह शैतानियाँ भी करता जा रहा है।

उपर्युक्त सन्दर्भ में मानव की रचना एक विशिष्ट रचना इसलिए बन जाती है, क्योंकि इन्होंने मानव के मौलिक गुण को अपने रचना-कर्म का केन्द्रीय तत्त्व बनाया है। प्रस्तुत रचना का वैशिष्ट्य दलित इतिहास की उत्कृष्ट परख भी है। दलित समाज के ज्ञात नायकों की एक सूची बनायें तो उसमें धनुर्धर एकलव्य, ऋषि शम्बुक, महर्षि वाल्मीकि, सन्त कबीर, सन्त गुरु रविदास, स्वामी अछूतानन्द एंव डॉ. अम्बेडकर, बाबू मंगूराम और अयंकाली आदि के नाम स्वतः उभरते हैं। उपर्युक्त समस्त नाम अपने दो मौलिक गुणों के नाते जाने जाते हैं; प्रथम वर्ण-व्यवस्था के विरुद्ध नकार एंव नकार में बौद्धिक शक्ति को साधन बनाना। भारत में विद्यमान समस्त सामाजिक श्रेणियों में मात्र दो ऐसी श्रेणियाँ हैं; ब्राह्मणवादी व्यवस्था का ऐसा वैचारिक ढाँचा विकसित किया गया, जिसमें इस व्यवस्था के प्रतिस्थापक, ब्राह्मण अपने गुण और पेशों के चलते समाज पर अपनी श्रेष्ठता बनाये रखी। चूँकि व्यवस्था को स्वतन्त्रता मूलक संविधान सापेक्ष नहीं बनाया जा सका, इसलिए सीढ़ीनुमा श्रेष्ठता-अश्रेष्ठता आज भी बरकरार है। दलित सदैव इस व्यवस्था को तोड़ने का प्रयास करते रहे, इस प्रयास में उन्होंने बौद्धिक शक्ति को हथियार बनाया। व्यवस्था इसलिए नहीं टूटी, क्योंकि ग़ैर-ब्राह्मण दलितेतर अन्य सामाजिक श्रेणियाँ व्यवस्था के पोषण में लगी रहीं। तथापि दलितों को अब तक जो कुछ भी हासिल हुआ, वह कितना ही अपर्याप्त क्यों न हों, पर वह दलितों की बौद्धिक क्षमता तथा संगठित संघर्ष की क्षमता को साधन बनाकर ही प्राप्त हुआ है।

पाठक की प्रश्नाकुलता को शान्त करने हेतु, बताना उचित होगा, क्यों यहाँ मानव विकास के ऐतिहासिक विकास क्रम के हवाले से बात की गयी है? उत्तर यह कि भारत के दलित हों या अमेरिका के दास (अश्वेत) अथवा रशियन सर्वहारा-मज़दूर वे सभी श्रम और तकनीक के संघर्ष में संलग्न रहे हैं, जिसमें उनकी बुद्धि-विवेक का भी विकास हुआ है, इसी विकास ने दासों को मुक्त किया, गुलामों को आज़ाद किया तो क्या अस्पृश्यता से मुक्ति नहीं मिल सकेगी? हम आश्वस्त हैं, ज़रूर मिलेगी।

इससे प्रतिभागी लेखकों के चिन्तन एंव चिन्तन की अभिव्यक्ति के रूप में उपर्युक्त परिवेश को समझना आसान हो जाता है। इस परिवेश में ही वर्तमान ग्रन्थ के मूल्यांकन की सार्थकता निहित है। यह महत्त्वपूर्ण बात है कि रचना-प्रक्रिया ने मेरे लिए भी मानव के मौलिक गुण, यानी उसकी बौद्धिक गतिविधि, जिसने मानव को समस्त जीवों से श्रेष्ठ बनाया है, उसे अध्ययन का केन्द्र बनाया है। विद्वानों ने भारतीय समाज के अन्तर्विरोध को मानवतावादी समाज के लक्ष्य निर्माण के लिए दलितों द्वारा अपनाये गये, बौद्धिक शस्त्र यानी उनके श्रमजन्य नैसर्गिक गुणों को अध्ययन का केन्द्रीय मुद्दा बनाया है। एक राष्ट्रीय हिन्दी दैनिक की टिप्पणी के अनुसार हिन्दी दलित साहित्य के क्षेत्र में कुछ प्रमुख नाम हैं, जैसे डॉ. धर्मवीर, कंवल भारती, ओमप्रकाश वाल्मीकि, जयप्रकाश कर्दम आदि जिन्होंने दलित साहित्य की सभी विधाएँ समृद्ध की हैं। उन में एक डॉ. श्यौराज सिंह बेचैन भी हैं, इन्होंने पत्रकारिता विद्या में नया और बुनियादी योगदान किया है। बुनियादी इसलिए कि आज दलित साहित्य की सभी विधाएँ पाठ्यक्रम में आ रही हैं पत्रकारिता में अम्बेडकरवादी पत्रकारिता उत्कल विश्वविद्यालय में पढ़ाई जा रही है। साथ ही हिन्दी पत्रकारिता के केन्द्रीय संस्थानों के पाठ्यक्रम का एक पठनीय अनिवार्य हिस्सा बनाने के लिए इस लेखक (डॉ. श्यौराज सिंह बेचैन) का शोध तमाम सूचनाएँ व विशेषताएँ बता देता है। लेखक का विषय से गहरा सम्बन्ध है। इन में दलित ग़ैर-दलित दोनों दृष्टियाँ आयी हैं और पाठ्यक्रम के निर्धारक तो अधिसंख्य ग़ैर दलित ही हैं, इस कारण जाति पूर्वाग्रह वस्तुपरक न रहे, तो पत्रकारिता के उन्नत विचार, लोकतान्त्रिक विस्तार पर नकारात्मक असर पड़ सकता है। अस्तु इस तथ्य को ज़रूर ही तुरन्त स्वीकार कर लेना चाहिए।

अन्तरजाति-विवाह करने वाले दलित बच्चों की ग़ैर दलित अभिभावकों द्वारा निरन्तर की जा रहीं हत्याएँ प्रमाणित करती हैं, ग़ैर-दलित समाज में दलित की सामाजिक स्वीकार्यता बढ़ी नहीं है। तेलंगाना (नलगोंडा) में एक धनी मानी सवर्ण हिन्दू पिता टी. मरुथीराव ने अपनी इकलौती पुत्री अमृतवर्षिणी के दलित प्रेमी पति प्रणय पेरुमल्ल की हत्या उसकी आँखों के सामने की। पिता ने बेशक सजा सुनते ही आत्महत्या कर ली, पर ठेके पर हत्या करने वाले

सुभाष शर्मा को मौत की सजा दी गयी, बाकी असगर अली, अब्दुलबारी, मौ. अब्दुल करीम, टी. सरवन कुमार, समुन्द्रलाल शिवा और मौ. निजाम, सभी को आजीवन कारावास की सजाएँ हुईं, किन्तु यह प्रश्न तो मुँह बाए खड़ा ही है, 'क्यों गांधी-पुत्रों ने गांधी जी को ग़लत सिद्ध किया? जो गोलमेज सम्मेलन में खड़े होकर डॉ. अम्बेडकर को झूठे आश्वासन दे रहे थे–"दस साल के भीतर जात-पात और छुआछूत का नामोनिशान मिट जायेगा।" हालाँकि उन महान वर्ण-पोषक गांधी जी जिनके भीतर सक्रिय बनिये के विचार की कथनी करनी से कोसों दूर थी। उसको देख डॉ. अम्बेडकर कह रहे थे–इस तरह तो अस्पृश्यता सौ साल में भी समाप्त नहीं होगी? उनकी आशंकाएँ कितनी सटीक थीं? कि "सामाजिक लोकतन्त्र के बग़ैर राजनैतिक लोकतन्त्र तो नाम मात्र के लिए रह जायेगा।"

स्वराज की सवर्णवादी दबंगयी और दलितों के प्रति अन्याय पूर्ण रवैये के चलते डॉ. बी.आर. अम्बेडकर के कर्ण-कटु वाक्य उनकी मृत्यु के बाद ही शब्दश: सच हो रहे हैं। सरकार में कुछ नेता इस स्थिति को दूर करना चाहते रहे हैं, किन्तु लम्बे समय से दलितों के प्रति निरंकुश, क्रूर व हिंसक रहे, वर्ण-समाज में कोई रचनात्मक सुधार होते नहीं दिख रहा। ख़तरा इस बात का है, विभाजन और असमानता देख कर जिस तरह मुग़लों और अंग्रेज़ों ने, हमारे महान देश को सदियों तक गुलाम बना कर रखा, वह वैयक्तिक स्वार्थ अब कहीं विदेशी साम्राज्य का चरित्र अपना रहे हैं। निजी क्षेत्र में, विदेशी निवेश और कर्ज़े देश का विषमतापूर्ण असन्तुलित सामाजिक विकास कहीं पुन: गुलामी के गर्त में न धकेल दें। जिसका श्रम, कौशल, साहस और सामर्थ्य राष्ट्र को उन्नत करता है अगर उस 'बहिष्कृत भारत' को शिक्षा, स्वास्थ्य सांस्कृतिक शक्ति सम्पन्न नहीं होने दिया तो वह असमर्थ राष्ट्र को ख़ुशहाल कैसे बनायेगा? यदि ऐसा होगा तो दलित का उत्पादक दिमाग़ चीन, जापान और अमेरिकी नागरिक की भाँति नये-नये आविष्कार कैसे करेगा? नहीं कर सकेगा तो विज्ञान, तकनीक सूचना, शिक्षा, स्वास्थ्य से समृद्ध कैसे होगा और वह अपने प्यारे देश को सामाजिक, आर्थिक और बौद्धिक रूप से विकसित भारत कैसे बनायेगा? कृतिम मेधा दस्तक ही नहीं दे रही, अपितु, ज्ञान की स्पर्धा को भी चुनौती दे रही है। तकनीक में पिछड़े तो समझो रसातल में गये।

देश को आपदाओं से बचाने में और धन लोलुप असमानता-पसन्द पूँजीपति वर्ग जो अधिसंख्य सवर्ण ही है, दलित का कोई तथाकथित ग्रामीण कल्पित 'क्रीमी-लेयर' भी किसी 'प्राइवेट यूनिवर्सिटी', फैक्ट्री या किसी कला-सिनेमा या 'मीडिया संस्थान' का नेतृत्व सौंप पायेगा? डॉ. अम्बेडकर के (अस्पृश्य) लोगों को आज़ादी के बाद से ही पूरे प्रतिनिधित्व से दूर रखा गया, दशकों दशक न तो उन्हें योग्य माना गया और न योग्य बनने के लिए अवसर दिये। यदि आज से ही सरकारें सब सेवाओं में प्रतिनिधित्व पूरा करने का अभियान चलायें तो कितने दशक लगेंगे उनकी भागीदारी पूरी होने में? जो हक़ उन्हें नहीं मिले, उनकी क्षतिपूर्ति होने का तो प्रश्न ही नहीं।

ज़रा देखें तो समाज के नमूने "वो जय भीम वाला है, हम हिन्दू है"। 'आंचल' के प्रेमी पति की हत्या कर दी गयी? क्यों कर दी गयी? इसलिए कि 'वो जय भीम वाला था और हम हिन्दू हैं।' लड़की के पिता के परिवार के वहाँ यह ज्वलन्त उदाहरण बता रहा है कि दलित यानी 'बहिष्कृत भारत' की स्थिति क्या है? जाति-भेद किस सीमा पर है? इसलिए आश्चर्य की बात नहीं है, आपको मीडिया में, फ़िल्मों में, साहित्यिक सम्मानों में, यूनिवर्सिटीज़-कॉलेजों में, दलितों की भागीदारी नगण्य ही दिखाई पड़ती है। आस्कर की दौड़ में आगे आयी निर्माता करन जौहर की फ़िल्म 'होम बाउंड' (Home Bound) के निर्देशक (Derector) नीरज धेवान के कण्ठ से फूटा वर्ण समाज का कड़वा सच तो The Hindu और बी.बी.सी. के ज़रिये जग ज़ाहिर हो गया है, जिसे सिने जगत में रहकर 35 साल तो दलित/जाति की अपनी पहचान छिपाये हुए बीत गये?

वर्ण-हिन्दुओं के नेतृत्व में दो प्रकार की लड़ाइयाँ लड़ी जा रही थीं। एक ब्रिटिशों से सवर्णों को आज़ादी दिलाने की लड़ाई और दूसरा अंग्रेज़ों के उतरते ही दलितों की पींठ पर सवारी गाँठने की तैयारी, मानो वे कह रहे हों, "अंग्रेज़ों से आज़ाद होने का वायदा किया था, सो हम तुम्हारे बलिदानों से हो गये आज़ाद, तो क्या अब तुम हम से भी आज़ाद होना चाहोगे? हमें जल्दी थी आज़ाद होने की, हमें बाहरी सत्ता से आज़ाद होना था, पर तुम्हें क्या जल्दी है? तुम्हारे लिए आज़ादी घर की बात है। तुम्हारी आज़ादी किन्हीं विदेशियों की

गिरफ़्त में थोड़े है। स्वदेशी बन्धुओं के पास है। इस में तो सौ-दो सौ साल का वक़्त तो लगेगा ही। धीरज रखो या तब तक हमारी आज़ादी को ही अपनी भी आज़ादी मान कर नाचो-कूदो।" अछूतों को आश्वस्त किया जा रहा था, "देश आज़ाद होगा, तब तुम भी आज़ाद हो जाओगे। वे गांधी जैसों के मुगालते में आकर मान बैठे, हमारी अस्पृश्यता भी इन्हीं के करने से समाप्त हो जायेगी। हमारे बच्चों को भी ग़ैर-दलित बच्चों के समान शिक्षा मिलेगी और हमारी माली हालत भी बदल जायेगी।" इसलिए वे गांधी जी के बहकावे में आये और उनके पीछे भी चल पड़े। वे कहीं ऊधमसिंह और कहीं मतादीन भंगी बन गये। इसलिए गांधी जी, से लेकर, तिलक तक 'हमें स्वराज चाहिए' तो बोल रहे थे। लेकिन दलित की अस्पृश्यता नहीं चाहिए, ऐसा कोई नहीं बोला। यहाँ तक कि गांधीवादियों ने 'पृथक निर्वाचन' का विरोध कर दलित की अस्पृश्यता का स्थायीकरण कर दिया, बल्कि अपमानित पहचान देने की कोशिश की, गांधी जी ने कहा, "हम, तुम्हें 'हरिजन' सम्बोधन दे रहे हैं। डॉ. अम्बेडकर ने कहा, "नहीं चाहिए।" गांधी जी ने कहा "हम तुम्हें अलग पूजा-स्थल (मन्दिर) दे रहे हैं" डॉ. अम्बेडकर ने कहा, "बिल्कुल नहीं चाहिए। हमें समान शिक्षा, समान आवास, समान सेवाओं के अवसर दो।"

1947 में मिली स्वतन्त्रता से जाति वर्चस्वशाली सवर्णों की बल्ले-बल्ले हुई। दलित को अछूतपन के साथ स्वतन्त्रता के जय जयकार में शामिल करना उसकी सामाजिक गरिमा का उपहास करना हुआ।

प्रस्तुत पुस्तक की विषय-वस्तु के केन्द्र में जो शोधकार्य है, उसे करते हुए तो मैने ऐसे भावी संयोग की कभी कल्पना नहीं की थी, मैने चूँकि 'पत्रकार अम्बेडकर' को अपने शोध का विषय बनाया था। इसलिए एक दर्जन से अधिक कॉलेजों में 'नॉट फाउंड सूटेबल' किये जाने के बाद डॉक्टर भीमराव अम्बेडकर महाविद्यालय (दिल्ली विश्वविद्यालय) में ही मैंने लेक्चरर हिन्दी (जर्नलिज़्म) के रूप में पहला अध्यापन कार्य पाया। प्रकाशित प्रबन्ध 1999 में 'लिम्का बुक ऑफ़ रिकॉर्ड' में दर्ज हुआ और 14 अप्रैल 2002 को महू छावनी इंदौर, बाबा साहब की जन्मस्थली 'डॉ. अम्बेडकर शोध संस्थान' की ओर से 'बाबा साहब अम्बेडकर' नामक फ़िल्म के निर्माता जब्बार पटेल के साथ 'बाबा साहब अम्बेडकर (लखटकिया) सम्मान' भी ग्रहण किया।

तो यह तो हुई सफलता और सम्मान की बात, इसके विपरीत विरोधी तत्त्वों का उपक्रम भी सामने आया। मैंने अपने कई ग़ैर दलित मित्रों के साथ सामाजिक कार्यकर्ता का काम किया। वे सवर्ण शैली के मार्क्सवादी भी थे, गांधीवादी या जयप्रकाशवादी भी थे, पर अम्बेडकर से उन्हें जातिय एलर्जी थी। उनके वैचारिक हित-साधक कार्यों के लिए मुझे उनका प्रोत्साहन सहयोग भी मिला। वह भी इस हद तक कि व्यक्तित्व निर्माण का काफ़ी श्रेय उन्हीं को जाता है। परन्तु, अम्बेडकरी चेतन से कार्य करना, उनकी हदें तोड़ना था, धनी किसानों के आन्दोलनों का समर्थन करो, भूमिहीन दलितों-कृषि मज़दूरों के शोषण की बात करके जातिवादी हो जाओगे उस दाग़ लगने से बचो और स्वदेशी की बात करो, मिलावट खोरों की बात मत करो, छात्रों के रोज़गार की बात करो, एस.सी और एस.टी के आरक्षण की बात मत करो। दलितों के मुद्दे-अधिकार प्रतिनिधित्व के सवाल क्रान्ति आने तक स्थगित रखो। हमारे पीछे-पीछे चलते रहो, सामाजिक क्रान्ति भी सवर्ण नेतृत्व में आयेगी। यह सब करो तो तुम बड़े क्रान्तिकारी हो, प्रगतिशील हो, बुद्धिजीवी हो और अम्बेडकर की बात करोगे तो जाति संकीर्णता के शिकार हो गये हो घोषित और प्रचारित कर दिये जाओगे।

यारों की एफ.आई.आर : जब मैंने डॉ. अम्बेडकर के कार्यों को समझना शुरू किया, उनके पत्रकार जीवन का अध्ययन किया, वह भी विश्वविद्यालयी शोध उपाधि के उद्देश्य से तो एक पूर्व साथी सक्सेना उर्फ़ रफीक साहब ने मेरे गाइड **वीरेन डंगवाल** को मिसगाइड किया, बल्कि शोध प्रबन्ध की पाण्डुलिपि रुकवायी। मैंने अपनी आत्मकथा '**ज़िन्दगी को ढूँढते हुए**' में उस प्रसंग को इनके पत्र सहित दर्ज कर दिया, तो उन्होंने लिखा, "यह झूठ लिखा है।" उन्होंने धमकाया, "हम दिल्ली 'पुस्तक मेला' में आ रहे हैं, पर्चे बाटेंगे, "तुमने आत्मकथा में झूठ लिखा है।" मैंने कहा, "पधारिये स्वागत है।" बल्कि जल्दी ही उन्होंने अपनी दबंगाई का अगला वार "हम तुम्हारे ख़िलाफ़ एफ.आई.आर. कर रहे हैं, तुमने शोध की निर्धारित समय अवधि से पहले ही थीसिस जमा की थी। अब तुम जेल जाओगे, चूँकि अब तुम्हारे गाइड डंगवाल जीवित नहीं हैं, इसलिए उनके हिस्से की सज़ा भी तुम्ही काटोगे।"

मैं डर गया, यह कोई बौद्धिक संवाद तो है नहीं, खालिस दबंगयी है, दलित चेतना के अति में ख़तरनाक तत्व हैं ये। यह इनकी आक्रामक भाषा कहती है, ये मेरे साथ कुछ भी अनहोनी घटित कर सकते हैं। मुझे अरुंधती राय के अपन्यास का एक प्रसंग याद आया। यह मुझे **'वाशिंगटन पोस्ट'** की पत्रकार विजय लक्ष्मी ने 1998 में पढ़वाया था। सार यह कि साउथ के सवर्ण क्रान्तिकारियों के एक ग्रुप में मेरे जैसा एक दलित कार्यकर्ता शामिल था। उसको एक ऊँची जाति की क्रान्तिकारी युवती से प्रेम हो गया था। तो सवर्ण क्रान्तिकारियों ने षड्यन्त्र पूर्वक उसकी निर्मम हत्या कर दी थी। मैंने रसीद ढूँढी, सुपरवाइज़र वीरेन डंगवाल जी का डिक्लेरेशन पत्र खोजा जो यहाँ संलग्न है–

BAREILLY COLLEGE, BAREILLY.

Phone Principal : Off. 77586
Res. 72666
P. O. Box 6
BAREILLY-243005

निर्देशक का प्रमाण पत्र

प्रमाणित किया जाता है कि श्री श्यौराजसिंह ने अपने प्रस्तुत शोध प्रबंध ''हिन्दी की दलित पत्रकारिता पर पत्रकार अम्बेडकर का प्रभाव'' को मेरे निर्देशन में पूर्ण किया है। इनका यह शोध कार्य मौलिक, नवीन तथा हिन्दी पत्रकारिता के अछूते महत्वपूर्ण पहलू को प्रकाशित करने वाला है।

'रूहेलखण्ड विश्वविद्यालय' द्वारा निर्धारित न्यूनतम अवधि की उपस्थिति भी इस कार्य के निष्पादन में इन्होंने पूर्ण की है।

ह०

दिनांक
5 मई 1994

(डॉ० वीरेन्द्र डंगवाल)
हिन्दी विभाग, बरेली कालेज, बरेली

समीक्ष्य पुस्तक पर दलित शिक्षा, साहित्य, सियासत, समाज और समय की ख़ास समझ रखने वाले शिखर आलोचकों ने बड़ी जिम्मेदारी से बात की है, तो उसकी सनद भी रखनी चाहिए। यही विमर्श कल के इतिहास की धरोहर है।

सर्वश्री माता प्रसाद, चन्द्रभान प्रसाद, ओमप्रकाश वाल्मीकि, जबरीमल्ल पारख, जयप्रकाश कर्दम और डॉ. तेजसिंह ने तो विवेचित शोध प्रबन्ध से इतने

उद्धरण प्रस्तुत किये हैं कि पाठकों के लिए काफ़ी हद तक किताब न पढ़ पाने की कमी दूर कर दी है। इस नाचीज़ विधार्थी की सफलता इतनी भर नहीं है, कि समीक्षकों को यह काम पसन्द आया, अपितु शोधार्थियों को भी शोध का एक नया मार्ग प्रशस्त होता नज़र आया। बल्कि ज़िम्मेदार दलित चिन्तकों–लेखकों को मैंने एक्शन में आते देखा। मुझे प्रबन्ध की समीक्षा-प्रति पकड़ाते हुए डॉ. तेजसिंह ने कहा था,–"तुम्हारा शोध कार्य पढ़ कर मैं न केवल तुम्हें धन्यवाद कहना चाहता हूँ, अपितु बताना चाहता हूँ, अब मेरे भीतर अपना कोई 'पत्र-पत्रिका' निकलने की इच्छा प्रबल हो उठी है।" मैं नहीं जानता, अन्य विद्वानों पर किताब का क्या प्रभाव पड़ा, परन्तु डॉ. तेजसिंह ने दलित कथा-साहित्य की पत्रिका 'अपेक्षा' का प्रकाशन व सम्पादन बखूबी किया था। यह 'दलित कथा-पत्रिका' के इतिहास में दर्ज है। मैंने अपनी अध्यक्षावधि में इस पत्रिका पर शोध कार्य भी कराया था। डॉ. कर्दम ने तो 1999 से ही 'दलित वार्षिकी' निकालना आरम्भ कर दी थी। दलित चिन्तन को सम्पूर्णतया समर्पित 'बहुरि नहीं आवना' (सं. डा. दिनेशराय) भी क़रीब दो दर्जन अंक देकर बन्द हो गयी।

जिन दिनों विशेषकर चन्द्रभान प्रसाद जी के नेतृत्व में हमने मीडिया में दलितों के बहिष्कार को लेकर हिन्दी-अंग्रेज़ी के 'मीडिया पेपर' 'दलित राइटर्स फॉरम' जिसका मैं संस्थापक संयोजक था और श्री सी.बी प्रसाद जी के 'दलित शिक्षा आन्दोलन' की ओर से जारी किया था, जिसे हज़ारों प्रतियों में वितरित किया गया था। उसका आरम्भ 'हिन्दी दलित पत्रकारिता पर पत्रकार अम्बेडकर का प्रभाव' के लोकार्पण के मौक़े पर 'अम्बेडकर प्रतिष्ठान' दिल्ली में ही हुआ था। बाद में सम्पन्न हुए राष्ट्रीय सम्मेलन में महेश रंगराजन, कलेश्वर, नामवर सिंह, पंजाब से एस.आर विरदी आदि ने हिस्सा लिया था। राजेन्द्र यादव अस्वस्थ हो गये थे। वे एम्स में भर्ती थे। उनका समर्थन भी मीडिया में छपा था। दलितों के बहिष्कार के विरोध में 'प्रेस परिषद' को भी ज्ञापन दिया गया था। जिसमें मोहनदास नैमिशराय, रमणिका गुप्ता भी हमारे साथ थे।

डॉ. दिनेश राम का आलेख मेरी एक अन्य चर्चित पुस्तक 'दलित क्रान्ति का साहित्य' पर आधारित है। उन्होंने अपने आलेख में सवाल उठाया है,

ब्रिटिश सेना में दलितों की भर्ती क्यों बन्द की गयी थी और क्यों दलित बच्चों को अंग्रेज़ी शिक्षा देना बन्द कर दिया था? डॉ. राम ने काफ़ी हद तक इसका जवाब भी खोजा है। उन्होंने बताया है कि जब मद्रास में दलित छात्रों के स्कूल प्रवेश को लेकर दंगे होते थे, मिशनरी स्कूलों में आग लगाई जाती थी। तब दलित शिक्षा पर वर्णव्यवस्था के प्रस्तावित "स्त्री क्षुद्रो ना धियताम" की नीति पर लौटना पड़ा था। यहाँ तक कि वीरता और बलिदानों के कीर्तिमान स्थापित करने वाली 'महार रेजिमेंट' और 'चमार रेजिमेंट' तो बन्द ही कर ही दी गयी चमार रेजीमेंट ने तो बर्मा में सुभाष चन्द्र बोस की 'आजाद हिन्द' फ़ौज का समर्थन कर दिया था। परन्तु जाट रेजीमेंट, राजपूत रेजिमेंट, गोरखा रेजिमेंट की तरह चमार-महार रेजिमेंटों की बहाली की माँग उठती रहती है। माँग एकदम जायज़ है। या तो सैन्य टुकड़ियों से जाति सूचक शब्द हटा दिये जायें या सैन्य स्वभाव वाली उक्त रेजिमैंटस को बहाल किया जाये।

प्रखर दलित चिन्तक चन्द्रभान प्रसाद जी ने अपने मूल्यांकन में रेखांकित किया था–"इस थीसिस का अंग्रेज़ी अनुवाद होना बहुत ज़रूरी है।" हालाँकि इस कार्य में दो दशकों से अधिक समय का विलम्ब हुआ। परन्तु अब मुझे यह बताते हुए थोड़े सन्तोष की अनुभूति हो रही है, 'इस का अनुवाद अंग्रेज़ी के अम्बेडकरवादी स्कॉलर इन्द्रा गांधी इंटरनेशनल ओपिन यूनिवर्सिटी (इग्नू) के यशस्वी प्रोफ़ेसर प्रमोद मेहरा द्वारा पूरा कर दिया गया है। यह शीघ्र प्रकाश्य है।

अंग्रेज़ी वाघिणीचे दूग्ध-डॉ. बी.आर. अम्बेडकर : इन दिनों जब मैं लिख रहा हूँ। अंग्रेज़ी भाषा को लेकर दिलचस्ब बहसें चल रही हैं। ख़ास कर 'इंडियन एक्सप्रेस' में 'लार्ड मैकाले' की भाषा नीति को लेकर उनकी निन्दा-प्रशंसा का पक्ष-विपक्ष अन्य समाचार-पत्रों के पन्नों पर दिखाई दे रहे हैं। योगेन्द्र यादव ने इशारा किया है, 'मैकाले का विरोध वे भी कर रहे हैं, जो तिलक जनेऊ के साथ अंग्रेज़ी पढ़ रहे हैं। चन्द्रभान जी अंग्रेज़ी देवी की पूजा करके 'मैकाले का बर्थ डे' मना कर पहले से ही समर्थन करते रहे हैं। परन्तु हम चार दलित बच्चों को भी अंग्रेज़ी पढ़ाने की स्थिति में नहीं हैं, जबकि **ग़ैर-दलित मैकाले को गाली देकर भी अंग्रेज़ी संस्थान चला रहे है। अंग्रेज़ी का महँगा व्यवसाय कर रहे हैं।**

बताना उचित होगा, 'इस पुस्तक की विषय वस्तु, विचार सम्पदा से भी **'अंग्रेज़ी विमर्श'** का सम्बन्ध है। बुद्धिजीवियों की भाषायी चर्चाएँ बाबा साहब के विचारों से बलबती हुई हैं। हुआ यह था कि, 1997 में जब यह प्रबन्ध "हिन्दी की दलित पत्रकारिता पर पत्रकार अम्बेडकर का प्रभाव" प्रकाशित हुआ था, मैंने इस में 'वाघिणीचे दूध' मराठी से हिन्दी अनुवाद 'अंग्रेज़ी विद्या शेरनी का दूध' किया था। अब मुझे लगता है विद्या का अर्थ ज्ञान होना चाहिए। तब 'अंग्रेज़ी शेरनी का दूध' शीर्षक से व्यक्त हुई, राय से चन्द्रभान जी को अवगत कराया था। अंग्रेज़ी वस्तुस्थिति के बारे में भारत के संविधान निर्माता की यह बड़ी राय थी। चन्द्रभान जी ने सन्दर्भ सही दिया था, परन्तु सोशल मीडिया पर प्रचारकों ने इसे तोड़ा-मरोड़ा।

'हंस' के एक सम्पादकीय में राजेन्द्र यादव जी ने भी "शिक्षा शेरनी का दूध" लिखा और बहुतों ने इसकी पुनरावृतियाँ कीं। डॉ. विकास दिव्यकीर्ति का महू संस्थान में दिया गया भाषण भी मेरे कानों में आया। उन्होंने भी शिक्षा को शेरनी का दूध ही दोहराया, परन्तु बाबा साहब का यह कथन न तो सम्पूर्ण शिक्षा के बारे में था और न भारतीय भाषाओं के बारे में। उनकी मातृभाषा मराठी थी, परन्तु मराठी के लिए भी उन्होंने शेरनी का दूध नहीं कहा था। हिन्दी, संस्कृत, पंजाबी, गुज़राती, तमिल, तेलुगु तो दूर की बात थी। इसका अर्थ यह भी नहीं था, कि वे अंग्रेज़ी पढ़े थे, तो भारतीय भाषाओं की कोई उपेक्षा कर रहे थे। वे अंग्रेज़ी में उपलब्ध ज्ञान की वस्तुस्थिति बता रहे थे।

प्रधानमन्त्री नरेन्द्र मोदी जी ने 'इंडियन एक्स्प्रेस' के गोयनिका सम्मान समारोह के वक्तव्य से मानो विमर्श की आग में घी डाल दिया हो। अंग्रेज़ी भाषा के साम्राज्य में भारतीय भाषाओं के जानकारों के या अंग्रेज़ी न पढ़ पाने वालों के दिलों में हीनता का भाव पैदा किया।

इन दिनों भारतीय भाषाओं के राजकीय स्कूल बन्द हुए हैं और अंग्रेज़ी के निजी क्षेत्रों की फसल लहलहायी है। धनी पेरेंट्स ने अंग्रेज़ी पर निवेश बढ़ाया, मैकाले के मानस पुत्रों ने अंग्रेज़ी उद्योग को प्रमुख व्यवसाय बनाया है। परन्तु सरकारें अंग्रेज़ी पर निर्भरता कम करने की बात करती रही हैं। असल बात एक्शन की है। क्या सरकारें देश की कोर्ट-कचहरियों की बहसें-कार्यवाहियाँ

और जजों के निर्णय, भारतीय भाषाओं में दिला पा रही हैं? क्या सिविल-सर्विस, इंजीनियरिंग, कम्प्यूटर शिक्षा, अंग्रेज़ी के बग़ैर सम्भव हो पा रही है? क्या मरीज को दवाई की पर्ची भारतीय भाषाओं में मिल पा रही है?

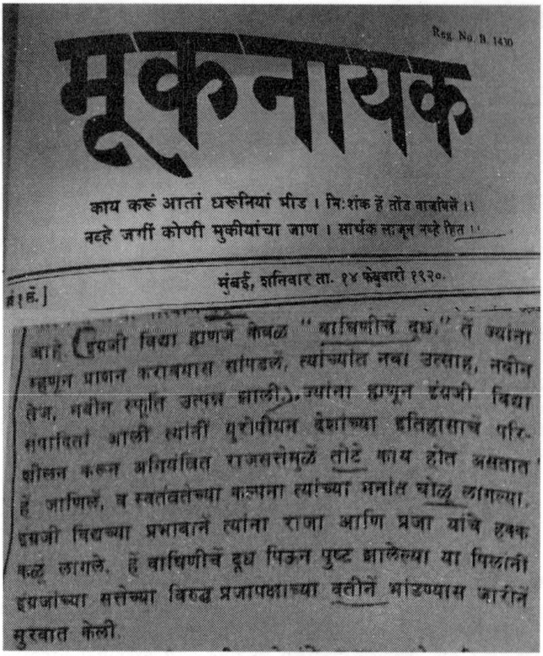

Reg. No. B. 1430

मूकनायक

काय करूं आतां धरूनियां भीड । निःशंक हें तोंड वाजविलें ।।
नव्हे जगीं कोणी मुकीयांचा जाण । सार्थक लाजून नव्हे हित ।।

मुंबई, शनिवार ता. १४ फेब्रुवारी १९२०.

आहे. इंग्रजी विद्या म्हणजे केवळ "वाघिणीचें दूध." तें ज्यांना म्हणून प्राशन करावयास सांपडलें, त्यांच्यांत नवा उत्साह, नवीन तेज, नवीन स्फूर्ति उत्पन्न झाली. ज्यांना म्हणून इंग्रजी विद्या संपादितां आली त्यांनीं युरोपीयन देशांच्या इतिहासाचें परिशीलन करून अनियंत्रित राजसत्तेमुळें तोटे काय होत असतात हें जाणिलें, व स्वतंत्रतेच्या कल्पना त्यांच्या मनांत घोळूं लागल्या. इंग्रजी विद्येच्या प्रभावानें त्यांना राजा आणि प्रजा यांचे हक्क कळूं लागले. हें वाघिणीचें दूध पिऊन पुष्ट झालेल्या या पिलांनीं इंग्रजांच्या सत्तेच्या विरुद्ध प्रजापक्षाच्या वतीनें भांडण्यास जारीनें सुरवात केली.

दरअसल उनके कथन का सन्दर्भ ऐतिहासिक था और अलग भी था। बाबा साहब का कहना था, अंग्रेज़ी शेरनी का दूध इसलिए है कि भारत में जिस नेता ने जितना अधिक शेरनी (अंग्रेज़ी) का दूध पिया, ब्रिटिश सत्ता के ख़िलाफ़ वह उतना ही अधिक दहाड़ा। अंग्रेज़ी में दुनिया की राजसत्ताओं का ज्ञान उपलब्ध था, किस तरह अनियन्त्रित सत्ताओं ने प्रजा का शोषण किया और किस तरह उन तानाशाह सत्ताओं को प्रजातन्त्र ने समाप्त कर जनता के हाथों में राज्य की चाबी दी, इसका ब्यौरेबार प्रमाणित इतिहास अंग्रेज़ी में ही मिला। आज विज्ञान और मेडिकल की पढ़ाई तक, आप न भी जाये, परन्तु आधुनिक शासन और प्रशासन का गम्भीर अध्ययन तो अंग्रेज़ी में ही उपलब्ध कराया जा रहा है।

चन्द्रभान जी जिन दिनों अंग्रेज़ी और मैकाले की बात कर रहे थे, वे पायनियर (अंग्रेज़ी) अख़बार में 'दलित डायरी' स्तम्भ भी लिख रहे थे। वे अति उत्साह से प्रचार कर रहे थे, और आश्वस्त कर रहे थे, अंग्रेज़ी की पूजा करने, मैकाले का जन्म दिन मनाने वाले दलितों के हर घर में अंग्रेज़ी पूजी जाने लगी है और ऐसा लगने लगा था मानो मैकाले को कोसने वाले, ग़ैर-दलितों के पास अंग्रेज़ी नहीं है। जिन्हें मातृभाषा में भी शिक्षा नहीं मिली, उन दलित-पिछड़े निरक्षर बच्चों की फ़ौज दिखाई पड़ रही थी। मुझे यह आशंका सता रही थी, "दलित के लिए एक तो पहले ही सत्ता और सम्मान दूर है, उसके लिए गुणकारी शिक्षा (क्वालिटी एजुकेशन) दुर्लभ है, उत्पादों की तरह शिक्षा का व्यवसायीकरण हो रहा है। सरकारी स्कूलों में अंग्रेज़ी के अध्यापक कम से कमतर होते जा रहे हैं और रोज़गार अंग्रेज़ी कौशल आधारित हो रहे हैं। राजकीय विद्यालय सुविधाओं की भूख से असमय दम तौड़ रहे हैं और निजी संस्थान अधिक पोषण से अपच के मारे मरे जा रहे हैं। गालबजाई में हम डेनमार्क, जर्मनी, कनाडा की शिक्षा व्यवस्था से होड़ कर रहे हैं। ऐसी स्थिति में क्या हम ज्ञान-विज्ञान सूचना व तकनीक के रास्ते पर दौड़ रहे देशों के साथ क़दम से क़दम मिलाकर चल सकते हैं, अगर हाँ तो यह सिर्फ़ सार्वजनिक शिक्षा के पाँव पर ही चलकर हो सकता है।

अंग्रेज़ी पर दलितों के अवास्तविक क़ब्ज़े के प्रचार से दलित अंग्रेज़ हो गये, ऐसे हल्ले से विरोधी तबका और चिढ़ेगा, क्योंकि संवैधानिक आरक्षण लागू होने के दिन से ही दलित हित विरोध का भूत सक्रिय है। "न्याय और नैतिकता डाल डाल और अन्याय-अनैतिकता पात-पात" यानी वह उससे आगे है।

बाबा साहब डॉ. अम्बेडकर की जो आशंकाएँ थीं वही हुआ, इन तीन दशकों में अंग्रेज़ी स्कूलों में निवेश बड़ा, शिक्षा मीडिया का स्वामित्व पूरी तरह ग़ैर-दलितों के हाथों में आ गया। मरणासन्न सरकारी स्कूलों से सपोर्ट सिस्टम हटा धीरे-धीरे उन्हें असमय मृत्यु के मुँह में पहुँचा दिया गया है। बाबा साहब ने कहा था–'समय आ गया है वंचित दलित पिछड़े समुदायों को क्वालिटी एजुकेशन मुफ़्त में दी जाये, "अशिक्षा मुक्त भारत" ही सामाजिक गुलामी से मुक्त भारत बनाया जा सकता है, परन्तु आज का शिक्षा परिदृश्य सब के सामने

है, पब्लिक स्कूल के नाम पर व्यक्तिगत व्यवसाय केन्द्रों का जाल पूरे देश में फैल चुका है। जबकि सार्वजनिक समान शिक्षा मुफ़्त और सर्वसुलभ करा कर चीन ने भी बढ़ती आबादी का समाधान कर लिया है।

आज़ादी में समता, स्वतन्त्रता और बन्धुता का लक्ष्य हासिल करने का संविधान निर्माताओं का सपना शिक्षा की नज़र से देखें तो, परिणाम लक्ष्य के ठीक उलट है। जिस तरह ग़ैर-दलितों ने, जिनमें मिशनरी और धार्मिक समुदायों के अंग्रेज़ी स्कूल शामिल हैं, ने विद्या शक्ति स्वंय केन्द्रित की है उस तरह दलितों, अति पिछड़ों में क्षमता, सोच और सामर्थ्य नहीं है अंग्रेज़ी स्कूल, कॉलेज और यूनिवर्सिटी खोलने की।

दूसरी ओर संविधान की वचन बद्धता के तहत कोई भी सरकारी स्कूल या कॉलेज दलितों को समान अंग्रेज़ी शिक्षा दिलाने का कोई ठोस उपक्रम नहीं कर रहा। यदि किया होता तो वे दलितों और ग़ैर दलितों के बीच अपने ही देश के हर बच्चों को शिक्षा देते और ग़रीबी हटा कर सन्तुलित विकास कर रहे होते। शैक्षिक भेदभाव और विषमता बढ़ी नहीं होती। जिन देशों में राष्ट्रों क्षति वस्तुगत रूप से हो रही है वे देश संविधान की बाध्यता की प्रतीक्षा नहीं करते। अपितु सामान्य शिक्षा भी दलित बच्चों को दुर्लभ हो रही है। स्कूल जाने की उम्र के बच्चे सवर्ण हिन्दुओं के घरों में बाल श्रम करते, उसी तरह मिल जायेंगे, जिस तरह अमेरिका-अफ़्रीका में मालिक लोग अश्वेत-दासों का शोषण किया करते थे। अल्पशिक्षित, साधनहीन दलितों के साथ यह क्या हो रहा है? 'पूना पेक्ट' के बाद यही स्थिति होनी थी। अमेरीका-अफ़्रीका में दासप्रथा ख़त्म हो गयी। लेकिन भारत में दलितों की अशिक्षा अभी ख़त्म नहीं हुई और न ही अस्पृश्यता नेस्तनाबूद हुई। सब को समान शिक्षा भी हासिल नहीं हुई, इसलिए दलितों के हिस्से की आज़ादी भी 'बहिष्कृत भारत' तक नहीं पहुँची। यदि नेहरू जी, डॉ. अम्बेडकर को 'योजना आयोग' सौंप देते, जिसकी वे अपेक्षा कर रहे थे, अगर यह होता तो ग़रीबी इतिहास की चीज़ रह जाती।

किस ब्राह्मण का समर्थन और कौन से से ब्राह्मणवाद का विरोध– सौ साल पूर्व 1927 में जब चाबदार तालाब आन्दोलन, 'मनुस्मृति दहन' हुआ था। उद्देश्य की दृष्टि से 'महाड़ परिषद' के उस आन्दोलन को बाबा

साहब डॉ. अम्बेडकर ने न केवल 'फ्रांस की क्रान्ति' से तुलना की, बल्कि अस्पृश्यता मुक्त भारत बनाने के अपने ध्येय को 'फ्रांसीसी क्रान्ति' के ध्येय से भी महान ध्येय माना। अगले वर्ष 2027 को ही 'बहिष्कृत भारत' दलित बहुजन महाड़ सत्याग्रह का शताब्दी वर्ष मनाने जा रहे हैं। हिन्दू-मुस्लिम के साम्प्रदायिक झगड़ों में बेशक मुस्लिम भाई बाबा साहब की बात करने लगे हैं संविधान का समर्थन कर रहे हैं, परन्तु नेतृत्व की बात हो तो मुसलमान भी दलितों के नेतृत्व मे आना अपनी तौहीन समझते हैं। 'रफीक' साहब की तरह हमारे मुरादाबादी अली साथी मेरी आत्मकथा का अंग्रेज़ी अनुवाद 'ऑक्सफोर्ड' से छपते ही 'इसके पीछे अमरीका का हाथ है, बेचैन पर यूएसए डॉलर बरसा रहा है'। ऐसा निराधार आलाप करते हैं। वर्णव्यवस्था का निचला हिस्सा होने के कारण ग़ैर-ब्राह्मण शूद्र अथवा पिछड़ी जातियों का बहिष्कृत जातियों के साथ सामाजिक अलगाव रहता है, ये जातियाँ 'निर्वर्ण सम्प्रदाय' (दलित-बहिष्कृत) के साथ अलगाव रखती हैं। हालाँकि ज्योतिबा फुले कहते चले गये कि, 'अस्पृश्य अति शुद्ध हैं, शूद्रों के छोटे और अभिन्त भाई-बहन हैं, उनके साथ अन्याय मत करो। उनके साथ मिल कर न्याय पथ प्रशस्त करो।

परन्तु आज़ादी के बाद खास कर ग्रामीण भारत में ग़ैर-दलित और ग़ैर-ब्राह्मण जातियों ने, ख़ास कर शूद्रों (ओबीसी) ने वर्ण हिन्दुओं के लिए मनु का काज किया और दलित स्त्री, पुरुष, बच्चों-बूढ़ों का उत्पीड़न और अपमान किया। आज भी उत्तर-प्रदेश, मध्य-प्रदेश और बिहार में दलितों पर जितने हमले ग़ैरशूद्र नहीं करते, उतने शूद्र यादव, जाट, गुर्जर करते हैं।

समय-समीकरण बताते हैं, जब तक दलित पिछड़े (शूद्र अति शूद्र) संगठित नहीं होंगे, तब तक वास्तविक रूप से स्वतन्त्र और समर्थ भी नहीं होंगे। शासन प्रशासन में नेतृत्व हासिल करने की तो कल्पना भी व्यर्थ है। दलित जातियाँ स्वयं से पहले पिछड़ी जातियों के हक़ों की चिन्ता करती हैं। काशीराम मायावती के नेतृत्व में बसपा दलितों के लिए न तो आरक्षण पूरा कर पायी, न पदोन्नति दिला पायी और न दलित सुलभ सरकारी स्कूल ही बचा पायी, अपने बहुजन मीडिया का तो उसने ख़ुद ही गला घोट दिया, परन्तु पिछड़ो के लिए उसने 'मण्डल कमीशन' अवश्य लागू कराया।

बाबा साहब डॉ. अम्बेडकर ने कहा था, 'मैं किसी ब्राह्मण (व्यक्ति) का विरोधी नहीं हूँ। मैं ब्राह्मणवाद यानी (जाति वर्चस्व की प्रवृत्ति) का विरोधी हूँ।'

मतलब ब्राह्मण हो, ग़ैर ब्राह्मण अगर व्यक्ति समतावादी है, तो वह हमारा साथी है। बड़ौदा नरेश सियाजी राव गायकवाड़, कोल्हापुर नरेश छत्रपति शाहू महाराज ने डॉ. अम्बेडकर का न केवल सहयोग किया, अपितु आम सभा में कहा, "दलित पीड़ितों और पिछड़ी जातियों को डॉ. अम्बेडकर के रूप में उनका नेता मिल गया है, इनके नेतृत्व में विश्वास करो, ये ही तुम्हे सच्ची आज़ादी दिलायेंगे।"

बात ब्राह्मणवाद और ब्रह्मणवाद के अन्तर की है–बाल गंगाधर तिलक को उन्होंने गांधी की तरह कभी भी दलितों का नेता नहीं माना। उन्होंने कहा बाल गंगाधर तिलक बहिष्कृत जातियों के लोकनायक नहीं हैं, सच्चे लोकनायक तो श्रीधर बलवन्त तिलक हैं।

दलित विमर्श को मुख्य धारा के मंच पर जगह देने में जिन अग्रज सहयात्रियों का सहयोग मिला, ज़ाहिर है उन्हें उनके ग़ैर दलित समाज से सम्मान नहीं मिला। दलितों के लिए उनकी उस सम्मान-कुर्बानी के लिए दलित चेतना उसी तरह कर्ज़दार रहेगी, जिस तरह अमेरिकन अश्वेतों के साथ खड़ी हुई 'टाम्स काका की कुटिया' (UNCLE TOMS'S CABIN) की लेखिका हैरिएट बीचर स्टो (HARRIET BEECHERSTOWE) ने 1852 में दासों की पीड़ा को सहृदय पाठकों तक पहुँचाया। बताया जाता इस उपन्यास ने अमेरिका को दास प्रथा के ख़िलाफ़ गृह युद्ध की मानसिकता में पहुँचाया। इस कारण लेखिका यथा स्थितिवादी सत्ता के निशाने पर आयीं। दुष्प्रचार किया गया, सब झूठ लिखा है। श्वेत क्रान्तिकारी जॉन ब्राउन (John Brown) को तो 1859 में फांसी की सज़ा ही, इसलिए दी गयी थी क्योंकि उन पर आरोप था कि उन्होंने अश्वेतों को मुक्ति हेतु हथियारबन्द विरोध के लिए तैयार किया था। राल्फ वाल्डो एमसर्न (Ralph Waldo E Merson) तो दार्शनिक लेखक थे, उन्होंने दास प्रथा के ख़िलाफ़ अपने लेखों और भाषणों में स्थापित किया, "दासता मनुष्य की आत्मा का अपमान है।"

दासता को समर्थन देने को अपना गुनाह मानकर चर्च ने सार्वजनिक क्षमा याचना की थी। मानवाधिकार विचारक 'थॉमस पेन (Thomas parne) ने

(American Slavery in America) एक तथ्य परक किताब लिखी। इस पृष्ठभूमि के दम पर अब्राहम लिंकन (Abraham lincoin) ने 1863 में दासों के हेनरी डेविड थोरो "Henry David thoreau" का निबन्ध–"Civil Disobedience" दास प्रथा के ख़िलाफ़ नागरिक अवज्ञा का समर्थन किया था और सरकार से नैतिक असहमति को जायज़ ठहराया था। विलियम लॉयड गैरीसन (William Lloyd Garrison) ये 'द लिबरेटर' (The Liberator) के सम्पादक थे। इन्होंने नारा दिया था, "दास प्रथा नैतिक अपराध है, इसे तुरन्त समाप्त होना चाहिए। अश्वेत भी श्वेत के समान इन्सान हैं।"

अब हम इसे अपने देश की सामाजिक सीमाओं में समझना चाहेंगे, किन ग़ैर-दलित बौद्धिकों, चिन्तकों विचारकों-सुधारकों, लेखकों, सम्पादकों ने दलित मुक्ति, अस्पृश्यता का विरोध और सामाजिक असमानता विरोध के आन्दोलन में दलितों का पक्ष लिया है, दलित-उत्पीड़न, सामाजिक अन्याय और संवैधानिक अधिकारों की रक्षा, सेवाओं में भागीदारी और अन्तरजाति–प्रेमविवाहों का समर्थन किया है।

वर्ण चेता (प्रगतिशील और परम्परावादी) हिन्दी साहित्य ने दलित नायकों की उपेक्षा और अवमूल्यन कर अपनी रचनाओं में दलित किरदारों का कुरूपीकरण और विद्रूप चित्रण किया है। प्रेमचन्द की 'कफन' कहानी में शोषक ज़मींदार तो उदार और दयालु हो गया और शोषित अछूत मज़दूर घीसू माधव कामचोर निकम्मे और निठल्ले हो गये। जिसके फलस्वरूप पाठकों ने अपने मन में उनके प्रति नकारात्मक छवि बना ली। इन्सान से कम दर्जे का मानकर उनकी मानवीय विशेषताओं और कार्यशील गुणों को हेय दृष्टि से देखा। फुले-अम्बेडकर अभिप्रेरित दलित साहित्य पर 'बुद्ध' के विचारों की गहरी छाप पड़ी। कबीर और रैदास की परम्परा में दलित साहित्य और अधिक मानवीय हुआ। सर्वे भवन्तु सुखिन: सर्वे सन्तु निरामया सर्वे भद्राणी पश्यन्ति के मार्ग पर चल पड़ा।

बाबा साहब के परिनिर्वाण के बाद 'दलित पैन्थर' और राजनैतिक रूप से बसपा के उदय और सरकार द्वारा प्रकाशित अम्बेडकर वाङ्मय ने दलित साहित्य को आधारभूत शक्ति दी।

मराठी दलित साहित्य के प्रभाव से हिन्दी के ग़ैर-दलित लेखक कमलेश्वर ने अप्रैल, मई 1975 में 'सारिका' के तीन अंक दलित साहित्य विशेषांक के रूप में सम्पादित किये। इतने भर से ही मराठी के दलित लेखक बाबूराव बागूल, गंगाधर पानतावणे, (नाटक) बन्धु माधव, प्र.ई. सोनकामले, प्रकाश न. खरात, योगी वाघमारे, अन्ना भाऊ साठे, अर्जुन डांगले, दया पवार, वामन होवाल, नामदेव लक्ष्मण ढसाल, की दलित कहानियाँ प्रकाशित की थीं। फिर एक अन्तराल आया। इस बीच 1979-80 से 83 के बीच 'निर्णायक भीम' के दर्जन से अधिक अंक प्रकाशित हुए, फिर खालीपन आया 1986 में राजेन्द्र यादव के सम्पादन में 'हंस' आया, परन्तु यह कोई दलित पत्रिका तो थी नहीं मुख्यधारा की वाम रुझान की थोड़ी प्रगतिशील पत्रिका थी। शुरू के चार-पाँच सालों के अंकों में तो इसने दलित साहित्य का नोटिस तक नहीं लिया था। मण्डल, मन्दिर की बहसों के बीच अम्बेडकरी वैचारिकी अनुप्रापित दलित साहित्य से दर्रे के परम्परागत साहित्य या प्रगतिशील साहित्य, साइंटफ़िक टैम्परामैंट वाले राइटर्स के सामने तर्क उठ खड़े हुए। दलित साहित्य की आवाज़ें तेज़तर होने लगीं, नज़रअन्दाज़ करने में नींद टूटने लगी। ईमानदार और संवेदनशील सामाजिक रूप से ज़िम्मेदार सम्पादकों ने दलित विमर्श को अपने पन्नों पर उतारना शुरू किया, विभांशु दिव्याल, रमणिका गुप्ता और फिर सबसे बड़ी पत्रिका के सबसे बड़े दिलेर योद्धा सम्पादक राजेन्द्र यादव ने कमान सँभाली। ओमप्रकाश वाल्मीकि, धर्मवीर, नैमिशराय, एन सिंह, कौसल्या बैसंत्री के साथ-साथ शुरुआत में इन पंक्तियों के लेखक को भी थोड़ी-बहुत जगह मिली, बल्कि राजेन्द्र यादव जी ने पहले 'दलित साहित्य विशेषांक' सत्ता विमर्श और दलित अगस्त 2004 का अतिथि सम्पादन का दायित्व से दे दिया।

हाँ इस दौर का दलित साहित्य स्वामी अछूतानन्द या दलित पेन्थर के दौर का दलित साहित्य नहीं है। उस समय सामाजिक आन्दोलन और साहित्यिक आन्दोलन जुड़वा भाई जैसे अन्योन्याश्रित हुआ करते थे। आन्दोलन समस्या व सवाल देते थे। साहित्यकार उसे शब्द शैली और कलात्मक रूप देते थे। जिससे सन्देश अधिक अपीलिंग और गहरे हो जाते थे। अब 'सृजन का शीत

युद्ध' चल रहा है। यह ज़मीनी आन्दोलन की ओर जा रहा है, आन्दोलन आ नहीं रहा पर यह सोये हुए शेरों को जगा रहा है।

अब 'सोशल मीडिया' ने अभिव्यक्ति की मंचीय सुविधा तो मुहैया करा दी है, परन्तु ठहर कर मनन कर चिन्तन को गम्भीर बनाने का वक़्त छीन लिया है, त्वरित लेखन, त्वरित प्रकाशन और बारम्बारता-व्यस्तता ने सामूहिकता के अवसर समाप्त कर दिये हैं।

दलित साहित्य जन्मना भेदभाव पर आधारित समाज की वर्ण सत्ता से सवाल करता है और काफ़ी असुविधा जनक सवाल करता है, जो यथास्थिति को स्वभाव संस्कार बनाये बैठे प्रभु वर्ग के सुकून में सेंध लगाता है, परन्तु अभिव्यक्ति के अलावा कोई दूसरा विकल्प भी नहीं। हम जानते हैं जिस तरह अश्वेतों की दासता का विरोध करने वाले लेखक दार्शनिक और सम्पादकों को उसी के वर्ग से कटुता सहनी पड़ी, उसी तरह एक पक्ष कहता है। उसे सम्मान नहीं मिला। किन्तु जिस तरह दासों ने मुक्ति का समर्थन करने वाले श्वेत सहायकों को भी अपना आदरणीय हीरो माना, दलित परम्परा में भी चाहें वे बाल गंगाधर तिलक के पुत्र श्रीधर बलवन्त तिलक, शूद्र पिता ज्योतिबा फुले दम्पत्ति हों या इधर कमलेश्वर, राजेन्द्र यादव, विभांशु दिव्याल और रमणिका गुप्ता। इन वंचित दलित आदिवासियों को सामाजिक न्याय दिलाने की मुहिम के सदा-सदा नमनीय ही रहेंगे।

जबकि उन्हीं बाल गंगाधर तिलक के सुपुत्र श्रीधर बलवन्त तिलक जो अपने पिता के ही आवास में रोटी बन्दी, बेड़ी बन्दी के विरोध की सभाएँ और डॉ. अम्बेडकर के 'समाज समता संघ' आन्दोलन का समर्थन करने लगे थे। डॉ. अम्बेडकर के आन्दोलन का खुलकर पक्ष लेने के कारण बलवन्त को 'केसरी' पत्र की नौकरी से बाहर कर दिया गया था। डॉ. अम्बेडकर द्वारा स्थापित 'समाज समता संघ' की पूना शाखा के वे उपाध्यक्ष बन गये थे, जब संस्था का निर्माण हो रहा था तब बलवन्त ने समता संघ के स्थान पर 'चातुर्यवर्ण-विनाशक संघ' नाम प्रस्तावित किया था। जिसे बाबा साहब ने अमान्य कर दिया था और जब उन्होंने आत्महत्या कर ली, तो बाबा साहब ने उनकी स्मृति में प्रत्येक मृत्यु दिवस शुक्रवार को 'समता' अख़बार निकाल

कर उनकी स्मृति को अमर कर दिया। बाबा साहब ने उन पर एक लम्बा मृत्यु लेख भी लिखा था।

तो ज़ाहिर है वे अस्पृश्यता पसन्द बाल गंगाधर तिलक के विरोधी थे और समता पसन्द श्रीधर बलवन्त तिलक जैसे ब्राह्मण के समर्थक थे। दलित चेतना वंचित, बहिष्कृत, स्त्री-पुरुषों के इन्सान का बोध, आत्मसम्मान सम्पन्न अधिकार चेतना है। हम भी भारतीय हैं, हम भी इन्सान हैं दलित साहित्य इसकी पुष्टि करता है केवल हम ही इन्सान हैं, हम ही भारतीय हैं ऐसा नहीं कहता।

अन्त में मैं सम्भावना शील शोधार्थी युवा कवि विरेश 'श्रीराजे' की अप्रकाशित कविता 'उधार ले रहा हूँ' उसी के साथ अपनी लेखनी को विराम दे रहा हूँ। इसलिए कि चालीस साल पहले के श्यौराज सिंह बेचैन ने कैसा गाँव छोड़ा था? क्या आज कुछ बदला है? बदलाव विकास की दिशा में गया है या विनाश की दिशा में? उस उम्र का ग्राम्य बोध कैसा था? मैं जहाँ खड़ा था आज यह युवा भी वहीं खड़ा है, जैसी नंगी आँखों से मैंने गाँव का यथार्थ देखा था, न्यूनाधिक 'श्रीराजे' भी वैसा ही देखता प्रतीत होता है। सो आइए आप भी देखिए–

जब भी जन्मभूमि की दिशा में लौटता हूँ,
हाँ..., जब भी किसी गाँव की ओर लौटता हूँ,
पता नहीं क्यों, मेरा मन उदासी से भर जाता है?
मैंने शहर में आकर शहरियों के मुँह से सुना था,
"गाँव अच्छे होते हैं..." मैं अभी तक नहीं समझ पाया,
गाँव कैसे अच्छे होते हैं...?
मैं अगर गाँव में होता, तो...
किसी खेत में मज़दूरी कर रहा होता।
शिक्षा क्या होती है? कविता क्या होती है?
कहानी क्या होती है? साहित्य क्या होता है?
विज्ञान क्या होता है? समाज क्या होता है?
विश्व क्या होता है? और 'जात' क्या होती है?
वो 'टोला' क्या होता है? मेरा 'टोला' क्या होता है?
यह मैं, कभी नहीं समझ पाता।

मैं यह भी नहीं समझ पाता कि..., गाँव के मेरे लोंगों में भेद क्यों रहा...
मैं अपनी पीढ़ियों का आंकलन भी नहीं कर पाता...
मैं गाँव में होता तो शहर का स्कूल तो क्या...
गाँव के स्कूल की दीवारों को, झाँक भी नहीं पाता...
किसी फैक्ट्री में हेल्पर होता,
किसी खेत में महीने के चार दिन का मज़दूर
समझ क्या होती है...नहीं जान पाता

इसलिए मैं..., गाँव नहीं जाना चाहता...

अन्त में मुझे प्रत्यक्ष व अप्रत्यक्ष सहयोग के लिए प्रो. रजत रानी 'मीनू', डॉ. वंदना, मनीषा, विजयलक्ष्मी, अरुण, आरती, अक्षय, विरेश, पवन, अनुज, सुरेन्द्र, गौरव, अखिलेश, कीर्ति और विशेषकर अपने प्रकाशक श्री अरुण माहेश्वरी एवं अदिति जी का धन्यवाद करना है, जिन्होंने प्रयुक्त सामग्री का महत्त्व पहचाना और इतना सुन्दर प्रकाशन किया।

—डॉ. श्यौराज सिंह 'बेचैन'
वरिष्ठ प्रोफ़ेसर एवं पूर्व विभागाध्यक्ष हिन्दी
दिल्ली विश्वविद्यालय, दिल्ली-110007
पूर्व अध्येता-एडवांस स्टडी,
राष्ट्रपति निवास, शिमला, भारत।
निवास–1/122 वसुंधरा, गाजियाबाद-201012

पत्रकार अम्बेडकर

पत्रकार अम्बेडकर युग पूर्वज पत्रकारों की निरन्तरता में उदित व विकसित हुआ। इस सुदीर्घ पृष्ठभूमि और मिशनरी परम्परा की श्रृंखला ज्योतिबा फुले, गोपाल बाबा वालंगकर, सन्त गाडगे, ई.वी. रामासामी पेरियार और स्वामी अछूतानन्द जैसी समाजोन्मुख कड़ियों से बनी। किन्तु ये कड़ियाँ पत्रकार अम्बेडकर के पूर्व अशक्त, अपर्याप्त और विश्रृंखलित थीं। इनका प्रभाव बुनियादी तो था किन्तु राष्ट्रव्यापी नहीं था।

पत्रकार अम्बेडकर विशेषकर 1917 से सक्रिय हुए। वह युग विश्व में हुए विशाल परिवर्तनों व क्रान्तियों का युग था, जिसका चरम प्रतीक थी रूस की अक्टूबर, वोल्शेविक क्रान्ति। बेशक पत्रकार अम्बेडकर रूसी क्रान्ति की नकल करने के विरोधी थे, किन्तु भारतीय स्वरूप में 'सम्यक परिवर्तन' के वे व्यावहारिक समर्थक थे। उन्होंने दलित पत्रकारों को प्रेरित तो किया ही, शिखर के ग़ैरदलित पत्रकारों पर भी उनका गहरा रचनात्मक प्रभाव पड़ा था। उस समय की ग़ैरदलित पत्रकारिता में आचार्य प्रह्लाद केशव अत्रे की पत्रकारिता सितारों की तरह चमक रही थी। अत्रे शुरू में अम्बेडकर विरोधी थे। लेकिन 1947 के शुरू से ही उन्होंने रुख बदल लिया था और अम्बेडकर समर्थक हो गये। दरअसल उनका विरोध और समर्थन मुद्दों पर आधारित था। आचार्य अत्रे ने अपने बहुचर्चित नवयुग के दो अंक डॉ. बी.आर. अम्बेडकर को समर्पित किये। पहला 13 अप्रैल, 1947 का 'अम्बेडकर विशेषांक', 'नवयुग' के सम्पादकीय में आचार्य अत्रे लिखते हैं–"डॉ. अम्बेडकर की अगाध बुद्धिमत्ता, विशाल विद्वत्ता और प्रचण्ड कर्तव्यनिष्ठा के प्रति हमारे दिल में पहले से ही असीम आदर है...तथापि राजकीय पक्ष भेद के मूल में विगत कितने ही वर्षों

से उनकी व उनकी पार्टी की हमने आलोचना की है। उनकी विचारधारा पर भी कठोर प्रहार किये हैं। उससे अधिक स्वयं डॉ. अम्बेडकर ने महात्मा गांधी और कांग्रेस की राजनीति पर आज तक जो प्रहार किये वे कम क्रूर व कम घातक नहीं थे। पर कांग्रेस की आलोचना की तब हमारे जैसे कांग्रेस-भक्तों का दिल नहीं ठहर पाया। लेकिन जब वे हिन्दुओं से परेशान होकर धर्मान्तरण कर मुस्लिम लीग में जाने की भाषा बोलने लगे, तब उनका तर्क था, 'जब कांग्रेस भक्त नौ करोड़ मुसलमानों को ख़ुश करने में जितनी जान लगाते हैं, उतनी छह करोड़ अछूतों का समाधान करने का प्रयत्न क्यों नहीं करते?' यह विचार कुछ उदार प्रगतिशील कांग्रेसियों के मुँह से भी व्यक्त होने लगे। जब 17 दिसम्बर को संविधान समिति की सभा में डॉ. अम्बेडकर ने 'अखण्ड भारत और जातीय एकता' की प्रचण्ड सिंह गर्जना की, तब कांग्रेस में उनके सभी विरोधी अक्षरशः धराशायी हो गये और पत्थर उठाने वाले हिन्दू समाज के लाखों हाथ उन पर पुष्प वृष्टि करने के लिए सादर खड़े हो गये। 'संसार की कोई भी सत्ता इस देश की एकता के आड़े नहीं आ सकती। हमारा कल्याण अखण्ड भारत में है, मुसलमान होने में नहीं है। यह सुन कर हमें अत्यन्त प्रसन्नता हुई। आज मैं उनके विरुद्ध एक भी अक्षर नहीं लिखूँगा।"[1] 1940 में अस्पृश्यों के सत्याग्रहों में अत्यधिक सक्रिय होने के कारण राजभोज का 'दलित बन्धु' बन्द हो गया और इसका पुनः उदय नहीं हो सका। 1930-36 में पतितपावन दास उर्फ़ केशव नारायनदेव ने 'पतितपावन' मासिक पत्र निकाला। उनकी नीति व उद्देश्य स्पष्ट थे, "अछूतों सहित सभी हिन्दू जातियों के धर्माधिकार एक समान होने चाहिए।" 1940 के बाद दलित पत्रकारिता का और अधिक विस्तार हुआ। ब्राह्मण जाति में जन्म लेकर 'वियोगी हरि' गांधी जी की प्रेरणा से उन्हीं की शैली में आजीवन 'हरिजन सेवा' में लगे रहे। उसी तरह 1941 में वि. नारायण हरिवर्वे जो स्वयं दलित नहीं थे लेकिन दलित सेवा का व्रत लेकर पत्रकारिता के क्षेत्र में उतरे, उन्होंने 'दलित सेवक' (पाक्षिक, मासिक) प्रकाशित किया। यह पत्र कुल 28 वर्ष चला और अपनी क्षमतानुसार घोषित दायित्व का निर्वाह करता रहा। इस युग में अम्बेडकर के जन्मदिन से पत्र शुरू करना गौरव का कार्य माना जाता था। 14 अप्रैल, 1947 को कोल्हापुर से 'दलित निनाद' सा. प्रकाशित हुआ। पत्र के सम्पादक मा. कुरणे ने स्वतन्त्रता

में दलितों की स्वतन्त्रता से सम्बन्धित प्रश्नों पर चर्चा की। 14 जून, 1947-57 के दौरान नागपुर से अरुण साप्ताहिक पत्र प्रकाशित हुआ। उद्देश्य अम्बेडकर के विचारों का प्रचार-प्रसार करना था। डॉ. अम्बेडकर के चर्चित झण्डाबरदार 'दादा गायकवाड़' ने दलितोन्मुखी राजनीति का विस्तार करने के उद्देश्य से 1 नवम्बर, 1948 को 'पूना' से 'जागृति' साप्ताहिक पत्र की शुरुआत की। इससे एक वर्ष पूर्व 1947 में 'मद्रास' से 'मीना बाल शिवराज' ने रोमन लिपि अंग्रेजी में 'जय भीम' नामक पत्र निकाला, पंजाब से मंगूराम ने 'आदिडंका' हिन्दी में प्रकाशित किया। 1947 में कानपुर से हिन्दी 'सावधान' निकाला। किशोर कुमार ने शंकर नगर, दिल्ली से 'अछूत' पत्र 1942 में प्रकाशित किया। ऐसे सैकड़ों पत्रों के सम्पादक पत्रकार अम्बेडकर युग के छोटे-बड़े प्रयासों से जुड़े रहे।

अम्बेडकर युग के सर्वाधिक पत्र महाराष्ट्र से निकले। जिनमें बम्बई, नागपुर दो स्थान मुख्य हैं। 1 मार्च, 1958 के 'प्रबुद्ध भारत' में दी गयी सूची के अनुसार बम्बई से 'नवजीवन' (1930) मासिक, सम्पादक डॉ. मोरे, 'भारत' (1932), सम्पादक-बी.जे. देव रूखकर, 'उद्धार' (1942), सम्पादक-बसन्त पाटिल, 'लोकमित्र' (1947) मासिक, सम्पादक-जी.ए. शेजवल, 'जयभीम' (1948) सा., सम्पादक सुरेश संसारे, 'प्रभा' सा., 14 अप्रैल, 1948, सम्पादक-धानकुटकर, सिद्धार्थ (14 अप्रैल, 1950), चन्द्रकान्त गायकवाड़, 'जागृति', सम्पादक-धर्मदास मेश्राम (1954), 'युग पुरुष' 1957, सम्पादक-एन.यू. पगारे, 'भीम गर्जना' (1957), सम्पादक-एस.जे. भालेराव, 'समशेर' (1957), सम्पादक-मिंढे पाटील, 'धर्मयान' (1956), सम्पादक-का.वि. सवादकार।

'बम्बई' के बाद दूसरा स्थान 'नागपुर' का था। यहाँ से निकलने वाले प्रमुख दलित पत्र थे। 'बौद्ध भारत' (1956), सम्पादक-म. मेश्राम, 'नागसैन' (1957), सम्पादक-गोविन्दराव मिरगे, 'सावधान' (1955), सम्पादक-सिद्धार्थ कुमार, 'बोधिसत्व' (1955), सम्पादक-रमेश महादेव मेश्राम, 'पूजा' मासिक (1947), सम्पादक ना.रा. शैंडे, 'सिद्धार्थ' पाक्षिक (14 अप्रैल, 1947), सम्पादक-दि.मा. खैरकर, 'अरुण' सम्पादक-ना.ख. तिरमुडे (1947), 'उद्धार' सा. लखनौ-सम्पादक वसन्त पाटील, इनके

अलावा अन्य प्रमुख पत्रों में–'मध्यम मार्ग' सा. 'लखनौ'-सम्पादक-भीखू प्रज्ञानन्द (1956), 'ज्योति' मासिक (गुज़राती), सम्पादक-एल.जी. परमार, 'सम्यक दृष्टि' मासिक (1957), (अंग्रेजी, हिन्दी), सम्पादक-राहुल छावरा, 'धर्मदूत' मासिक बनारस (हिन्दी, वर्ष अज्ञात), मायूस, बेलगाँव (सम्पादक व समय अज्ञात), 'प्रतिबिम्ब' त्रैमासिक, 'ठाण' (अप्रैल, 1955), सम्पादक-सौ. निर्गुणागांगुर्डे, 'सहकार' सा. (1948), पूना द.सा. गायकवाड़, 'दलित भारत' सा. (1947), जलगाँव-सम्पादक-ध.रा. बिन्हाड़े, 'आजचे प्रबोधन'-सं. वामन निम्बाबकर आदि।

पत्रकार अम्बेडकर ने अपने जीवनकाल में 'मूकनायक', 'बहिष्कृत भारत', 'जनता' और 'प्रबुद्ध भारत' इन पाँच मानस पुत्रों को जन्म दिया। प्रो. सत्यबोध हुदली कर को दिये गये साक्षात्कार में उन्होंने कहा "समाचार पत्र के जन्म से मुझे वैसी ही ख़ुशी होती है जैसी किसी को उस के घर बच्चे का जन्म लेने से होता है।"[2] ये पाँच पत्र पाँच पाँडवों की तरह अपने व्यवसायी देशबन्धुओं से सहअस्तित्व की नम्र माँग करते रहे और गुरु गोविन्द के पाँच प्यारों की भाँति दलित सापेक्ष सरोकारों के प्रति समर्पित रहे। दलित अस्मिता और राष्ट्रीयता के सकारात्मक बोध से गहरे में सम्बद्ध डॉ. अम्बेडकर की इस पत्रकारिता ने अपनी मातृभाषा मराठी को विशेषकर अभिव्यक्ति का माध्यम बनाया।

पत्रकार अम्बेडकर और उनके पत्र मुख्यत: बहिष्कृत भारत के सन्दर्भ में ग़ैरदलित पत्रों में अभिप्राय, प्रतिक्रिया और परामर्श प्रकाशित हुए। इनमें से कुछ को संक्षेप में यहाँ उद्धृत करना प्रासंगिक होगा। तरुण भारत (4.4.1927) का सारतत्व है, "उच्च शिक्षा सम्पन्न करके आये व्यक्ति (अम्बेडकर) द्वारा सम्पादित यह पत्र (ब. भा.) विशेष भूषणीय है। पत्र की भाषा सुबोध व सुरुचिपूर्ण और विचार राष्ट्रीय स्वरूप के होने के कारण यह पत्र श्रेष्ठ दर्जे का साबित हुआ है।" प्रजापक्ष (24.4.1927) का मत था, "अस्पृश्य वर्ग की ओर से लड़ने के लिए ऐसे एक स्वतन्त्र पत्र की आवश्यकता थी। वह रिक्ति बहिष्कृत भारत से भर जायेगी। पत्रकार अम्बेडकर की लेखनी तड़पदार और तेजस्वी है। हम अपने इस नूतन बन्धु (पत्रकार) का स्वागत करते हैं।" परीक्षक (28.4.1927) ने लिखा–"सम्पादक (अम्बेडकर) बहुत बड़े विद्वान

हैं। देश के बारे में उनके विचार अत्यन्त उपयोगी हैं। उनकी भाषा-शैली और विषय-प्रतिपादन वाचकों के मन को गहराई तक प्रभावित करने वाले हैं। उनका युक्तिवाद सीधा, स्पष्ट है और सभ्यता का कहीं भी अतिक्रमण नहीं हुआ है।" 'निजाम विजय' (22.4.1927) के अनुसार–"हिन्दू अस्पृश्यों को समाज से दूर रखते हैं।"

इन सकारात्मक प्रतिक्रियाओं के विपरीत स्वर गोग्रास (8.5.1927) पत्र में सुनाई पड़ता है, "डॉ. अम्बेडकर ने परकीय समाज को उसके दोष दिखा कर हज़ारों वर्ष पुराने स्मृतिकारों द्वारा धर्म के जो नियम स्थापित किये गये हैं उनको 'शैतान' वगैरह के विशेषण लगाये हैं और 'रूढ़ियों को सुरंग लगाकर (बारूदी गोलों से) उड़ा देंगे।' उनका यह कहना ठीक नहीं है। जो बातें आचार-व्यवहार, पढ़ाई-लिखाई से कालान्तर में अपने आप दूर हो जायेंगी, उनमें दुराग्रह और उतावलेपन से हिन्दुओं में और अधिक फूट पड़ेगी।"

परस्पर विरोधी प्रतिक्रियाओं के इस लम्बे सिलसिले में 'मौज' (18.5.1927) कहता है, "रूढ़ियाँ ख़त्म करनी हैं इससे हमें आपत्ति नहीं, परन्तु 2 हज़ार वर्ष पूर्व के भगवान 'मनु' पर टीका करना मूर्खपन है।"

डॉ. एम.एस. मौर्य के अनुसार–पत्रकार अम्बेडकर ने अग्रलिखित सामग्री का सृजन किया, मूकनायक में 12 प्रतिनिधि लेख, बहिष्कृत भारत में 33 प्रतिनिधि लेख, 14 अन्य लेख तथा जनता में 006 प्रतिनिधि व अन्य लेख हैं। 15 पत्रों के अलावा 'केसरी' में धर्मान्तर क्यों? कुछ व्यावसायिक लेख (केसरी में) 'समता और नवाकाल' पत्रिकाओं में व्यक्तिगत और सार्वजनिक पत्र लिखे।

पत्रकार के रूप में अम्बेडकर की तर्कयुक्त वैचारिकता में 'क्यों' शब्द की आवृत्ति बार-बार हुई मिलती है। उनके पत्रकार रूप में समाहित है प्रखर विधिवेत्ता, परिवर्तनकारी समाज चिन्तक, वर्ण और जातिभेद से जन्य यथास्थिति के विरुद्ध सन्तुलित विद्रोही स्वभाव, साहित्यिक गहराइयों का सतत अन्वेशी, भारतीय दर्शन के कच्चे माल को यूरोपीय अध्ययन के ढाँचे में ढालकर समता, स्वतन्त्रता और बन्धुत्व मूलक विचार पत्रकार अम्बेडकर के युगबोध का परिचायक है। उसमें उनका भविष्यदृष्टा रूप सतत प्रतिबिम्बित होता रहा है। भारतीय प्रतिनिधि साहित्य में उद्धृत कथाओं, कहानियों, श्लोकों,

सूक्तियों, मुहावरों 'गीता', महाभारत इत्यादि पौराणिक प्रसंगों के माध्यम से काल्पनिकता को यथार्थ की आँच पर तपाकर पारदर्शी सत्य को उजागर किया है। बात को समझाकर कहने की प्राध्यापकीय प्रवृत्ति के कारण उनका पत्रकार नयी पत्रकार पीढ़ी का निर्माण भी करता है। कुल मिलाकर करीब तीन दशक (1920-1956) तक वे बौद्धिक ओजस्विता, दायित्वपूर्ण सम्पादन, लेखकीय कौशल और सक्षम विवेक सूझ-बूझ, विभूति-पूजा और दबावों से मुक्त पत्रकार की भूमिका में दलितोन्मुख पत्रकारिता के फलक पर दैदीप्यमान सितारे की भाँति चमकते रहे। समाज-सापेक्ष दृष्टि, निश्चित व घोषित सरोकार, मूल्य व आचार-संहिता में गहरी निष्ठा तथा समकालीन पत्रकारों के साथ संवाद स्थापित करने की नम्र पहल की तथा उनका मूल्यांकन भी किया। राजनीतिक स्वतन्त्रता की अपेक्षा सामाजिक समता के विचार को प्राथमिकता दी। वे पत्रकारिता में सामाजिक न्याय, दलित प्रबोधन, दलित कल्याण समग्रत: दलित चर्चा के लिए अख़बार को प्रमुख स्थान मानते हैं। स.मु. पठान के अनुसार उनके टीकाकार उन्हें निरीश्वरवादी, नास्तिक व हिन्दू संस्कृति का प्रबल शत्रु कहने लगे।"[3]

पत्रकार के प्रति जनस्मृति भाव के बाबत 25 मार्च, 1916 को राष्ट्रीय कांग्रेस के नेता और बम्बई क्रॉनिकल के सम्पादक फिरोजशाह मेहता की मृत्यु के बाद उनकी स्मृति में उनकी प्रतिमा स्थापन के सम्बन्ध में उन्होंने लिखा– "भारत सामाजिक, आर्थिक, राजनीतिक स्तर पर बदतर स्थिति में खड़ा है। जिसे आज सर्वोपरि ईमानदार नेताओं की आवश्यकता है। ऐसे नेता सर्वश्री गोखले और पी.एस. मेहता थे। इन दोनों ने हमारी पीड़ाओं का प्रतिनिधित्व किया। प्रतिमा के रूप में दिया गया उनको सम्मान उनके योगदान की तुलना में तुच्छ, अनुपयुक्त और नगण्य है। सर मेहता का स्मारक जन पुस्तकालय (Public library) के रूप में स्थापित किया जाये। एक वैचारिका पत्रकार की यही सच्ची स्मृति होगी।"[4]

किसी भी रचनाशील पत्रकार की स्मृति बौद्धिक उपयोग की दृष्टि से प्रतिमाओं की अपेक्षा पुस्तकालयों की स्थापना, अध्ययन, लेखन के प्रेरक संस्कारों की जननी हो सकती एक सीमा से आगे जाने पर है, जबकि मूर्तिपूजा अन्ततोगत्वा अन्धश्रद्ध में तब्दील हो जाती है।

सन्दर्भ

1. आचार्य प्रल्हाद केशव अत्रे–सम्पादकीय साप्ताहिक नवयुग (मराठी), 13 अप्रैल, 1947
2. आचार्य प्रल्हाद केशव अत्रे–डॉ. अम्बेडकर का साक्षात्कार (गप्पा गोष्ठी) प्रो. सत्यबोध हुदलीकर, नवयुग-1 अप्रैल,1947
3. स.मु. पठान–निर्भीक पत्रकार थे बाबा साहब डॉ. अम्बेडकर, नन भारती, अंक 31, 1991, पृ. 30
4. विजय गंगाधर सुरवाडे–बाबा साहब अम्बेडकर, पत्र-व्यवहार, खण्ड प्रथम, पृ. 3

(हिन्दी दलित पत्रकारिता पर पत्रकार अम्बेडकर का प्रभाव 1995 से साभार)

दलित पत्रकारिता के मायने

—शम्भूनाथ शुक्ल

मराठी की देखादेखी इधर हिन्दी में भी दलित साहित्य और दलित पत्रकारिता की चर्चा अक्सर होने लगी है। देर से सही पर हिन्दी में दलित साहित्य का प्रस्फुटन ज़्यादा तेज़ी से हुआ है। अलबत्ता हिन्दी पत्रकारिता में दलितों की भागीदारी एक शून्यता का एहसास कराती है। इसके लिए मराठी और हिन्दी के लोक मानस के अन्तर को भी ज़रूर जानना होगा।

मण्डल आन्दोलन के बाद जो नयी दलित चेतना उभरी है उसके तहत ज़रूर पत्रकारिता के प्रति दलितों का रुझान बढ़ा है। आज़ादी की लड़ाई के दौरान उत्तर में दलितों में पत्रकारिता के मिशन में निष्ठा थी, इसकी खोजबीन भी अब शुरू हुई है।

डॉ. श्यौराज सिंह 'बेचैन' ने इस दिशा में असाधारण काम किया है। अपनी नयी किताब 'हिन्दी की दलित पत्रकारिता पर पत्रकार अम्बेडकर का प्रभाव' में डॉ. बेचैन ने हिन्दी की उन तमाम पत्रिकाओं व पत्रों को खोज निकाला है जो पैसे के अभाव के चलते दम तोड़ गये थे। जिन्हें दलित वर्गों ने निकाला था जैसे 'आदि मानव' (1927) 'समता' (1934), 'परिवर्तन' (1930), 'सिंहनाद' (1947), 'उत्थान' (1956) आदि पत्र दलितों में पुनर्जागरण के प्रतीक थे। भाषायी या सम्पादक दृष्टि से ये कतई कमज़ोर नहीं थे।

डॉ. अम्बेडकर मराठी समाज के थे। उनका मानस उसी संसार में रचा-बसा था। पेशवाशाही के चले उन्होंने पग-पग अपमान झेला था। बौद्धिकता के शिखर पर पहुँचने के बाद भी मराठा समाज ने उन्हें बहिष्कृत समझा। इसका

उनके जीवन पर गहरा असर था। पर डॉ. अम्बेडकर की दृष्टि एक दार्शनिक की दृष्टि थी। उन्होंने राजनेताओं की तरह हर समस्या का राजनीतिकरण नहीं किया। दलित चेतना उनकी नज़र में जातिविहीन समाज के निर्माण की धुरी थी, किसी जाति की लामबन्दी नहीं। 'क्रान्ति क्या है?' शीर्षक लेख में डॉ. अम्बेडकर ने साफ़ लिखा था–'ध्येय राजनैतिक ही नहीं आर्थिक व सामाजिक भी है, जिसे समझने की पात्रता अभी बहुजन समाज में नहीं है।' डॉ. अम्बेडकर को यह चिन्तन इसलिए मिल सका क्योंकि वह दलित जाति से थे। उन्होंने दलितों की आर्थिक व सामाजिक तरक़्क़ी की चिन्ता की थी क्योंकि सिर्फ़ तभी दलित अपनी राजनैतिक लड़ाई में बराबर के यौद्धा बन सकते थे।

आज अगर कांशीराम–मायावती एक अपरिहार्य राजनैतिक ताक़त हैं तो इसके पीछे उनकी अपनी राजनैतिक लड़ाई नहीं वरन् डॉ. अम्बेडकर के संघर्ष फलित हैं। दलित चेतना के दबाव के चलते अगर भारतीय संविधान में आरक्षण की व्यवस्था न हुई होती तो समाज में दलितों की तरक़्क़ी का कोई रास्ता ही नहीं था। और बग़ैर आर्थिक व सामाजिक तरक़्क़ी के दलितों में राजनैतिक चेतना जागृत हो भी नहीं सकती थी।

डॉ. अम्बेडकर का 'जनता' पत्र उनकी पत्रकारीय क्षमताओं की नायाब मिसाल है। 'जनता' उस वक़्त पूरे देश में जातिविहीन समाज के निर्माण में जुटे लोगों के लिए आदर्श था। 24 नम्वबर 1930 को निकले इस पत्र के प्रधान सम्पादक देवराज विष्णु 'नाइक' थे जो जाति से ब्राह्मण थे। सम्पादक मण्डल में नाइक के अलावा गंगाधर नीलकंठ सहस्त्रबुद्धे तथा कमलकान्त चित्रे भी थे जो ब्राह्मण थे। सम्पादकों के चयन से स्पष्ट है कि डॉ. अम्बेडकर की दृष्टि बहुत व्यापक थी। जातिविहीन समाज के लिए संघर्ष कर रहे हर जाति वर्ग के लोगों को अम्बेडकर ने जोड़ा।

डॉ. श्यौराज सिंह 'बेचैन' ने हिन्दी की दलित पत्रकारिता पर पत्रकार अम्बेडकर का प्रभाव में पत्रकार डॉ. अम्बेडकर के इस पक्ष को शायद पहली बार हिन्दी पाठकों के समक्ष रखा है। डॉ. अम्बेडकर ने पत्रकारिता की धार को पहचाना। उन्होंने अपनी लड़ाई में इस हथियार का बखूबी इस्तेमाल किया। ज़ाहिर है हिन्दी की दलित चेतना भी इस हथियार से अछूती नहीं रही।

कुल आठ अध्यायों में बँटी इस पुस्तक के शुरू के तीन अध्यायों में दलित चेतना, पत्रकार अम्बेडकर का मूल्यांकन तथा अम्बेडकर युगीन हिन्दी पत्रकारिता के बारे में वर्णन है।

चौथे अध्याय में हिन्दी की स्वातन्त्र्योत्तर दलित पत्रकारिता पर अम्बेडकर के असर के बाबत बताया गया है। शेष चार अध्यायों में दलित व स्त्री अत्याचार की घटनाओं पर विभिन्न पत्र-पत्रिकाओं में विचार आदि हैं तथा कुछ पत्रकारों से बातचीत है। पर डॉ. बेचैन की इस पुस्तक के शुरू के तीन अध्याय उनके श्रम का मूल्यांकन कराते हैं। पाँचवें, छठे, सातवें, आठवें अध्याय सिर्फ़ संकलन मात्र हैं।

('जनसत्ता मैगज़ीन 11-अक्टूबर 98 से साभार)

लेखक (श्यौराज सिंह बेचैन) के अम्बेडकर

—डॉ. धर्मवीर

हर किसी दलित चिन्तक के पास एक अम्बेडकर होता है। अच्छी बात यह है कि उनमें से हर किसी का अम्बेडकर इस रूप में निजी होता है कि वह विशिष्ट है। कहा जाना चाहिए कि डॉ. श्यौराज सिंह बेचैन के पास अपना अम्बेडकर "पत्रकार अम्बेडकर" है।

डॉ. अम्बेडकर का संघर्ष बहु आयामी था और उनका मिशन महान था। उन्होंने कोई छोटी-मोटी बहस शुरू नहीं की थी। यही कारण है कि उनके कार्यों का और उनकी सोच का विभिन्न दृष्टिकोणों से अध्ययन और मूल्यांकन किया जा सकता है। इसी परिप्रेक्ष्य में कहा जा रहा है कि जीवन के जिस कोण से डॉ. श्यौराज सिंह बेचैन ने डॉ. अम्बेडकर को देखा है, हिन्दी विद्वानों के लिए तथा शायद अन्य भाषाओं के विद्वानों के लिए भी वह नितान्त एक नया दृष्टिकोण है। ऐसे सारे कोणों को मिलाकर बाबा साहेब डॉ. अम्बेडकर के महान चिन्तन पर एक समग्र और सही दृष्टि बनायी और विकसित की जा सकती है।

डॉ. श्यौराज सिंह 'बेचैन' के शोध ग्रन्थ का शीर्षक "हिन्दी की दलित पत्रिकातर पर पत्रकार अम्बेडकर का प्रभाव" है। उनके इस ग्रन्थ से पता चलता है कि डॉ. अम्बेडकर "जनता" पत्र के भी संस्थापक थे। पत्र के प्रधान सम्पादक आदि ब्राह्मण लोग थे। प्रो. अरुण कांवले के अनुसार श्री नाईक जाति से गोवर्धन ब्राह्मण थे। "जनता" पत्र के भी प्रधान सम्पादक के पद पर उनकी नियुक्ति का निर्णय स्वयं डॉ. अम्बेडकर ने लिया था। अन्य लोगों में

ग.नी. सहस्त्र बुद्धे चितपावन ब्राह्मण थे। कमलकान्त चित्रे आदि भी सम्पादक मण्डल में शामिल थे।' कहने का मतलब यह है कि एक को छोड़कर सभी पत्रकार ग़ैर दलित, ब्राह्मण और कायस्थ जातियों से थे। इन ग़ैर दलित और ब्राह्मण उदारवादियों को सम्बोधित करते हुए डॉ. अम्बेडकर ने अपने एक पत्र में इनकी प्रशंसा में लिखा है–"मेरी भावनाओं व अछूतों से सुख-दुख व उनकी आकांक्षाओं के साथ तुम सब इतने समरस हो गये हो कि तुम मेरी तरह जन्म-जाति से अछूत नहीं हो मात्र इतना ही तुम्हारा दोष है।"

यहाँ बाबा साहेब का मन सच और ईमानदारी बोल रहा है। उनके मन में कोई छल-कपट नहीं है। वे इतने भोले और स्पष्ट हैं कि लोकमन्य बाल गंगाधर तिलक के बेटे श्रीधर बलवंत तिलक की मृत्यु पर ब्राह्मण और ब्राह्मणवाद में अन्तर करके अपने विरोधियों को जबाब देते हुए लिख रहे हैं–"ब्राह्मणों से झगड़ने वाला मेरे जैसा अछूत जाति का व्यक्ति ब्राह्मण्याभिमानी के पेट से जन्मे श्रीधर की मृत्यु से दुखी है। आख़िर क्यों?"

लेकिन ब्राह्मण देव राज नाईक ने डॉ. अम्बेडकर की प्रशंसा किन शब्दों में की है यह भी देख लिया जाये। ब्राह्मण नाईक लिखते हैं–"**अम्बेडकर ब्राह्मण नहीं हुए इससे ब्राह्मणों को कोई हानि नहीं हुई। किन्तु महार होने से उन्होंने अछूतों के सुख-दुखों को पूरी तरह समझा। अम्बेडकर जातिगत ब्राह्मण नहीं हैं। प्रवृत्ति ब्राह्मण की और जाति महार की ऐसा विलक्षण संयोग अम्बेडकर में समाहित है।**"

देखा जा सकता है कि इस उद्धरण में कमी किस बात की रह गयी है? कमी एक बात की रह गयी है कि कबीर की तरह डॉ. अम्बेडकर के मुख से ऐसा कहा हुआ मान कर और प्रचारित करना था–

पूरब जनम हम बाम्हन होते ओछे करम तपहीना,
राम देव की सेवा चूका पकरि जुलाहा कीना।

यही साथ देने वाले इन द्विज उदारवादियों की दलित पर मार होती है। इन्होंने रैदास के बारे में प्रचारित किया कि वे पिछले जन्म के ब्राह्मण थे और चमारी के पेट से पैदा हो कर भी उन्होंने चमारी के स्तनों का दूध पीने से मना कर दिया था। डॉ. बच्चन सिंह ने ब्राह्मणों की इस चाल को अपनी पुस्तक

"हिन्दी साहित्य का दूसरा इतिहास" में काफ़ी खोलकर रख दिया है। वे लिखते हैं, "भक्तों की विभिन्न श्रेणियों में निर्गुण मत सबसे अधिक ख़तरनाक था। उसके प्रवर्तक कबीर के ख़तरे से तो वर्ण-धर्मी अतिशय भयभीत थे। इस ख़तरे से बचने के लिए कबीर को ब्राह्मणी के गर्भ से उत्पन्न बताया जाने लगा।...दादू ईश्वर के अवतार बन गये। दरजी नामदेव से भक्त, नामदेव को अलग कर दिया गया। भला दरजी भक्त कैसे हो सकता था? कहा गया कि असली नामदेव ब्राह्मण थे। पंढरपुर मन्दिर के द्वार के पास उनकी समाधि बना दी गयी।"

वास्तव में, यदि ब्राह्मण नाईक के अनुसार डॉ. अम्बेडकर की प्रवृत्ति ब्राह्मण की थी तो गीता के अनुसार सहज कर्म की व्याख्या में ब्राह्मणों को इसे पुनर्जन्म के सिद्धान्त से मिलाने में कितनी देर लगती है? प्रश्न यह है कि ब्राह्मण नाईक के अनुसार ब्राह्मण की प्रवृत्ति क्या है। क्या ब्राह्मण की कोई प्रवृत्ति भी होती है? क्या ब्राह्मण की प्रवृत्ति दूसरे मनुष्यों से भिन्न होती है? क्या ब्राह्मण और मनुष्य में फ़र्क़ होता है? फिर यदि ब्राह्मण की मनुष्य से भिन्न कोई प्रवृत्ति होती है तो क्या वह एक अच्छी प्रवृत्ति भी है?

निश्चित रूप से श्री नाईक के मत में वह एक बहुत अच्छी प्रवृत्ति है। इसी अर्थ में उन्होंने अपने कथन में इस शब्द का प्रयोग किया है। साथ ही, तुलना करके देखी जाये कि श्री नाईक ने डॉ. अम्बेडकर की जाति 'महार' का किस अर्थ में प्रयोग किया है। इसमें दो राय नहीं हो सकतीं कि पद–"प्रवृत्ति ब्राह्मण की और जाति महार की"–में यह माना गया है कि जाति के हिसाब से उनकी प्रवृत्ति ब्राह्मण की प्रवृत्ति नहीं होनी चाहिए थी। सच बात यह है कि ऐसे ओछे और घिनौने शब्दों का प्रयोग दम्भी ब्राह्मण ही कर सकते हैं।

असल में, श्री नाईक के ब्राह्मण संस्कारों का अध्ययन किया जाये तो पता चलेगा कि यह डॉ. अम्बेडकर की प्रशंसा नहीं है, बल्कि श्री नाईक ने डॉ. अम्बेडकर के रूप में अपने ब्राह्मण की प्रशंसा आप की है। इस प्रशंसा में डॉ. अम्बेडकर की महार जाति की प्रशंसा बिल्कुल नहीं है, बल्कि उसकी भर्त्सना की गयी है–प्रशंसा उन्होंने डॉ. अम्बेडकर में ब्राह्मण प्रवृत्ति की है। यह सूक्ष्म विश्लेषण है और ब्राह्मण मानसिकता का यही सच है। वास्तव में, ब्राह्मण ने आज तक अपने सेवा किसी दूसरे की प्रशंसा नहीं की है। कबीर ने यहाँ तक

कहा है कि '**ब्राह्मण ने आज तक किसी का काम नहीं सुधारा है।**' उन्होंने सही पूछा है–"**ब्राम्हन कीन्ह कौन को काजा?**"

ब्राह्मण द्वारा किसी दलित की प्रशंसा करने का ढंग ही ग़लत है। उसमें प्रशंसा नहीं, बल्कि दलित की जाति का अपमान भरा होता है। कबीर के बारे में डॉ. हज़ारी प्रसाद द्विवेदी ने रामानन्द ब्राह्मण को लेकर लिखा है–"क्या हुआ जो वे (रामानन्द) ब्राह्मण थे और कबीरदास जुलाहे, क्या हुआ जो वे काशी के 'आचार्य' थे और कबीर कमीनी जाति के बन्दे।" यहाँ ध्यान रखा जा सकता है कि प्रशंसा के बहाने डॉ. द्विवेदी अपने ब्राह्मणी संस्कारों के प्रभाव में कबीर को कमीनी जाति का बन्दा कह गये हैं। यह कबीर की समूची महान जुलाहा जाति को गाली देने के बराबर है, जिसने कबीर जैसे महान चिन्तक को पैदा किया है। डॉ. द्विवेदी ने आगे भी अपने इन्हीं ब्राह्मणी संस्कारों के वश हो कर लिखा है–"नाले का पानी गंगा में जाकर गंगा हो जाता है, कबीर भी गुरु में मिलकर तदनुरूप हो गये।" किसी ने दलित की तरफ़ से ध्यान नहीं दिया कि दलित के मन पर ऐसी ओछी प्रशंसा से क्या गुज़रती है। ऐसी प्रशंसा सुनने से पहले दलित के सिर पर हीनता के घड़ों का पानी बरस जाता है। यह शब्दों का वैसा प्रयोग है जैसा ब्याह-बारात में पूरी पंगत को रोटी खिलाने के बाद चमार और चूहड़े पर दया दिखाते हुए कोई भला द्विज कहता है–"बेचारा चमार है, कब से खड़ा है, वह चूहड़े का है, भूख लग रही होगी, इनके पत्तों में भी दो-दो रोटी फेंक दो।" कोई चमार और चूहड़ा बन कर देखे कि कानों से इतना सुनने में ही चमार और चूहड़े मरे पड़े हैं! ऐसी दया और ऐसी प्रशंसा व्यक्ति की गरिमा और मनुष्य के आत्मसम्मान के विरूद्ध जाती है। तभी ऐसी दया और प्रशंसा को बग़ल में फेंकते हुए कबीर ने बराबरी के स्तर पर डंके की चोट कहा है–"तू बाम्हन मैं कासी का जुलाहा।" हो सकता है कि कबीर ने ऐसा न भी कहा हो, लेकिन डॉ. बच्चन सिंह ने यह ठीक लिखा है कि "पूरब जन्म हम बाम्हन होते का पद ब्राह्मणवादियों द्वारा लिखा गया पद है।" उन्होंने लिखा है–"यह पद प्रक्षिप्त है, बीजक में नहीं पाया जाता। यह किसी चतुर ब्राह्मण की करतूत है।"

यदि प्रक्षिप्त अंशों की बात ली जाये तो वह ज़्यादा लम्बी जा सकती है। छह सौ साल दूर होने के कारण कबीर के समाज दर्शन का बहुत बुरा हाल

किया जा चुका है। डर यह है कि डॉ. अम्बेडकर के दर्शन के साथ ऐसा न हो जाये। आज कबीर के बीजक में उपलब्ध साखियाँ इस प्रकार हैं :–

1. बड़े ते गये बड़ापने, रोम रोम हंकार।
   सतगुरु की परिचय बिना, चारों बरन चमार।
2. ई माया है चूहड़ी और चूहड़े की जोए।
   बाप पूत अरूझाय के, संग न काहू के होए।।

क्या एक पल के लिए भी माना जा सकता है कि ये साखियाँ कोरी–चमार-जुलाहे कबीर की हो सकती हैं? क्या यह बीजक में कबीर के नाम से उदारवादी ब्राह्मणों की खुली बकवास नहीं है? कहना यह है कि आज कबीर के प्रक्षिप्तकारों का पता न चल सके, लेकिन डॉ. अम्बेडकर के प्रक्षिप्तकार का पता चल गया है कि यह चतुर ब्राह्मण श्री नाईक हैं। डॉ. अम्बेडकर ने ब्राह्मण बनने के बजाय घोषणा की थी–"ब्राह्मणवाद नष्ट करना मेरा निश्चय है। इसलिए कहा जा रहा है कि यदि दलित लेखक जागरुक और सक्रिय न रहे तो डॉ. अम्बेडकर के अगले संग्रहों में ये प्रक्षिप्तकार ब्राह्मण डॉ. अम्बेडकर के मुख से यह कहा हुआ दिखा देंगे कि "चारों बरन महार।"

श्री नाईक ने अपने पत्र के माध्यम से बुद्धिजीवियों से जो सार्वजनिक अपील की है वे शब्द देखे जा सकते हैं। वे इस प्रकार हैं–"डॉ. अम्बेडकर का लेखन हम ब्राह्मणों को अवश्य पढ़ना चाहिए।" इसका मतलब यही है कि पद "हम ब्राह्मणों को शेष समाज से सदा अलग ही रहना है। अजीब बात है, डॉ. अम्बेडकर ब्राह्मण को बुरा सिद्ध करते हैं और ब्राह्मण लोग डॉ. अम्बेडकर को उनकी प्रशंसा में ब्राह्मण सिद्ध करते हैं। यह क्या लड़ाई है? यह मूल्यों की लड़ाई है। यह प्रशंसा का मामला नहीं है, असल बात यह है कि किन सामाजिक मूल्यों को लेकर प्रशंसा की जा रही है। यदि कोई मनुष्य को चोर कह कर उसकी प्रशंसा करने लगे तो यह कैसी प्रशंसा है? यदि कोई जार आदमी का यशोगान करने बैठ जाये तो उससे कैसे सहमत हुआ जा सकता है? कबीर और अम्बेडकर चोर और जार नहीं हैं जो उनकी ब्राह्मण कह कर प्रशंसा की जा रही है। वे ऐसी गिरी हुई ब्राह्मणी प्रशंसा के मोहताज नहीं हैं। उन्हें ऐसी प्रशंसा नहीं चाहिए, जिसमें प्रत्यक्ष या अप्रत्यक्ष रूप से ब्राह्मण की

प्रशंसा होती है। वे जुलाहे और महार रहते हुए महान हैं। "जो तू बामण बमणी जाया, आन बाट काहे नहिं आया"–यह कबीर की ब्राह्मण को चोट है, चुनौती है और ललकार है। जन्मना और कर्मणा के भेद की वर्ण व्यवस्था की दोनों व्याख्याएँ बेकार और बकवास हैं–डॉ. अम्बेडकर अपने महार होने के नाते यही कह रहे हैं।

डॉ. श्यौराज सिंह बेचैन के इस शोध ग्रन्थ में धर्म और जाति को लेकर बहुत कुछ विचार किया गया है। अच्छी बात यह है कि इस पुस्तक में इन दोनों विषयों पर बीसवीं शताब्दी में दलित चिन्तन की प्रक्रिया का लगभग पूरा पता चल जाता है। स्वयं डॉ. अम्बेडकर के चिन्तन में भारी परिवर्तन आये हैं। एक समय था जब डॉ. अम्बेडकर ने हिन्दू धर्म पर अपना दावा पेश करने का भरसक प्रयत्न किया था। डॉ. बेचैन सही लिखते हैं–"हिन्दुत्व को शुरू में (वे) सछूत-अछूत का साझा धर्म मानते थे। बल्कि उन्हें इससे भी अधिक भूमिका में रखते थे–'हिन्दुत्व की प्राण-प्रतिष्ठा' "वशिष्ठ" जैसे ब्राह्मणों ने और श्रीकृष्ण जैसे क्षत्रियों ने की है। वैसे ही वाल्मीकि, चोखामेला और रोहितास ने की है। हिन्दुत्व रक्षण में हज़ारों अछूतों ने अपने प्राण न्यौछावर किये। एकलव्य की तरह 'खरडे' की लड़ाई में सिदनाक महार सहित सारे अछूतों ने अपने सिर हथेली पर रखकर हिन्दुत्व की रक्षा की। अस्तु स्पृश्यों के समान ही हिन्दुत्व पर अछूतों का भी अधिकार है।" इतना ही नहीं (वे) जोर देकर कहते थे कि, "हिन्दू धर्म को रास्ता दिखाने वाले हम (अछूत) ही देवदूत हैं–यदि ऐसा भी मानें तो कोई हर्ज़ नहीं है।" लेकिन बाद में उन्होंने अपने प्रयास में हार मानी। उन्होंने हिन्दु धर्म पर क़ब्ज़ा करने का और जाति का समूल उच्छेद करने का बीड़ा उठाया था। लेकिन अन्त में इन सब प्रयासों से विरत होकर उन्होंने हिन्दू धर्म को त्याग कर बौद्ध धर्म को सुधारने या उस पर क़ब्ज़ा करने के चक्कर में देर तक न रह कर उन्होंने जाति आधारित आरक्षण की वकालत और व्यवस्था की।

लेकिन अब उस प्रक्रिया पर ज़्यादा न बोलते हुए डॉ. बेचैन के इन ज्वलन्त विषयों पर दिये गये सार को लिया जा सकता है। क्या अब भी और आगे भी, दलितों के चिन्तन में इसी बात पर बहस होती रहेगी, 'दलित लोग हिन्दू हैं या धर्मान्तरण करें?' सवाल यह है कि दलित चिन्तन धर्म के मामले में

दुविधा के इन दोनों विकल्पों से आगे क्यों नहीं बढ़ रहा है? वह क्यों सोचता है कि वह हिन्दू है और वह क्यों सोचता है कि वह धर्मान्तरण करेगा? वह इन दोनों पराई बातों में कब तक उलझा रहेगा? हिन्दू धर्म से उसका लेना–देना क्या है? जिस धर्म में इस बात पर बहस हो कि वह उस धर्म का है या उस धर्म का नहीं है–इसका मतलब है कि द्विज वर्ग चालाक है और दलित वर्ग मतिभ्रम में है। सन्देह होते ही, दोहरा प्रश्न उठते ही ऐसे धर्म से एक क्षण में नाता तोड़ लेना चाहिए। क्या दलित मनुष्य महसूस करता है कि संस्कृत में ऋग्वेद की ऋचाएँ उसके बाप-दादाओं ने रची हैं? क्या दलित इस बात को एक क्षण के लिए भी मान सकता है कि संस्कृत उसके पुरखों की मातृभाषा थी और उनसे उनकी मातृभाषा संस्कृत छीन कर उन्हें कोई अन्य भाषा बोलने के लिए मजबूर किया गया था। जिन्हें वे आज हिन्दी आदि कह कर बोलते हैं? क्या यह दुनिया के भाषाई इतिहास में कभी सम्भव हो सका है कि किसी जाति से उसकी मातृभाषा छीन कर कोई अन्य जाति उसके घर में उसे विदेशी भाषा बोलने के लिए मजबूर करती है? क्या ब्राह्मणों ने शूद्रों और अछूतों से उनकी मातृभाषा संस्कृत छीन कर अपनी हिन्दी आदि भाषाएँ उन पर जबरन थोंपी थीं? स्पष्ट है इनमें से एक बात भी सम्भव नहीं है। फिर, जब हिन्दू धर्म दलित का धर्म नहीं है तो धर्मान्तरण में कोई अन्य धर्म उसका कैसे हो जायेगा? दलित ने बौद्ध धर्म का त्रिपिटिक कब लिखा था? यदि त्रिपिटिक को दलित लिखता तो उसका स्वरूप कुछ और होता। इसलिए, दलित के लिए जितना हिन्दू धर्म पराया है, धर्मान्तरण में उतना ही हर अन्य धर्म भी पराया है।

अगला सवाल यह है कि क्या धर्म इस आधार पर देखे जाया करते हैं कि कोई धर्म अच्छा है और कोई धर्म बुरा है। मुसलमान का बच्चा मुसलमान क्यों है और हिन्दू का बच्चा हिन्दू क्यों है? बड़ा होकर हर आदमी अपने धर्म का माँ–बाप से हटकर स्वतन्त्र चयन क्यों नहीं करता है? हर रोज़ युवकों और युवतियों द्वारा लाखों धर्मान्तरण क्यों नहीं हो रहे हैं? इसलिए सच्चाई और समस्या के समाधान की माँग यह है कि धर्म के मामले में धर्मान्तरण का भिखमंगापन और अपाहिजगिरी छोड़कर दलित को अपने रैदास और कबीर के तीसरे विकल्प की खोज शुरू कर देनी चाहिए। न हिन्दू, न मुसलमान और न ब्राह्मण, न बौद्ध-यह उसकी मूल सोच होनी चाहिए।

दलित का दूसरा चिन्तन जाति को तोड़ने के बारे में है। यह भी दलित चिन्तन को एक फालतू रोग मिला है। हाँ, यदि जाति एक रोग है तो जाति को तोड़ना उससे बड़ा रोग है। इस विषय पर बहस को लेकर दलित को एक भंवर में फँसाया गया है और वह फँसता गया है। उसे एक फालतू काम दिया गया है कि जाति मौजूद है और जाति को तोड़ना है। वह अपनी ज़बान की एक छोटी सी छैनी ले कर वास्तविकता के एक पहाड़ को तोड़ने चला है। लेकिन बुद्धिमानी इस बात में है कि दलित को अपनी ऊर्जा इस व्यर्थ के काम में नष्ट न करके सकारात्मक और रचनात्मक कामों में लगानी चाहिए। उसे मान लेना चाहिए कि **जाति में कोई बुराई नहीं है। यदि जाति में कोई बुराई होती तो ब्राह्मण और शासक वर्ग इसे सबसे पहले मिटा देता। जाति केवल पहचान है और पहचान में कोई बुराई नहीं होती। जाति गाँव में और शहर में आदमी की डाक का पता है।** इस स्पष्ट पहचान से किसी दलित को कोई आपत्ति नहीं होनी चाहिए! डाक के पते के सिवा **जाति को मानना या जाति को तोड़ना हिन्दुओं के दिमाग़ में एक भांग का नशा है।** दोनों तरह के चिन्तक पहलवान बन कर अखाड़े में व्यर्थ का पसीना तोड़े ज़ोर-आज़माइश कर रहे हैं। **जाति माँ-बाप का नाम है और किसी कृतघ्न को अपने माँ-बाप का नाम नहीं छुपाना चाहिए। एकदम बताये कि मैं चमार हूँ, पूछने से पहले बताये कि मैं भंगी हूँ। आख़िर, क्या बात है कि ब्राह्मण और ठाकुर अपनी जाति अपने नाम से पहले बताते हैं?** दलित की दिक़्क़त यह है कि वह मात्र शब्दों से डर कर अपने आप से लड़ बैठता है जबकि उसके पास एक सुखद विकल्प है कि वह द्विजों से पृथक है जिस महान बात पर उसे गर्व होना चाहिए।

असल में, दलित की लड़ाई कुरुक्षेत्र के असली मैदान में नहीं हो रही है। जाति तोड़ने के नाम पर वह एक मायावी और ऐन्द्रजालिक लड़ाई में उलझाया गया है। वह सर्वत्र छायाओं से लड़ता फिर रहा है। अभी तक सारा दलित चिन्तन चक्रव्यूह के पहले द्वार पर ही फँसा पड़ा है। यही कारण है कि उसे इस लड़ाई का कोई हल नहीं मिल सका है। उसके सामने हीनता की समस्या आज भी ज्यों की त्यों बनी हुई है। इसीलिए, डॉ. **बेचैन** ने यह सही निष्कर्ष निकाला है–**"ज़रुरत असमान जातियों में शादी-विवाह कराने**

की अप्रभावी अपील की नहीं है। कमज़ोर जातियों को सबल जातियों के बराबर अधिकार, शिक्षा, सम्पदा और संस्कृति में बराबर आने के अवसर उपलब्ध कराने की है।" यह सच है कि जाति के आधार पर रोटी बन्दी और बेटी-बन्दी तोड़ने के काम में दलितों का सारा समय ज़ाया हुआ है। **डॉ. बेचैन** के इन शब्दों में व्याख्या के नाम पर इतना और जोड़ा जा सकता है कि आगे भी निकटता का मतलब दलित पृथकता को छोड़ कर द्विजों के साथ हारता हुआ घालमेल नहीं है।

लगता है, गांधी जी के विचार को प्रस्तुत करने में डॉ. बेचैन कई स्थलों पर शोध की शैली और प्रक्रिया की मजबूरी में फँस कर रह गये हैं। एक स्थान पर वे लिखते हैं– "गांधी जी हरिजन चिन्तन करने में इतने निमग्न हो जाते हैं कि कविता की शैली में हरिजन स्तुति करने लगते हैं;" हे नम्रता के सागर। "दीन भंगी की, हीन कुटिया के निवासी/गंगा–यमुना और ब्रह्मपुत्र के जलों से सिंचित/इस सुन्दर देश में/तुझे सब जगह खोजने में हमें मदद दें।/हमें गृहणशीलता और खुला दिल दें। हमें त्याग भक्ति और नम्रता की मूर्ति बनाएँ। ताकि इस देश को हम ज़्यादा समझें/ज़्यादा चाहें।" लेकिन इस प्रार्थना की उस व्यक्ति (कसाई) से तुलना की जा सकती है जो परमात्मा से प्रार्थना करता है "हे परमात्मा।/हे जगत के नियंता।/हमारे बकरों को मोटा पैदा कर/इनके लिए ताज़ी हरी पत्तियाँ दे/ताकि इनका मांस खाने में हमें ज़्यादा स्वाद आये और ज़्यादा प्रोटीन मिले।"

ऐसे वैष्णव चिन्तन को कबीर ही स्पष्ट करते हैं जब वे लिखते हैं– "जैसी मुख से नीकसै। तैसी चाले नाहिं" या "वैष्णव हुआ तो क्या भया, माला मेली चारि?"

सच बात यह है कि ऐसी चाल भरी और निकम्मी प्रार्थनाएँ करना द्विजों की रणनीति का हिस्सा हैं, जिससे दलितों को हमेशा सावधान रहने की ज़रुरत है। यह गांधी जी की बनायी हुई प्रार्थना है–अर्थात् वे जब चाहे इसे छोड़ सकते हैं। ये प्रार्थनाएँ अपने असर में उन पर लाज़िमी और बन्धनकारी नहीं हैं। यह उनका भाषाई व्यायाम और अभ्यास होता है। यह उनका स्वेच्छा का मामला है।

वेदान्ती बनकर हिन्दू लोग पारमार्थिक सत्ता के स्तर पर कुछ भी कह सकते हैं लेकिन उनके लिए व्यावहारिक सत्ता सदा अलग रहती है। पारमार्थिक

सत्ता में ऐसी कोई शक्ति नहीं है कि वह व्यावहारिक सत्ता को बदल दे या उस पर किंचित भी प्रभाव डाल सके। इस कहानी और करनी का सम्बन्ध अनिर्वचनीयता का है जिसकी रहस्यमयी खोल-बाँध और व्याख्या केवल द्विज ही करते हैं। वेदान्त दर्शन के इस रहस्यवाद को आम भाषा में 'बगुला भगत' होना कहा जाता है।

डॉ. अम्बेडकर बुद्ध के बहकावे में ज़रूर आ गये हों, लेकिन एक बात सच है कि गांधी जी के बहकावे में वे कभी नहीं आये। गांधी जी की कहनी थी "वर्ण व्यवस्था कर्तव्य विभाजन के अलावा कुछ भी नहीं है। एक का आधार विधा, दूसरे का शक्ति, तीसरे का धन और चौथे की सेवा है। आत्मोन्नति के लिए अपना मनपसन्द धन्धा चुनने की कोशिश करते हैं तो इससे वर्ण में गड़बड़ी हो जाती है।" तभी डॉ. अम्बेडकर गांधी जी के इस सिद्धान्तकार को स्वयं पर अमल करके दूसरों को सिखाने की सत्यनिष्ठता की सीख देते हैं। वे पैतृक व्यवसाय सम्बन्धी गांधी जी के मत का प्रामाणिक खण्डन करते हुए लिखते हैं–"महात्मा जन्म से बनिया है। उनके पूर्वज वाणिज्य त्याग कर, रजवाड़े के दीवान बन गये, जो ब्राह्मणों का पेशा है। महात्मा ने पेशा चयन के वक़्त बैरिस्ट्री को उचित समझा, फिर क़ानून का पेशा त्याग कर आधे सन्त और आधे राजनीतिज्ञ हो गये। उन्होंने पूर्वजों का पेशा छुआ तक नहीं है। उनके बेटे ने एक अख़बार मालिक के यहाँ नौकरी कर रखी है और ब्राह्मण लड़की से शादी की है।"

इसलिए डॉ. अम्बेडकर ने गांधी जी की सत्यनिष्ठा पर ज़बरदस्त हमला करके बेधड़क कहा है–

"गांधी जी सदैव सत्य बोलते हैं यह बात मानने की हमारी तैयारी नहीं है। वह झूठ बोलते थे, इसके अनेक उदाहण हैं।"

डॉ. श्यौराज सिंह बेचैन ने अपने इस महत्त्वपूर्ण शोध ग्रन्थ में इस सवाल को भी मुद्दा बनाया है कि द्विज पत्रकारिता के अनुसार स्वतन्त्रता संग्राम में दलितों की भूमिका पर प्रश्नचिह्न लगाये जाते हैं। इसके विपरीत, **इधर दलितों को यह सुन कर अजीब लगता है कि डॉ. अम्बेडकर ने देश की आज़ादी की लड़ाई नहीं लड़ी थी और द्विजों ने देश की आज़ादी की लड़ाई लड़ी थी। वास्तव में, द्विज लोग दुनिया के इतिहास में स्वतन्त्रता**

की समर्थक कौम के लोग नहीं हैं। यदि द्विजों को स्वतन्त्रता प्रिय होती तो वे सब से पहले दलितों को स्वतन्त्रता देते। वास्तव में, वे इस देश पर अंग्रेज़ों के मुक़ाबले में अपना क़ब्ज़ा चाहते थे। **दलित दृष्टि में द्विजों की अंग्रेज़ों से वैसी ही लड़ाई थी जैसे इस देश पर क़ब्ज़े के लिए यूरोप की दो जातियाँ अंग्रेज़ और फ्रांसीसी-अपने** वर्चस्व और प्रभुत्व के लिए लड़ रही थीं। अंग्रेज़ों ने फ्रांसीसियों को हरा दिया तथा बाद में द्विजों ने अंग्रेज़ों को भगा दिया–बस, दलित के लिए इतिहास की दृष्टि से इतना ही हुआ है, जिसका मानव की वास्तविक स्वतन्त्रता से थोड़ा ही सम्बन्ध ठहरता है। वास्तव में, **अभी इस देश में दलित की सामाजिक स्वतन्त्रता की लड़ाई जारी है।** अभी वह हिन्दू क़ानून के मामले में अपने सारे धर्मान्तरणों समेत बियाबान जंगल में अकेला खड़ा है। इस दुनिया में उसका अपना कोई नहीं है। इस विषय को लेकर भारत की माननीय सुप्रीम कोर्ट ने अप्पा बालू इंगले वाले मामले में सन् 1852 में एक प्रमुख अश्वेत दासता उन्मूलनवादी श्री फ्रेडरिक डगलस के अमेरीका के स्वतन्त्रता दिवस की पूर्व संध्या पर व्यक्त की गयी घोर व्यथा के कुछ शब्द उद्धृत किये हैं। वे शब्द इस प्रकार हैं–"यह चार जुलाई का दिन आप का है, न कि मेरा। तुम लोग ख़ुशी मना सकते हो किन्तु मैं शोक मनाऊँगा। बेड़ियों में जकड़े व्यक्ति को स्वाधीनता के भव्य प्रदीप्त मन्दिर में घसीट कर ले जाना और उससे आनन्दपूर्ण भजनों में तुम्हारे साथ शामिल होने के लिए कहना अमानवीय मज़ाक़ और धर्म-विरोधी व्यंग्य थे...यह बात मैं हमारे बीच विभेद के दुखी भाव के साथ कह रहा हूँ। मैं इस शानदार जयन्ती में सम्मिलित नहीं हूँ...वे शुभकामनाएँ जिनका तुम आज आनन्द ले रहे हो, साधारण जनता को प्राप्त नहीं है। तुम्हारे पूर्वजों द्वारा वसीयत में दी गयी न्याय, स्वाधीनता, समृद्धि और स्वतन्त्रता की महान विरासत में तुम्हारा हिस्सा है, न कि मेरा। वह सूर्य का प्रकाश जो तुम्हारे लिए रोशनी और स्वास्थ्य लाया है, मेरे लिए कोड़े की मार और मौत लेकर आया है।" और अन्त में छिपाने के लिए या किसी बहाने के लिए कुछ भी नहीं बचा है जब माननीय सुप्रीम कोर्ट ने सदृशता दिखाते हुए लिखा है–"यही भारत के स्वतन्त्रता दिवस अर्थात् 15

अगस्त, 1947 के अवसर पर भारतीय अनुसूचित जातियों, अछूतों, संक्षेप में दलितों की हृदय विदारक कथा थी।"

अन्त में, पुनः कहा जा सकता है, '**हिन्दी साहित्य के क्षेत्र में, दलित चिन्तन के इतिहास में तथा दलित समाज की सेवा में डॉ. श्यौराज सिंह बेचैन का इस पुस्तक के रूप में यह अपना योगदान है। यह योगदान विशिष्ट है क्योंकि वे इस क्षेत्र में अकेले हैं। दलित और ग़ैर-दलितों में कोई दूसरा विद्वान उनके सामने नहीं है। सबको उनका ऋणी होना चाहिए, उन्होंने डॉ. अम्बेडकर को एक पत्रकार के रूप में पेश किया है। विशेषकर, हिन्दी भाषियों के लिए डॉ. श्यौराज सिंह बेचैन की यह ख़ास मदद कही जायेगी। वे डॉ. अम्बेडकर के मूल मराठी लेखों-सम्पादकीयों को आधार बना कर आगे बढ़े हैं, जो अन्यथा ग़ैर-मराठी भाषियों की पहुँच से बाहर की बात थी।**

(कथा–मासिक हंस अक्टूबर 1998)

हिन्दी दलित पत्रकारिता के आधार

—माता प्रसाद
(पूर्व राज्यपाल अरुणाचल प्रदेश)

'हिन्दी दलित पत्रकारिता पर पत्रकार अम्बेडकर का प्रभाव' डॉ. श्यौराज सिंह बेचैन का एक बेजोड़ दस्तावेज़ है जो भारत में 50 वर्षों की दलितों की विभिन्न स्थितियों का इतिहास अपने अन्दर समेटे हुए है। इसमें जहाँ हिन्दी पत्रकारिता और उसके द्वारा दलितों की स्थिति का दिग्दर्शन है, वहीं दलित पत्रकारिता द्वारा उनकी वास्तविक स्थिति को समाज के सामने रखने का एक सफल प्रयास भी।

पत्रकारिता समाज की सामयिक स्थिति का जीता-जागता आईना है जो देश-विदेश, समाज-संस्कृति, धर्म, आस्था, खान-पान, रहन-सहन सम्बन्धी घटनाओं को समाज के समाने प्रस्तुत करता है। इसलिए तत्कालिक स्थिति का पूरा पता पत्रकारिता से चलता है। डॉ. श्यौराज सिंह ने इस ग्रन्थ में दलित पत्रकारिता पर पत्रकार डॉ. अम्बेडकर के प्रभाव को उजागर किया है, इसलिए इसमें जहाँ दलित समाज की प्राचीन स्थिति की जानकारी होती है, वहीं स्वतन्त्रता के पूर्व और पश्चात के सामाजिक जीवन में घटने वाली घटनाओं और उस पर समाज और सरकार के दृष्टिकोण की भी सूचना मिलती है।

पहले पत्रकारिता पर जाति और धर्म विशेष रूप से हावी रहता था। इसलिए वे अपनी जाति और धर्म की बातों को ही विशेष महत्त्व देते थे, उनसे जो भिन्न थे, उन पर नाम मात्र को ही क़लम चलती थी। आज भी कुछ क्षेत्रों में जाति, धर्म और वर्ग का प्रभाव है, उसका कारण पत्रकारिता में दलितों के उत्पीड़न, सरकारों द्वारा प्रचार अधिक काम कम, अधिकारियों द्वारा दलितों

के साथ संवेदनहीनता आदि की सूचनाएँ भी आने लगी हैं, किन्तु कभी-कभी वर्गीय भावनाओं के अनुसार ख़बरों को तोड़-मरोड़ कर अपने वर्ग के पक्ष-विपक्ष में तिल का ताड़ और ताड़ का तिल बनाने में संकोच नहीं किया जाता है।

डॉ. श्यौराज सिंह ने लिखा है कि हिन्दी पत्रकारिता का इतिहास 30 मई 1836 को कलकत्ता से प्रकाशित 'उदन्ड मार्तण्ड' द्वारा शुरू होता है, जिसके सम्पादक जुगलकिशोर थे। इसके बाद 'राजा शिवप्रसाद सितारे हिन्द' ने 1849 ई. में बनारस अख़बार, 1840 ई. में बनारस से ही 'सुधाकर' 1860 ई. में आगरा में 'प्रजा हितैषी', 1867 ई. में नवीन चन्द्र ने 'ज्ञान प्रदायिनी, 1867 ई. में भारतेन्दु हरिश्चन्द्र ने 'कवि वचन सुधा', 1873 ई. में 'हरिश्चन्द्र मैगज़ीन', 'हरिश्चन्द्र चन्द्रिका' और 1874 ई. में 'बाल-बोधनी' पत्रिकाएँ निकालीं। इनके अतिरिक्त और कई पत्र-पत्रिकाएँ निकलीं। 1903 ई. में आचार्य महावीरप्रसाद द्विवेदी ने 'सरस्वती' पत्रिका निकाली। इसी पत्रिका में सबसे पहले 1614 ई. में हीरा डोम की भोजपुरी कविता 'अछूत की शिकायत' छपी थी जो बड़ी ही मार्मिक है, जिसमें कवि अन्त में कहता है–

बभने के लेखे हम भिखिया न माँगब जा, ठकुरे के लेखे नहिं लउरि चलाउबि।
सडूआ के लेखे नाहिं डॉड़ी हम मारब जा, आडिरा के लेखे नहिं गईया चराइबि।
भटऊ के लेखे हम कवित न जोरब जा, पगड़ी न बान्हि के कचहरी में जाड़बि।
अपने पसिनवा के पैसा कमाइबिजा, घर भर मिलि जुलि बांटि चोटि खाइबि।
हमनी के दुख भगवनवा न देखता जे, हमनी के कबले कलेसवा उठाइबि।

इन पत्रों के बाद कई पत्र हिन्दी में निकले। निराला का 'मतवाला' प्रेमचन्द का 'हंस' और 'जागरण' बालमुकुन्द गुप्त का 'भारत मित्र', माखनलाल चतुर्वेदी का 'कर्मवीर', रामवृक्ष बैनीपुरी का 'युवक', गणेश शंकर विद्यार्थी का 'प्रताप', विष्णुराव पहाड़कर की 'खोज' रामविलास शर्मा का 'नया इतिहास' आदि। इन पत्रों में देश-प्रेम, 'स्वतन्त्रता संग्राम' का समर्थन, भारत की दासता की दुर्दशा, स्त्री दुर्दशा आदि का वर्णन अवश्य रहता था, किन्तु दलितों की वास्तविक समस्या तक इनकी पहुँच बहुत कम थी।

स्वतन्त्रता के पूर्व स्वामी अछूतानन्द ने सन् 1917 में 'अछूत' नामक पत्र निकाला। 1624 ई. में 'जात-पात तोड़क मण्डल' के हिन्दी सेवी विद्वान् सन्तराम (बी. ए.) ने 'ऊषा' मासिक्र पत्र निकाला। 1923 ई. में मुंशी हरिप्रसाद टम्टा ने 'समता' (साप्ताहिक) शुरू किया। इन पत्रों में दलितों के दृष्टिकोण की छाप थी। 'हरिजन' में गांधी जी कांग्रेसियों को अपने सामाजिक विचारों में परिवर्तन कर दलितों के साथ खान-पान, मन्दिर प्रवेश आदि पर ज़ोर देते थे। उक्त दलित पत्रों पर डॉक्टर अम्बेडकर के संघर्ष का भी प्रभाव पड़ा और वे उनके विचारों को जनता में प्रसारित करने लगे थे।

डॉ. श्यौराज सिंह ने पत्रकारिता काल को दो भागों में बाँटा है–एक स्वतन्त्रता पूर्व और दूसरा स्वतन्त्रता के बाद। स्वतन्त्रता के पूर्व के हिन्दी और दलित पत्रकारिता की कुछ बातें ऊपर कही जा चुकी हैं। स्वतन्त्रता के पश्चात हिन्दी और दलित पत्रकारिता की जो चर्चा इस ग्रन्थ में उपलब्ध है, वह इस प्रकार है–

स्वतन्त्रता के बाद हिन्दी पत्रकारिता का कुछ ध्यान दलितों की समस्याओं की ओर गया और उन्हें भी कुछ समाचार पत्रों ने स्थान देना शुरू किया। डॉ. श्यौराज सिंह के अनुसार–16 मई की 'दिनमान' पत्रिका में रघुवीर सहाय ने **'हरिजन दशा'** शीर्षक से लिखा– देश के हर 100 आदमी के पीछे जिस वर्ग की जनसंख्या (सन् 1961 ई. की जनगणना के अनुसार) 20 है वह आज़ादी के 20 साल के बाद क्या सोचता है? उसके सवर्ण हितैषियों ने शताब्दियों से गिरवी पड़ी उसकी आदमीयत को क़िस्तों में लौटाने का जो वचन दिया था, वह पूरा नहीं होगा, ऐसी आशंका से ग्रसित है। पत्रकार अम्बेडकर नहीं चाहते थे, केवल वर्ग विशेष के हाथों में सत्ता केन्द्रित हो। जो वर्ग अल्प शक्ति के दुरुपयोग से अछूतों पर ज़ुल्म करता है, यह वर्ग अधिक सत्ता सम्पन्न होने पर नहीं करेगा, इसकी क्या गारंटी थी? मामूली हथियारों से अछूतों को घायल करने वाले, स्वराज की तलवार मिलने पर उनकी गर्दन काटेंगे। स्वराज मिले तो उसमें अछूतों का भी हिस्सा हो, यह उनकी मुख्य माँग थी। 1927 ई. को मराठी का पाक्षिक 'बहिष्कृत भारत' निकला, इसमें तात्कालिक सत्याग्रह आन्दोलन, मन्दिर प्रवेश, राजनैतिक प्रश्न, स्त्री समता, शिक्षा, अन्तर्जातीय विवाह आदि प्रश्नों की आन्दोलनात्मक श्रृंखला है। इसमें 'महाड़ सत्याग्रह',

'महार और उनका वतन', 'दलित व्यथा', सामाजिक न्याय, अधिकारों की ऊहापोह, 'मनुस्मृति दहन' आदि पर स्फुट लेख निकाले।

3 जून 1927 ई. के 'आजकल' के प्रश्न स्तम्भ में निकला था। एडिनवरो में रह रहे भारतीय विद्यार्थियों ने शिकायत की थी, वहाँ उनके साथ अछूतों जैसा बर्ताव किया जाता है। उन्हें वहाँ के होटलों में जाने की अनुमति नहीं है तथा यूनिवर्सिटी के नाच-गानों में उन्हें नहीं लिया जाता। अम्बेडकर ने इस पर प्रतिक्रिया व्यक्त की, विलायता में जाने वाले अधिकांश अमीरों के बच्चे होते हैं। वे खेलते-खेलते पढ़ाई करते हैं, उनके प्रति अतिशय सहानुभूति रखने का कोई कारण नहीं। वर्ण-भेद पर जीने वाले लोगों की वर्ण-भेद के विरुद्ध शिकायत पर कौन ख़बर लेगा?

'समता' 'पत्र समाज समता संघ' का मुख्य पत्र था। डॉ. अम्बेडकर ने देवराव विष्णु नाइक को इसका प्रधान सम्पादक बनाया था जो सवर्ण जाति के थे। समाज समता संघ के तहत डॉ. अम्बेडकर ने 'रोटी बन्दी' और 'बेटी बन्दी' के विरुद्ध आन्दोलन छेड़ने की योजना बनायी। लोकमान्य तिलक के पुत्र श्रीधर बलवन्त इसके सक्रिय कार्यकर्ता थे। वह समता संघ के पूना शाखा के उपाध्यक्ष थे। श्रीधर बलवन्त का अपने पिता लोकमान्य तिलक के साथ वैचारिक मतभेद था। लोकमान्य राजनैतिक प्रश्नों को प्रमुखता देते थे, श्रीधर बलवन्त अन्तरजातीय विवाह एवं अन्तरजातीय सहभोज के कट्टर समर्थक थे।

14 अक्टूबर, 1956 ई. को डॉ. अम्बेडकर के नेतृत्व में सामूहिक धर्म परिवर्तन किया गया। इसी दिन 'जनता' पत्र का नाम बदल कर 'प्रबुद्ध भारत' कर दिया गया। यह अखिल भारतीय दलित फेडरेशन का मुख-पत्र था। 'प्रबुद्ध भारत' के शुरू के अंकों में 'रिपब्लिकन पार्टी' का घोषणा पत्र कार्यक्रम, नीति और योजना इत्यादि के सम्बन्ध में पास हुए प्रस्ताव प्रकाशित हुए। जनता पत्र पाक्षिक था। जब कि 'प्रबुद्ध भारत साप्ताहिक'। 'प्रबुद्ध भारत' में अन्य पत्रों की अपेक्षा कविताएँ अधिक हैं, इसका कारण श्यौराज सिंह ने बताया कि डॉ. अम्बेडकर की मृत्यु के बाद उनके व उनके आदर्शों के प्रति कृतज्ञता कविता के रूप में अधिक प्रकट हुई। इस प्रकार इससे दलित साहित्य को प्रेरणा मिली।

डॉ. श्यौराज सिंह ने दलित पत्रों के सम्बन्ध में लिखा है–स्वतन्त्रता के पश्चात देश में दलित पत्रकारिता की धूम मची जो डॉ. अम्बेडकर के

विचारों से प्रभावित थी। 1940 ई. में अलीगढ़ से 'परिवर्तन', 'सिंहनाद', 1957 ई. में मैनपुरी से 'शोषित पुकार', 1966 ई. में बुलन्दशहर से, सन् 1962 ई. में अलीगढ़ से 'जमीं के तारें' और 'स्वाधीन भारत' (साप्ताहिक), 1968 ई. में अलीगढ़ से 'समता शक्ति', 'बहुजन अधिकार' 1972 ई. में मेरठ से 'लोकचिन्ता' (साप्ताहिक), 1974 ई. में बुलन्दशहर से 'भीम भूमि' (साप्ताहिक), 1977 ई. में 'निर्णायक भीम' (मासिक), सन् 1977 ई. में कानपुर से 'दैनिक 'हिन्द सैनानी', 'बहुजन दिग्दर्शक' (साप्ताहिक), 'अनार्य भारत' (पाक्षिक), 'भीम सैनिक' (पाक्षिक), 'दलित चेतना' (लखनऊ), 'मूक भारत' (पाक्षिक) और 'दलित केसरी' (पाक्षिक) आदि पत्रों पर डॉ. अम्बेडकर का पूर्ण प्रभाव परिलक्षित है।

डॉ. श्यौराज सिंह ने उत्तर प्रदेश के साथ ही बिहार, हरियाणा, महाराष्ट्र, दिल्ली, मध्यप्रदेश, राजस्थान और गुजरात से निकलने वाले दलित पत्र-पत्रिकाओं की सूचियाँ भी इस पुस्तक में उपलब्ध करायी हैं। डॉ. बेचैन ने 'हिन्दी की दलित पत्रकारिता पर पत्रकार अम्बेडकर का प्रभाव' लिख कर एक ऐतिहासिक और अभूतपूर्व कृति समाज को दी है। जिसमें दलित समाज के 50 वर्षों के संघर्षों का इतिहास समाविष्ट है। यह कृति पठनीय तो है ही संग्रहणीय भी है।

(त्रैमासिक शोध पत्रिका-पूर्वदेवा, जून 1998-से)

जागरूक होने और करने की ज़रूरत

—बजरंग बिहारी तिवारी

मानसिकता परिवर्तन की लड़ाई दूरगामी रणनीति और बहुस्तरीय संघर्ष की माँग करती है–हिन्दी क्षेत्र में दलित आन्दोलन आज इस ज़रूरत को पहचान रहा है। द्विजों का सांस्कृतिक वर्चस्व अगर इतने दिनों से कायम है तो उसका कोई एकपक्षीय एवं सपाट कारण नहीं हो सकता। इस वर्चस्व की काट विकसित करते हुए इस बात का ध्यान रखना होगा, 'सिर्फ़ राजनीति और साहित्य में ही नहीं, दूसरे क्षेत्र में भी दलित बुद्धिजीवियों को अपनी भूमिका की पहचान करनी है।' इन क्षेत्रों में सबसे महत्त्वपूर्ण हैं–'शिक्षा और मीडिया' पिछले दिनों दिल्ली स्थित 'अशोक रोड़' '**अम्बेडकर प्रतिष्ठान**' में दलित चिन्तक और साहित्यकार डॉ. श्यौराज सिंह बेचैन की सद्यः प्रकाशित पुस्तक "हिन्दी की दलित पत्रकारिता पर पत्रकार अम्बेडकर का प्रभाव" के लोकार्पण के अवसर पर तमाम बुद्धिजीवियों ने इस बात को बार-बार रेखांकित किया। लोकार्पण समारोह में जाने-माने पत्रकार और मीडिया विशेषज्ञ रामशरण जोशी, जवाहरलाल नेहरू, विश्वविद्यालय में भारतीय भाषा संस्थान के अध्यक्ष प्रो. मैनेजर पाण्डेय, अम्बेडकर कॉलेज के प्राचार्य डॉ. प्रेमचन्द पतंजलि, दलित शिक्षा आन्दोलन के राष्ट्रीय अध्यक्ष चन्द्रभान प्रसाद, रामदास शास्त्र, अरविन्द जैन, मोहनदास नैमिशराय, कन्हैयालाल 'चंचरीक', स्वरूप सिंह, सूरजपाल चौहान, डॉ. बी.बी.जी तिलक, तेजपाल सिंह तेज, शिवप्रसाद धूसिया, रजनी तिलक, दिनेश राम आदि उपस्थित थे। कार्यक्रम की अध्यक्षता 'हंस' के सम्पादक और वरिष्ठ कथाकार राजेन्द्र यादव ने की।

पुस्तक का विमोचन करते हुए दैनिक 'नई दुनिया' के ब्यूरो प्रमुख रामशरण जोशी ने कहा कि डॉ. श्यौराज सिंह बेचैन सचमुच बधाई के पात्र हैं जिन्होंने न केवल दलित पत्रकारिता की सेवा की है। अपितु हम जैसे 'मुख्यधारा' के हिन्दी पत्रकारों के सामने महत्त्वपूर्ण जानकारियाँ इस ग्रन्थ के माध्यम से उपलब्ध करायी है। यह पुस्तक पत्रकारिता से जुड़े बुद्धिजीवियों, बेहतर समाज बनाने की इच्छा रखने वाले समाजसेवियों और साहित्य-पत्रकारिता के क्षेत्रे में अनुसन्धानरत छात्रों के लिए ज़रूरी सन्दर्भ ग्रन्थ है जो सूचनाएँ देने के साथ-साथ नया कार्य करने की प्रेरणा भी देगा।

जोशी जी ने आगे कहा, "हम दलितों के भोगे हुए अनुभवों का दर्द वर्ग-चेतना के आधार पर व्यक्त नहीं कर सकते। हमारे लिए वह कहावत 'जाके पांव न फटी बिवाई सो का जाने पीर पराई' सही चरितार्थ होती है। हम ग़ैर दलित पत्रकार दलित समाज के भीतर की संवेदनात्मक सूचनाएँ तक नहीं ला पाते। हम बाहर से पैराशूट की तरह उतरते हैं, किन्तु यह कृति पैराशूट पत्रकार की कृति नहीं है। हम प्रगतिशील बुद्धिजीवियों ने वर्ग की लड़ाई शायद इसीलिए प्रमुखता से लड़ी, क्योंकि हमें वर्णभेद की पीड़ा, जन्म से लेकर आज तक झेलनी नहीं पड़ी।" जोशी जी ने कहा, पचास साल की आज़ादी में हम एक भी दलित वर्ग का मान्यता प्राप्त पत्रकार, किसी भी पत्र का 'ब्यूरो प्रमुख', सम्पादक या उपसम्पादक नहीं बना पाये, पत्रकारिता में दलितों की यह स्थिति लोकतन्त्र पर कलंक है। यहाँ एक विचारणीय प्रश्न है, "मीडिया में मुस्लिम वर्ग के पत्रकार उत्तर प्रदेश में रहे होते, तो मन्दिर-मस्जिद विवाद पर मीडिया का रुख क्या रहा होता? इसी तरह बसपा का जो प्रभाव राजनीति में बढ़ा है या मायावती और कांशीराम के बारे में प्रेस की जो भूमिका रही है यदि दो प्रतिशत भी दलित वर्ग के पत्रकार मीडिया में होते तो प्रेस का रुख क्या होता? फिलहाल 66 फीसदी पत्रकार सवर्ण ही हैं, रेडियो, टीवी और पत्र-पत्रिकाओं में दलितों को शामिल किये जाने, संवाददाता, सम्पादक, स्तम्भकार या ब्यूरो चीफ न बनाये जाने की चिन्ता किसी भी राजनेता ने क्यों नहीं की। भारतीय पत्रकार समाज के डायनिज़्म को बदल क्यों नहीं पाये? कारण, पत्रकारिता में भी वर्णचेतना निर्णायक भूमिका निभाती है।

दलितों की ज़िन्दगी में एम.एल.ए., एम.पी., आई.ए.एस., पी.सी.एस. बनने से अपेक्षित फ़र्क़ नहीं पड़ेगा। उनमें कवि बनें, लेखक बनें, पेन्टर बनें, पत्रकार बनें तो उनसे आने वाला युग शिक्षा ग्रहण करेगा, अतीत में जो भी व्यवस्था ऋषियों, मुनियों, स्मृतिकारों और अन्य ग्रन्थकारों ने बनायी उसी का अनुसरण किया गया। आज भी किसी राजा का सन्दर्भ नहीं लिया जाता, लेखकों का लिया जाता है। इसलिए दलित वर्ग में पैदा हो रहे लेखकों को ही भविष्य का समाज 'रेफर' करेगा। श्यौराज सिंह बेचैन के कार्य को संदर्भित किये बग़ैर दलित साहित्य या दलित पत्रकारिता का इतिहास कोई कैसे लिख सकता है?

अध्यक्ष पद से बोलते हुए राजेन्द्र यादव ने कहा, दलित पत्रकारिता, दलित साहित्य और दलित समाज के बारे में इतने तथ्य और सूचनाएँ एक जगह उपलब्ध कराने के लिए मैं लेखक को दिल से बधाई देना चाहता हूँ। इसमें न केवल हिन्दी क्षेत्र की, बल्कि मराठी क्षेत्र की बहुत सारी जानकारियाँ उपलब्ध हैं, जिनसे दलित और ग़ैर दलित सब अनभिज्ञ थे और सच पूछें तो ऐसी सार्थक पुस्तक की हमें वर्षों से तलाश थी। लेकिन मैं इसे मील का पत्थर नहीं मानता। किसी भी यात्रा में मील का पत्थर तब आता है जब उससे पहले इस तरह की कुछ चीज़ें आ चुकी होती हैं। हाँ, इस पुस्तक को मैं प्रस्थान बिन्दु अवश्य मानता हूँ, एक ठोस, ज़रूरी और सार्थक कार्य की शुरुआत हुई है। जो लेखन और चिन्तन पर असर डालेगी। इसे पढ़कर कोई भी विचारशील पत्रकार यह जानने की ज़रूरत महसूस करेगा कि आख़िर अम्बेडकर ने समाज परिवर्तन के लिए पत्रकारिता को क्यों चुना? समाज को जागृत करने में पत्रकारिता की क्या भूमिका रही है अथवा उसकी भूमिका कैसी होनी चाहिए?

साहित्य में हमारे यहाँ मौलिक चिन्तन कम हुआ है। क्योंकि यहाँ समाज के विभिन्न वर्गों का वैचारिक द्वन्द्व और सहयोग सामने नहीं आया है। 'आर्य समाज' में वेदों के उदाहरणों की गहमागहमी थी। किन्तु उससे भी विभिन्न वर्गों के बीच संघर्षपूर्ण वैचारिक आदान-प्रदान नहीं हुआ। केवल शब्दों या भाषा की दृष्टि से अच्छा बोलना या अधिक जानना अकादमिक कसरतें हैं। उनमें जीवन-अनुभवों से उठने वाला ताप व उद्वेग नहीं होता।

कार्यक्रम के मुख्य अतिथि प्रो. मैनेजर पाण्डेय ने इस मौक़े पर कहा, "वैसे आमतौर पर शोध प्रबन्ध के बारे में यह समझा जाता है कि उसका विचार से कोई मतलब नहीं होता। यदि शोध प्रबन्ध विचार के स्तर पर प्रभावित करे तो समझा जाना चाहिए कि यह सामान्य रूप से रचे गये प्रबन्धों से अलग है और महज उपाधि लेने भर की औपचारिकता नहीं है। हमारे यहाँ शोध छात्र इस मजबूरी में होते हैं कि उन्हें शीघ्र ही कोई विषय मिलना चाहिए। यहाँ तक कि उन्हें 'गाय की पूँछ का सांस्कृतिक अध्ययन' करने को कहा जाये तो वह इस पूँछ का सम्बन्ध ऋग्वेद से जोड़ देगा और यदि गाइड भी उसी रूचि का मिल गया तो क्या कहना ! इसीलिए मैं बराबर कहता हूँ कि शोध कार्य व्यापक और विशेष उद्देश्य से होना चाहिए जैसा कि श्यौराज सिंह ने किया है।"

पत्रकारिता में वैचारिक सामग्री की बात करें तो मुझे लगता है कि आधुनिक काल में विचारों का विकास सामूहिकता में हो रहा है, जबकि पुराने ज़माने में एकान्त साधना में हुआ करता था। हमारे यहाँ दीपक से दीपक जलाने की परम्परा बहुत पुरानी है, लेकिन अब तो लकड़ी से लकड़ी रगड़कर आग पैदा करने की ज़रूरत है। इस किताब के प्रकाशित होने से ये सवाल खड़े हो रहे हैं कि आख़िर अम्बेडकर ने पत्रकारिता की ओर क़दम क्यों बढ़ाया था? अम्बेडकर के पत्र के नाम जैसे 'मूकनायक', 'बहिष्कृत भारत' अत्यन्त महत्त्वपूर्ण और गम्भीर अर्थ लिए हुए हैं।

कुछ लोग हिन्दी के दलित साहित्य पर मराठी के दलित साहित्य के प्रभाव की आलोचना करते हैं। मैं उनसे पूछना चाहता हूँ कि हमारे यहाँ साहित्य पर मार्क्सवाद के प्रभाव को क्यों स्वीकार किया गया? जब आप मार्क्सवाद से प्रभावित होकर प्रगतिशील साहित्य का आन्दोलन चला सकते हैं तो दलित लेखक मराठी साहित्य के प्रभाव से अपना आन्दोलन क्यों न चलाएँ?

प्रो. मैनेजर पाण्डेय ने आगे कहा, 'भारतीय समाज का एक हिस्सा दूसरे हिस्से के बारे में बहुत कम जानता है। जिस तरह सारा हिन्दू समाज सारे मुस्लिम समाज के बारे में कम जानता है उसी तरह सारा सवर्ण समाज सारे दलित समाज के बारे में बहुत कम जानता है। दलितों को आदिकाल से लेकर अब तक भौतिक रूप से भी अलग रखा गया है। सरकारी योजनाओं से बनने वाले हरिजन आवास भी गाँव से दूर ही बनाये जाते हैं। तब दलितों के घरों में

खाना बना है या नहीं यह ग़ैर दलित समाज कैसे जाने? और दलितों के घरों की स्थिति जाने बग़ैर बुनियादी परिवर्तन की स्थितियाँ कैसे पैदा की जा सकती हैं? **समाचार पत्रों में तो केवल दलितों पर होने वाले अत्याचारों की ख़बरें छपती हैं। किन्तु उससे उपजे दलितों के संघर्षों और आन्दोलनों की ख़बरें किसी भी पत्र-पत्रिका में कहाँ छपती हैं? दरअसल वर्तमान व्यवस्था साहित्य और समाज दोनों में दलितों को अपनी दया, कृपा का पात्र बनाये रखना चाहती है। वह अपने पाँवों पर खड़ा हो यह कोई भी नहीं चाहता!**

दलित पत्रकारिता के बारे में अपनी राय ज़ाहिर करते हुए प्रो. पाण्डेय ने आगे कहा, इसमें गुणवत्ता, रोचकता और आधुनिकता आनी चाहिए। तभी किसी ग़ैर दलित पाठक की रुचि दलित पत्र-पत्रिकाओं को पढ़ने में होगी। तब वह पाठकों के अभाव में मरेगी नहीं। इसके लिए दलित लेखकों और पत्रकारों की शिक्षा, प्रशिक्षण का विकास ज़रूरी है। दलित प्रवक्ताओं की ओर से तमाम भाषणबाजी करने से बेहतर है श्यौराज सिंह बेचैन की यह एक किताब।

अपने पठित आलेख में जयप्रकाश कर्दम ने कहा 'पुस्तक के लेखक ने रहस्यों पर कटाक्ष किया है और स्वतन्त्रता से पूर्व और उपरान्त दो युगों की सृजन यात्रा का गम्भीर अध्ययन पेश किया है। इसमें गांधी, अम्बेडकर की पत्रकारिता तथा उनके प्रभावों का विशद विवेचन है। दलित साहित्य अकादमी के अध्यक्ष डॉ. सोहनपाल सुमनाक्षर ने कहा, श्यौराज सिंह बेचैन की किताब दलित समाज का सामूहिक गौरव है। अख़बार निकालना कितना मुश्किल कार्य है, यह मैं जानता हूँ क्योंकि मैं 30 साल से लगातार 'हिमायती' निकाल रहा हूँ। हिन्दुओं की पत्रकारिता ऐसी दुकानें हैं, जिनमें दलितों के लिए कोई वस्तु नहीं है।

दलित लेखकों की मुख्य समस्याओं पर चन्द्रभान प्रसाद ने कहा कि हम किताब लिखते हैं, तो हमें मार्किट नहीं मिलने दिया जाता। हमारे पास निजी आर्थिक संसाधनों का अभाव है। इसलिए हम प्रतिस्पर्धा में पिछड़ जाते हैं, भारतीय बुर्जुआ दलितों को फंडिंग नहीं करते और जातिवादी पत्रकारों के कारण मीडिया हमें प्रोत्साहित नहीं करता। हमसे यह उम्मीद की जाती है कि दलित मुद्दों पर लिखने के बजाये हम खेल-कूद, फ़िल्म, बाज़ार-भाव आदि

पर 'लिखें। श्यौराज सिंह बेचैन दलित पत्रकारिता पर ग्रन्थ लिखते हैं और छपवा लेते हैं। परन्तु वह क्या इसी मुद्दे पर किसी राष्ट्रीय दैनिक में एक स्तम्भ लिख व छपवा सकते हैं?

डॉ. प्रेमचन्द पतंजलि ने कहा कि मेरी चिन्ता इस बात को लेकर है कि विश्वविद्यालयों में, दलितों और पिछड़ों से सम्बन्धित शोध न के बराबर हुए हैं और जो हुए हैं वे 'सामाजिक न्याय' और दलितों की भागीदारी को ध्यान में रख कर नहीं हुए हैं, महज खानापूर्ति हुई है। श्यौराज सिंह बेचैन के लिए यह संयोग है कि इन्होंने डॉ. अम्बेडकर से प्रभावित दलित पत्रकारिता पर शोध किया और उन्हीं के नाम पर चल रहे डॉ. भीमराव अम्बेडकर महाविद्यालय के पत्रकारिता विभाग में ये प्राध्यापक हैं।

कार्यक्रम में मोहनदास नैमिशराय और रामदास शास्त्री ने भी अपने विचार रखे, लेखक ने आगन्तुकों का आभार व्यक्त किया और कार्यक्रम संचालक स्वरूप सिंह, दलित साहित्य प्रकाशन संस्था के अध्यक्ष पन्नालाल ने सभी का धन्यवाद किया।

(कथा मासिक 'हंस' फ़रवरी-1989 से)

अनछुए पृष्ठों का शोध

—डॉ. एन. सिंह

जब से शोध उपाधि को रोजी रोटी के व्यवसाय से जोड़ा गया है, तब से शोध का स्तर निरन्तर गिरता गया है। प्राय: शोध ग्रन्थ गोंद और कैंची के कमाल तो प्रतीत हुए ही हैं, कुछ के ठेके पर लिखवाये और लिखे जाने की फुसफसाहटें भी सुननें को मिलती रही हैं। ऐसे माहौल में किसी शोधग्रन्थ को पढ़ने और उस पर लिखने में अरुचि होना स्वाभाविक है। यही कारण है कि प्रतिष्ठित दलित साहित्यकार डॉ. श्यौराज सिंह 'बेचैन' का शोधग्रन्थ "हिन्दी की दलित पत्रकारिता पर पत्रकार अम्बेडकर का प्रभाव' मेरे पास काफ़ी समय तक यूँ ही रखा रहा। लेकिन जैसे ही मैंने इसे पढ़ना प्रारम्भ किया, कई अद्‌भुत तथ्य सामने आने लगे और मैंने इस ग्रन्थ को आद्यान्त पढ़ा। पहला गांधी जी की ओर से पूना समझौता के साथी कवि रवीन्द्र नाथ टैगोर, श्री राजेन्द्र प्रसाद आदि पाँच महान व्यक्तित्व। तथ्य तो यह है कि यह शोधग्रन्थ एक दलित छात्र द्वारा लिखा गया है और किसी दलित शोधार्थी को ज्ञान के इस उच्च शिखर को स्पर्श करने के लिए कितने कटु अनुभवों से गुज़रना पड़ता है, उसका उल्लेख डॉ. 'बेचैन' ने इस ग्रन्थ की भूमिका में 'शोध अनुभव कुछ और भी हुए' लिखकर किया है। इस विषय पर शोध करना इसलिए भी कठिनतर था क्योंकि–"दलितों के सृजनात्मक आत्मप्रयासों का हिन्दी साहित्य की परिधि में कोई मूल्यांकन अब तक नहीं हुआ है। हिन्दी साहित्य पत्रकारिता से सम्बन्धित किसी भी ग्रन्थ में हमें प्रस्तुत प्रबन्ध में विवेचित किसी भी दलित पत्र का किसी भी रूप में उल्लेख तक नहीं मिला, तब इस विषय पर पुस्तकें मिलने का तो प्रश्न ही कहाँ उठता?" इस दृष्टि से यह ग्रन्थ नितान्त मौलिक एवं डॉ. बेचैन

का एक साहसपूर्ण प्रयास है। क्योंकि सम्पूर्ण देश के महानगरों ही नहीं, छोटे-छोटे क़स्बों से निकलने वाले दलित पत्र को एक कर उनका विवेचन शोधक ने बखूबी इस ग्रन्थ में किया है।

अब यह बहस व्यर्थ है कि दलित कौन? हिन्दू धर्म या उस समय के समाज में दलितों की स्थिति क्या थी? इस पर महात्मा फुले से लेकर डॉ. अम्बेडकर तक लगभग सभी ने प्रकाश डाला है और अब पूरी तरह तय हो गया है कि भारतीय संविधान में वर्णित अनुसूचित जातियाँ ही दलित हैं। जिन्हें हिन्दू समाज में शिक्षा, सम्मान और मन्दिर प्रवेश का अधिकार नहीं था।

इस पुस्तक की विशेषता यह है कि अन्य शोधग्रन्थों की तरह यह नीरस और उबाऊ तो बिल्कुल ही नहीं है और केवल उद्धरणों का पुलिन्दा भी नहीं है, बल्कि लीक से हटकर इसमें वैचारिक मुद्दों का तर्कसंगत विवेचन किया गया है। जैसे अम्बेडकर के व्यक्तित्व के विभिन्न स्वरूपों का विवेचन करते हुए, अम्बेडकर और गाँधी के विचारों का विश्लेषण ग्रन्थकार ने किया है। इसका माध्यम बना है डॉ. अम्बेडकर द्वारा सम्पादित 'जनता' तथा गांधी जी द्वारा सम्पादित 'हरिजन'। यह देखना दिलचस्प होगा कि एक ही समय में निकलने वाले दो पत्रों में इन दोनों महापुरुषों के विचार दलित समस्याओं पर किस तरह भिन्न हैं। डॉ. अम्बेडकर ने अपने पत्र में लिखा–"बहिष्कृत लोग जाति व्यवस्था की उपज हैं। जब तक जातियाँ अस्तित्व में हैं, तब तक बहिष्कृत जातियों की मुक्ति नहीं हो सकती।" इसके प्रतित्युत्तर में गांधीजी ने लिखा, **"अस्पृश्यता के साथ जाति व्यवस्था को नष्ट करना वैसा ही है, जैसे शरीर के बढ़े हुए किसी भद्दे अंग के साथ शरीर को नष्ट करना।"** (पृष्ठ 32-3) इससे दोनों व्यक्तियों के विचारों का अन्तर स्पष्ट हो जाता है। और इस पर पर्याप्त विचारमन्थन के बाद यह निष्कर्ष अब सर्वमान्य है कि जाति और वर्ण को जीवित रखकर अस्पृश्यता को समाप्त नहीं किया जा सकता। अतः गांधी और उनके पूर्व जितने भी प्रयास किये गये उनका प्रभाव एक हद तक ही हुआ।

हिन्दी पत्रकारिता अपने उत्स से ही हिन्दू पत्रकारिता रही है। उसमें दलित समस्याओं के लिए कभी स्थान नहीं रहा। जब कभी दलितों ने अपने अधिकारों

के लिए संघर्ष किया तो पत्रकारिता ने नकारात्मक और उग्र रूप ही धारण किया। इस निष्कर्ष पर डॉ. बेचैन 'मण्डल' और 'मन्दिर' मुद्दे पर हिन्दी 'समाचार-पत्रों' में प्रकाशित सम्पादकियों एवं समाचारों का विवेचन कर पहुँचे हैं। जब हिन्दी के अधिकांश अख़बार बाबरी मस्जिद का विध्वंस करने वालों को 'रामभक्त' करार देते हैं, तो क्या यह निष्पक्ष पत्रकारिता है? इस घटना के लिए ज़िम्मेदार लोगों को जेल में बन्द करने पर कानपुर से निकलने वाले दैनिक 'आज' की प्रतिक्रिया देखिए–"कार्तिक के स्नान पर्व पर ख़ून से नहाई अयोध्या, जलियाँवाला बाग़ काण्ड बौना पड़ा, मिर्ज़ापुर जेल में रामभक्तों को गधों की लीद खिलाई जा रही है।" (पृष्ठ 85) तो मण्डल कमीशन की सिफ़ारिशें लागू करने के विरोध में दैनिक 'अमर उजाला' मेरठ ने हड़ताल के जो फ़ोटो छापे उसमें लिखा था–मण्डल कमीशन आयेगा, तो चमार दफ़्तर जायेगा और पढ़ा लिखा सड़क पर आयेगा।" (पृ. 83) इस सम्पूर्ण विवेचन से डॉ. बेचैन ने अख़बारों के जातिवादी चेहरों को बेनकाब कर दिया है। डॉ. बेचैन ने अपने शोध प्रबन्ध में इन प्रकरणों पर विस्तार से विचार किया है और इन पत्रों के ख़िलाफ़ आचार संहिता के उल्लंघन पर 'प्रेस परिषद' की टिप्पणियों का यहाँ उल्लेख किया है। लेकिन फिर भी ये पत्र आज भी बेशर्मी के साथ लगभग उसी अन्दाज़ में छप रहे हैं।

कोई दलित वर्ग का व्यक्ति यदि पत्र निकालता है तो यह उसका शौक नहीं, न ही उसके पास पैसे का आधिक्य ही है कि वह उसे इस मद में लगाना चाहे। यह उसकी प्रतिबद्धता ही है कि वह इस जोखिमपूर्ण कार्य को अपनाता है। यही कारण है कि दलित पत्रों के सम्पादकों की राष्ट्रीय और अन्तर्राष्ट्रीय घटनाओं पर अपनी जो सोच है, उसे वे कभी समाचारों के माध्यम से और कभी सम्पादकीय के द्वारा अभिव्यक्ति देते रहे हैं। विषय सम्बन्धी प्रश्नों पर उन्होंने विस्तार से विचार किया है।

इस शोधग्रन्थ के परिशिष्ट में हिन्दी के लगभग सभी महत्त्वपूर्ण पत्रकारों के विचारों का समावेश करके डॉ. बेचैन ने इसे और अधिक प्रामाणिक और उपादेय बना दिया है। इससे दो तरफ़ा संवाद करके विचार विमर्श की स्थिति बनी है। दलित पत्रकारों के साथ-साथ इनमें सर्वश्री राजेन्द्र यादव, मृणाल

पाण्डेय, सरेन्द्र प्रताप सिंह, सुभाष धूलिया, कमलेश्वर अभयकुमार दुबे, मंगलेश डबराल, मस्तराम कपूर, डॉ. महीपसिंह आदि के नाम उल्लेखनीय हैं।

कुल मिलाकर मेरी दृष्टि में यह शोधप्रबन्ध दलित प्रश्नों का विवेचन पत्रकारिता के माध्यम से करने में सफल हुआ है और मैं समझता हूँ कि यह ग्रन्थ प्रत्येक प्रबुद्ध दलित पाठक के लिए अनिवार्य तो हैं ही, साथ ही उन लोगों के लिए भी आवश्यक है जो दलित समस्याओं पर लिख और बोल रहे हैं।

अँधेरे में झाँकने का प्रयास

—मोहनदास नैमिशराय

जैसे प्रकृति की अपनी अनवरत यात्रा अँधेरे और उजाले दोनों रूपों से रिश्ता बनाते हुए चलती रहती है। वैसे ही प्रत्येक समाज की बनावट से लेकर बुनावट तक की प्रक्रिया भी सकारात्मक तथा नकारात्मक पहलुओं के आसपास निरन्तर चलती रहती है। पर भारतीय समाज में चूँकि सनातनी मूल्यों, परम्पराओं का प्रभाव अधिक रहा, इसलिए यहाँ जितना सृजन हुआ उससे कहीं अधिक ध्वंस भी हुआ। "हिन्दी की दलित पत्रकारिता पर पत्रकार अम्बेडकर का प्रभाव" शीर्षक से लिखी गयी यह पुस्तक हमें इसी तरह के सकारात्मक और नकारात्मक बिन्दुओं की तरफ़ संकेत करती है। इस बात को कहने में मुझे ज़रा भी हिचकिचाहट नहीं है, "अपने बीस वर्ष की पत्रकारिता के अनुभव में डॉ. श्यौराज सिंह बेचैन की यह पुस्तक मेरे लिए पहली ऐसी महत्त्वपूर्ण कृति है जिसके माध्यम से डॉ. श्यौराज सिंह बेचैन जी ने सनातनी मूल्यों से प्रभावित अँधेरे में झाँकने का प्रयास कर वास्तव में पाठकों के भीतर और भी रचनात्मक बेचैनी भर दी है और बहस करने के लायक सवाल खड़े कर दिये हैं। सर्वप्रथम तो यह कि डॉ. श्यौराज सिंह बेचैन ने यह पुस्तक इसलिए लिखी कि वे स्वयं दलित समाज से आते हैं या उनके भीतर दलित होने का दर्द है अथवा वे बाबा साहब डॉ. भीमराव अम्बेडकर की पत्रकारिता से प्रभावित हुए हैं? दूसरी तरफ़ मेरे ज़हन में प्रश्न है, "अभी तक यानी आज़ादी मिलने से पहले और आज़ादी मिलने के बाद के पचास वर्षों में किसी सवर्ण लेखक, साहित्यकार या पत्रकार के द्वारा ऐसा प्रयास क्यों नहीं हुआ?

जबकि पत्रकारिता विषयक एक ही ढर्रे की ढेर सारी पुस्तकें प्रकाशित हो चुकी हैं। क्या इसलिए कि वैसे सभी पत्रकार या समीक्षक अभी तक भी अपने भीतर बैठे 'मनु' को बाहर नहीं फेंक पाये हैं? इस फ़र्क़ को हमें समझना होगा और आज भी मीडियायी अँधेरे के भीतर जो षड्यन्त्र हो रहे हैं उन्हें बाहर उजाले में लाना होगा।

पुस्तक का पहला अध्याय "भारतीय समाज व्यवस्था में दलित वर्ग" में डॉ. बेचैन लिखते हैं कि भारत का स्वतन्त्रता आन्दोलन ब्रिटिश साम्राज्य की समाप्ति मात्र का संघर्ष ही नहीं था। अपितु यह भारत में नवजागरण काल का सूत्रपात्र भी कर रहा था...। पर कैसा सूत्रपात था वह? इसे स्पष्ट करने पर डॉ. श्यौराज सिंह बेचैन की उतनी बेचैनी मुझे पढने को नहीं मिली, जितनी होनी चाहिए थी और जितनी उनसे अपेक्षित थी। 'हमारा महानगर' के 3 जनवरी 1968 के अंक में प्रकाशित अपने लेख की शुरुआत जे.एन.यू. के प्रो. डॉ. पुरुषोत्तम अग्रवाल इन सवालिया शब्दों में करते हैं–"अठारह सौ सत्तावन के स्वाधीनता संग्राम और हिन्दी नवजागरण के बीच क्या सम्बन्ध था? क्या सचमुच भारतेन्दु युग 1857 के साम्राज्य विरोधी जागरण से जुड़ा हुआ था? क्या सचमुच हिन्दी नवजागरण 1857 में व्यक्त जनजागरण की ही अगली ऐतिहासिक अवस्था है? क्या सचमुच हिन्दी नवजागरण 1857 की राजनीति और उसकी संवेदना से प्रेरणा लेता है?

असल में मेरी व्यक्तिगत समझ में वह नवजागरण का काल था ही नहीं, हाँ सतही रूप में ऐसा प्रयास अवश्य कह सकते हैं, जिससे छुआछूत के ख़िलाफ़ छुटपुट सहज तरह से कुछ आहटें हुई जिन्होंने जोरदार दस्तक तो दी। डॉ. अम्बेडकर ने, जिन्होंने सनातनी लेखन और पत्रकारिता की धारा के ख़िलाफ़ मानवीय आधार पर दलितों पिछड़ों तथा स्त्रियों के अधिकारों के लिए पत्रकारिता के माध्यम से सशक्त अभियान की शुरूआत की। 'मूकनायक' उनका प्रथम मराठी पाक्षिक है। जो 1920 में आरम्भ हुआ। इसकी गहरी जाँच पड़ताल डॉ. श्यौराज सिंह बेचैन जी ने अपने ग्रन्थ में पहली बार की है। साथ ही अन्य समकालीन पत्र-पत्रिकाओं, विशेषतौर पर गांधीजी के 'हरिजन' पत्र पर भी प्रकाश डाला है। न केवल उनका सन्दर्भ दिया है, बल्कि ऐसे सभी पत्र-पत्रिकाओं की मानसिकता को भी उजागर किया है।

पुस्तक की एक और विशेषता है और वह यह कि इसमें प्रकाशित सामग्री विभिन्न क्षेत्र से सम्बन्धित अभूतपूर्व सूचना और जानकारी भी देती है। साथ ही दलितों को इस बात का एहसास भी कराती है कि जहाँ एक ओर यहाँ के सवर्ण नेता अंग्रेज़ों से राजनैतिक आज़ादी माँग रहे थे, वहीं दूसरी तरफ़ दलितों को सामाजिक आज़ादी देने को तैयार नहीं थे। बाबा साहब डॉ. अम्बेडकर ने अपनी पत्रकारिता में यह सवाल बार-बार उठाया है और डॉ. सिंह ने इस सन्दर्भ में लिखा है। इसलिए उन पर यह आक्षेप भी लगे कि वे अंग्रेज़ों के समर्थक तथा भारत को मिलने वाली आज़ादी के ख़िलाफ़ थे।

निश्चिय ही डॉ. श्यौराज सिंह बेचैन का यह शोध प्रबन्ध, जो इस पुस्तक रूप में पाठकों के सामने है। दलित पत्रकारिता के उस इतिहास की खोज ख़बर भी है, जिससे दलितों की अनभिज्ञ नयी पीढ़ी अवश्य ही प्रेरणा लेगी और दलित पत्रकारिता के क्षेत्र में अपनी भावी दिशा तय करेगी। पत्रकार **कंवल भारती** द्वारा इसी ग्रन्थ से उद्धृत शब्दों में कहूँ तो "हिन्दी पत्रकारिता का इतिहास भी उसी प्रकार हिन्दू पत्रकारिता का इतिहास है, जिस प्रकार हिन्दी साहित्य का इतिहास यानी हिन्दू साहित्य का इतिहास है।" इसलिए न केवल दलित समाज से आये लेखक, साहित्यकार तथा पत्रकारों को इससे बल मिलेगा, बल्कि सवर्ण खेमों में पनप रहे नये पुराने लेखकों, पत्रकारों को भी नये सिरे से सोचने पर मजबूर होना पड़ेगा।

इस पुस्तक लेखन में कुछ बातें छूट गयीं हैं तथा कुछ अनावश्यक जोड़ दी गयी लगती हैं, फिर भी पत्रकारिता जगत में डॉ. श्यौराज सिंह बेचैन की पुस्तक से अवश्य ही एक सार्थक बहस आगे बढ़ेगी, ऐसी मुझे उम्मीद है।

दलित पत्रकारिता के इतिहास की खोज

—कंवल भारती

हिन्दी की 'दलित पत्रकारिता पर पत्रकार अम्बेडकर का प्रभाव' निस्सन्देह एक महत्त्वपूर्ण शोध प्रबन्ध है, जिसकी ज़रूरत सिर्फ़ दलित पत्रकारिता को ही नहीं, हिन्दी पत्रकारिता को भी है। जिस प्रकार हिन्दी पत्रकारिता का इतिहास हिन्दू पत्रकारिता का इतिहास है। उसी प्रकार हिन्दी साहित्य का इतिहास हिन्दू साहित्य का इतिहास है।

इसलिए, डॉ. श्यौराज सिंह 'बेचैन' का शोध प्रबन्ध एक ओर दलित पत्रकारिता के इतिहास की खोज है, तो दूसरी ओर हिन्दी पत्रकारिता में दलित-अनुपस्थिति का दस्तावेज़ भी है। हिन्दी पत्रकारिता के इतिहास में दलित पत्रों की अनुपस्थिति इसलिए नहीं है कि दलित पत्रों ने इतिहास नहीं बनाया या इतिहास में उनका अस्तित्व ही नहीं है, सत्य तो यह है कि दलित पत्रकारिता भी उतनी ही प्राचीन है, जितनी हिन्दी पत्रकारिता है। उत्तर भारत में उन्नीस सौ के दशक में स्वामी अछूतानन्द 'हरिहर' के 'आदि हिन्दू' पत्र की धूम थी। यह पाक्षिक पत्र था, जिसका विज्ञापन नयी रोशनी में आइए शीर्षक से छपता था। इसमें लिखा जाता था–"'आदि हिन्दू' पाक्षिक पत्र (अख़बार), 'आदि हिन्दू प्रेस' कानपुर से निकलता है, जो हिन्द के आदिवासी है, जिन्हें स्वार्थी लोग नीच, शूद्र, अछूत कहते हैं, उन भाइयों के लिए मुल्की हक़ों की लड़ाई में अगुआ है, तथा साहित्य वंश इतिहास, विज्ञान, शिक्षा, कविता, उपन्यास, जीवनी और दुखों की पुकार सरकार व जनता को सुना कर ज़ुल्म मिटाने की कोशिश करता है।" हिन्दी पत्रकारिता के इतिहास में 'आदि हिन्दू' पत्र

का कोई उल्लेख नहीं है तो इसका कारण इतिहास-लेखकों की जातिवादी संकीर्ण मानसिकता ही है, जिसने दलित प्रश्नों के साथ-साथ दलित पत्रों की भी भरपूर उपेक्षा की। हिन्दी दलित पत्रकारिता का आरम्भ स्वामी अछूतानन्द के पत्र 'आदि हिन्दू' से होता है। इस प्रकार दलित पत्रकारिता का इतिहास भी अस्सी साल पुराना है। **डॉ. श्यौराज सिंह ने काफ़ी परिश्रम करके दलित पत्रकारिता के इतिहास को खोजा है और हिन्दी के कई दुर्लभ क्रान्तिकारी पत्रों की जानकारी दी है, इन्होंने ज्वलन्त दलित प्रश्नों पर नये मूल्य बोध के साथ चर्चा की है।** लेकिन शोध प्रबन्ध की यह कमजोरी खटकती है कि उसमें आरम्भिक दौर की दलित पत्रकारिता पर चर्चा न के बराबर है और स्वयं स्वामी अछूतानन्द 'हरिहर' के पत्रकार-कर्म पर भी कोई ख़ास चर्चा नहीं की गयी है। एक स्थान पर उन्होंने 'आदि हिन्दू' पत्र को 'आदि मानव' के ग़लत नाम से सम्बोधित किया है, (पृ. 145) तो दूसरे स्थान पर स्वामी अछूतानन्द के एक अन्य पत्र 'अछूत' का उल्लेख करके भ्रम भी पैदा किया है। (पृष्ठ 252)

शोधकर्ता ने हिन्दी पत्रकारिता के इतिहास पर काफ़ी चर्चा की है। काश, वह दलित पत्रकारिता के इतिहास तक ही सीमित रहता। फिर भी, उसने हिन्दी पत्रकारिता के उस पक्ष को उजागर करने का सफल प्रयास किया है, जिसकी दृष्टि में हिन्दुत्व का आन्दोलन ही राष्ट्रीय आन्दोलन था। वह "अंग्रेज़ों के राष्ट्र-विरोधी कार्यों की विरोधी होने के साथ-साथ दलित विषयक सुधार, शिक्षा और वर्ण विशेष के विशेषाधिकार समाप्त कर समान नागरिक संहिता का भी विरोध करती थी।"(पृ. 22)

शोध-प्रबन्ध का सबसे उत्कृष्ट हिस्सा वह है, जिसमें शोधकर्ता ने डॉ. अम्बेडकर और महात्मा गांधी के पत्रकार-कर्म का मूल्यांकन किया है। उसने डॉ. अम्बेडकर और महात्मा गांधी को आधुनिक भारतीय पत्रकारिता का निर्विवाद महारथी माना है। डॉ. अम्बेडकर ने 'जनता' पत्र का प्रकाशन आरम्भ किया था, तो गांधी जी ने 'हरिजन' पत्र निकाला था। निस्सन्देह 'हरिजन' के प्रकाशन के पीछे डॉ. अम्बेडकर के दलित आन्दोलन का प्रभाव था। 1932 में डॉ. अम्बेडकर द्वारा गोलमेज सम्मेलन में दलितों के लिए पृथक निर्वाचन का अधिकार माँगे जाने का प्रशन सवर्ण हिन्दुओं के लिए हिन्दुत्व

के विरोध का प्रश्न था। गांधी जी ने भी इस प्रश्न के विरूद्ध आमरण अनशन किया था। अतः शोधकर्ता के इस मत से असहमति नहीं हो सकती कि गांधी जी ने गोलमेज सम्मेलन के बाद से ही 'हरिजन' पत्रकारिता की शुरुआत की थी। (पृ. 25)

इस सन्दर्भ में शोधकर्ता ने डॉ. अम्बेडकर के 'जनता' पत्र के सम्बन्ध में कुछ उल्लेखनीय रहस्योद्घाटन किये हैं, जिनसे डॉ. अम्बेडकर की लोकतान्त्रिक सोच और जाति-विरोध की चेतना का पता चलता है। उसने लिखा है कि डॉ. अम्बेडकर के 'जनता' पत्र के प्रधान सम्पादक देवराव विष्णु नाईक थे, जो जाति से गोवर्धन ब्राह्मण थे। ये ब्राह्मणोत्तर और दलित पत्रकारिता के पूर्व अनुभवी थे। उन्होंने पत्र का सम्पादक मण्डल भी बनाया था, जिसमें ग.नी. सहस्त्रबुद्धे जैसे चितपावन ब्राह्मण सहित कई जातियों के लोग शामिल किये थे। (पृ. 22-23) यह उन आलोचकों के लिए काफ़ी महत्त्वपूर्ण सूचना हो सकती है, जो डॉ. अम्बेडकर पर जातिवादी और संकीर्णवादी होने का आरोप लगाते हैं। यह सूचना उन लोगों के लिए भी महत्त्वपूर्ण हो सकती हैं, जो डॉ. अम्बेडकर की जाति विहीन समाज की अवधारणा को समझना चाहते हैं। आज की जाति आधारित हिन्दी पत्रकारिता के लिए भी यह सूचना महत्त्वपूर्ण हो सकती है, जो अपनी लोकतान्त्रिक दिशा से भटक चुकी है।

लेकिन शोधकर्ता ने यह जानकारी देने का प्रयत्न नहीं किया है कि डॉ. अम्बेडकर की समकालीन पत्रकारिता का दलित सवालों पर रुख क्या था? समकालीन भारतीय पत्रकारिता किस क़दर दलित प्रश्नों की उपेक्षा कर रही थी, किस क़दर डॉ. अम्बेडकर के आन्दोलन का विरोध कर रही थी और किस क़दर उनके वक्तव्यों को तोड़-मरोड़ कर इस तरह पेश कर रही थी, जैसे वे राष्ट्र विरोधी कार्य कर रहे हों, किस क़दर दलित राजनीति को विकृत कर रही थी और महात्मा गांधी को दलितों का हितैषी साबित करने की मुहिम चला रही थी, शोध प्रबन्ध में इन प्रश्नों पर कोई चर्चा नहीं की गयी है, जबकि डॉ. अम्बेडकर के पत्रकार कर्म की पृष्ठभूमि को समझने के लिए इन प्रश्नों पर चर्चा ज़रूरी थी।

सामान्यतः विश्वविद्यालयों में शोध कार्यों की अपनी सीमाएँ होती हैं। शोध छात्र की विवशता होती है कि वह उन्हीं दिशाओं में जाता है, जिन्हें

उनका गाइड निर्धारित करता है। दलित साहित्य में तो यह साजिश भी चल रही है कि गाइड अपने सौन्दर्य शास्त्र और स्थापनाओं पर आधारित शोध प्रबन्धों को ही स्वीकृत कराते हैं। इसलिए दलित शोध छात्रों के शोध कार्य स्वतन्त्र नहीं होते, उनके निष्कर्ष काफ़ी हद तक गाइडों की प्रतिबद्धताओं से प्रभावित होते हैं, किन्तु यह सन्तोष का विषय है कि डॉ. श्यौराज सिंह बेचैन ने अपने शोध प्रबन्ध को काफ़ी हद तक अपने गाइड की प्रतिबद्धताओं अथवा विश्वविद्यालयी, सीमाओं से मुक्त रखा है। उन्होंने हिन्दी पत्रकारिता की अलोकतान्त्रिक जातिवादी और साम्प्रदायिक भूमिका के नग्न यथार्थ को पूर्ण बेबाकी के साथ प्रस्तुत किया है। मण्डल आयोग की सिफारिशों के विरूद्ध हिन्दी पत्रकारिता की अलोकतान्त्रिक भूमिका और अयोध्या में बाबरी मस्जिद के मामले में हिन्दी पत्रकारिता का हिन्दूवादी हो जाना निस्सन्देह सवर्णोन्मुखी पत्रकारिता ही थी। हिन्दी पत्रकारिता का चरित्र आज भी लगभग यही है। इसलिए, शोधकर्ता का यह कथन स्वीकारणीय है कि इस स्थिति को व्यापक राष्ट्रहित में बदले जाने की आवश्यकता है। पत्रकारिता को लोकतान्त्रिक बनाने हेतु उसमें दलितों, पिछड़ों और मुसलमानों की भागीदारी होनी चाहिए, ताकि वह ब्राह्मणवादी मानसिकता से मुक्त होकर राष्ट्रीय स्वरूप में विकसित हो सके। (पृष्ठ 87)

यद्यपि इस बात से इनकार नहीं किया जा सकता कि अनेक पत्रों ने दलित प्रश्नों को काफ़ी महत्त्व दिया है और दलितों पर होने वाले अत्याचारों की घटनाओं को पूरी निर्भीकता के साथ उजागर किया है। किन्तु इस पूरे कर्म में उनकी भूमिका वर्ण व्यवस्था के विरोध की कभी नहीं रही। दरअसल इस प्रश्न पर पत्रकार दो खेमों में बँटे रहे—या तो वे प्रगतिशील चेतना के पत्रकार रहे या फिर गांधीवादी। अम्बेडकर की सामाजिक दृष्टि से सोचने वाले और लिखने वाले पत्रकारों को इन पत्रों ने कभी महत्त्व नहीं दिया। यहाँ तक कि दलित अत्याचार के प्रश्न पर सवर्ण राजनीतिज्ञों और पत्रकारों के विचारों को तो पत्रों ने प्रकाशित किया, परन्तु उसी प्रश्न पर दलित राजनीतिज्ञों और पत्रकारों के विचारों की घोर उपेक्षा की गयी। आज भी यही स्थिति है और पत्रकारिता के क्षेत्र में यह गम्भीर शोध का विषय है कि पत्रों का सम्पादकीय विभाग दलित विषयों पर प्रगतिवादी, गांधीवादी या समरसतावादी हिन्दू लेखकों को

ही विशेषज्ञ क्यों मानता है? दलित लेखकों को अयोग्य क्यों समझता है? वास्तव में हिन्दी पत्रकारिता की इसी ब्राह्मणवादी मानसिकता के विरोध में दलित पत्रकारिता का जन्म हुआ है। डॉ. अम्बेडकर ने भी अपने समय की इस ब्राह्मणवादी पत्रकारिता के विरूद्ध पत्रकारिता के क्षेत्र में प्रवेश किया था और वैकल्पिक दलित पत्रकारिता आरम्भ की थी।

डॉ. श्यौराज सिंह बेचैन के शोध का मुख्य विषय भी यही है कि डॉ. अम्बेडकर ने जो वैकल्पिक दलित पत्रकारिता की थी, हिन्दी की दलित पत्रकारिता उससे कितनी प्रभावित है? डॉ. श्यौराज सिंह ने इस विषय पर वास्तव में परिश्रम किया है। उन्होंने देश भर से निकल रहे हिन्दी के दलित पत्रों की खोज की है और उनकी गहरी पड़ताल की है। लेकिन उन्होंने इससे पूर्व डॉ. अम्बेडकर की पत्रकारिता किस दिशा में थी और किस स्तर की थी, यह दिखाने का भी प्रयास किया है। उन्होंने डॉ. अम्बेडकर के पत्रों–'मूकनायक', 'जनता', 'बहिष्कृत भारत', 'समता' और 'प्रबुद्ध भारत' के हवाले से दलित प्रश्नों पर डॉ. अम्बेडकर के पत्रकार-कर्म की जैसी विशद् विवेचना की है, वह अन्यत्र नहीं मिलती है। किन्तु इस विवेचना में भी डॉ. श्यौराज सिंह ने कहीं-कहीं अपनी शाब्दिक दुर्बलता का परिचय दिया है। एक स्थान पर स्वामी दयानन्द के साथ तुलना करते हुए स्वामी जी के बाल योगी ब्रह्मचारी जीवन के मुक़ाबले डॉ. अम्बेडकर के प्रति 'भोगी' शब्द अखरता है। यदि तुलना करना आवश्यक ही थी, तो डॉ. अम्बेडकर के लिए 'वैवाहिक' शब्द का प्रयोग किया जा सकता था। दोनों शब्दों की अर्थवत्ता कितनी भिन्न है, यह शायद डॉ. बेचैन नहीं जानते।

डॉ. श्यौराज सिंह बेचैन का यह कहना सही है कि तत्कालीन हिन्दी पत्रकारिता गांधी से अधिक प्रभावित थी, लेकिन उसमें दलित प्रश्नों का प्रवेश डॉ. अम्बेडकर के प्रभाव का ही परिणाम था। (पृष्ठ 240) डॉ. बेचैन ने उत्तर प्रदेश, महाराष्ट्र, बिहार, मध्य प्रदेश, पंजाब, दिल्ली, राजस्थान, हरियाणा और गुजरात के असंख्य दलित पत्रों से परिचय कराया है, जिसमें उनका श्रम वास्तव में सराहनीय है। इतने सारे दलित पत्रों को एक साथ देखना दलित पत्रकारिता के समृद्ध विकास को दर्शाता है। काश, इन पत्रों की सामग्री पर भी डॉ. बेचैन वैसी ही विवेचना करते, जैसी कि उन्होंने डॉ. अम्बेडकर के

पत्रों की करी है, जिससे दलित पत्रों की प्रभाववादी भूमिका को समझा जा सकता। लेकिन, इस खण्ड में दलित वर्ग के सम्पादकों और प्रमुख पत्रकारों का परिचय तथा आरक्षण, दलित-उत्पीड़न, जातिभेद और साम्प्रदायिकता के प्रश्नों पर दलित पत्रों की सम्पादकीय टिप्पणियों के रूझान निस्सन्देह एक महत्त्वपूर्ण शोध-कार्य है। 'प्रजातन्त्र की अवधारणा और संविधान की व्याख्या के सन्दर्भ में दलित पत्रकारिता का विश्लेषण सिद्ध करता है कि प्रजातन्त्र के प्रश्न पर दलित पत्रकारिता हिन्दी की पत्रकारिता के मुक़ाबले कहीं ज़्यादा गम्भीर है।' डॉ. श्यौराज सिंह ने इस प्रश्न का ठीक ही प्रतिवाद किया है कि दलित पत्रकारों की विवेचन शक्ति राजनैतिक प्रश्नों पर शून्य रही है। यह सच है कि वे ग़ैर दलित पत्रकारों द्वारा उपेक्षित किये गये सामाजिक प्रश्नों को प्राथमिकता देते हैं। लेकिन इसका यह अर्थ भी नहीं है कि दलित पत्रकार राजनैतिक विषयों पर बिल्कुल भी नहीं लिख रहे हैं। वास्तविकता तो यह है कि भारतीय राजनीति पर जितनी पैनी और जागरूक दृष्टि दलित पत्रकारिता की है, उतनी हिन्दी पत्रकारिता की नहीं है। दलित पत्रकार सामाजिक परिवर्तन की दृष्टि से भारतीय राजनीति पर विचार करते हैं और इस बिन्दु पर वे उस राजनीति के कटु आलोचक हैं, जो यथास्थितिवादी और साम्प्रदायिक मूल्यों की वाहक बनी हुई है।

डॉ. श्यौराज सिंह ने स्त्री प्रश्नों पर भारतीय पत्रकारिता के चिन्तन का भी मूल्यांकन किया है। पहले उन्होंने मराठी पत्रकारिता के विचारों को प्रस्तुत किया है, उसके बाद राजेन्द्र यादव सरीखे कुछ विचारकों के दृष्टिकोण पर चर्चा करते हुए दलित पत्रकारों के चिन्तन में स्त्री प्रश्नों की व्याख्या की है। उनका मत है कि दलित पत्रकारों की स्त्री विषयक वैचारिकता तथा व्यावहारिकता में गहरा विरोधाभास मिलता है। वे स्त्री की तमाम दुर्दशा का कारण मनु को बताते हैं और इस बहाने वे स्वयं को ब्राह्मणों से उन्नत विचारों का मान लेते हैं। (पृष्ठ 326) ऐसा लगता है कि यहाँ डॉ. श्यौराज सिंह बेचैन प्रभाववाद के शिकार हो गये हैं, कुछ ऐसे गुरुकुलों का प्रभाव उनके शोध पर हावी हुआ, ऐसा प्रतीत होता है, जो उपयोगितावादी है।

यह गुरुकुली प्रभाववाद का ही परिणाम है कि उन्होंने अपने शोध प्रबन्ध में दलित पत्रकारों के साथ ही हिन्दी के प्रमुख पत्रकारों से दलित विषयक प्रश्नों पर लिए गये साक्षात्कारों का संयोजन भी परिशिष्ट में किया है। यह परिशिष्ट इसीलिये है कि यह शोध प्रबन्ध का ज़रूरी हिस्सा नहीं है। लेकिन, डॉ. बेचैन इन साक्षात्कारों से एक ख़ामोश बहस चलाना चाहते हैं। (पृष्ठ 332) इनमें कमलेश्वर, मृणाल पाण्डेय, सुभाष धूलिया, सुरेन्द्र पताप सिंह, अभय कुमार दुबे, राजकिशोर, राजेन्द्र यादव, मंगलेश डबराल और डॉ. महीप सिंह जैसे हिन्दी के वरिष्ठ पत्रकारों के साथ कतिपय दलित पत्रकारों के साक्षात्कार शामिल हैं। इन से कोई गम्भीर बहस चलेगी, इसमें सन्देह है। लेकिन इन साक्षात्कारों के माध्यम से डॉ. बेचैन ने स्वयं को एक ऐसे वर्ग में ज़रूर खड़ा कर लिया है जिसके साथ दलित चेतना का सदैव संघर्ष रहा है।

(मासिक 'हम दलित' एवं समकालीन जनमत-14-अप्रैल-1989)

हिन्दी दलित पत्रकारिता के निहितार्थ

— चन्द्रभान प्रसाद

हिन्दी के दलित लेखक व पत्रकार डॉ. श्यौराज सिंह बेचैन का ग्रन्थ 'हिन्दी की दलित पत्रकारिता पर पत्रकार अम्बेडकर का प्रभाव' आठ अध्यायों से बना है। परिशिष्ट में मूर्धन्य विद्धानों के साथ साक्षात्कार हैं और आख़िर में उपसंहार। अन्य अध्यायों की तरह ही, प्रथम अध्याय भी तथ्यों का भण्डार है। तथ्यों को प्राप्त कर लेना और उन्हें परोस देना एक बात है। पर, तथ्यों को सामाजिक गति एवं ढाँचेगत सामाजिक संकट के परिप्रेक्ष्य में प्रस्तुत कर देना बिल्कुल दूसरी बात। रचनाकार का जो परिचय, ग्रन्थ के जैकेट पर छपा है, उसके अनुसार डॉ. श्यौराज सिंह शिक्षा प्रशिक्षण के तहत राजनीतिशास्त्र के विद्यार्थी कभी नहीं रहे। पर उन्होंने अपने पहले ही अध्याय में एक गम्भीर राजनीतिक टिपण्णी की है। उनके अनुसार "वास्तव में अंग्रेज़ों के आगमन के साथ ही उनके विचारों और भारतीय समाज के यथार्थ के अन्तर्द्वन्द्ध ने सामाजिक जागरण की अनिवार्यता उत्पन्न कर दी।" रचनाकार का यह विचार उस बहस को एक नये परिप्रेक्ष्य में नवीनता प्रदान कर देता है कि–'भारत में ब्रिटिश शासन की क्या कोई साकारात्मक भूमिका भी रही है?' चिन्तकों का एक वर्ग मानता रहा है कि बर्बादी के बावजूद, ब्रिटिश शासन ने कुछ ऐसे मूल्यों व पद्धतियों को भारत में उतारा तथा उन्हें संस्थागत स्वरूप दिया, जिनके बग़ैर लोकतन्त्र की अवधारणा अर्थहीन होती। मसलन, यूरोप में व्यक्ति समाज का मूल इकाई न था और न है। अत: व्यक्ति की हस्ती का निर्धारण उसके व्यक्तित्व, उसकी योग्यताएँ एवं उन योग्यताओं की समाज में प्रासंगिकता के आधार पर होता था (है)। पाश्चात्य सभ्यता की इस मूल्य-पद्धति के विपरीत,

भारत में, समाज की मूल इकाई, व्यक्ति नहीं, बल्कि व्यक्ति का वर्ण/जाति मूल इकाई थी जो मान्य है। अतः भारत में व्यक्ति, अपने वर्ण/जाति से स्वायत्त नहीं था और न है। अर्थ यह कि, संवेदनशील व्यक्ति भारतीय, संवेदना के सार्वत्रिक सौन्दर्य के नियमों से वंचित था और न है। अतः वह वैयक्तिक स्तर पर, दुर्जन व्यक्तित्व से तो लड़ सकता था (है) पर दुर्जन समाज से नहीं। पाश्चात्य सभ्यता के मानव के सम्बन्ध में यह भौतिक मान्यता भारत में लोकतन्त्र का आरम्भिक बीज था। भारतीय दंड संहिता (आई.पी.सी.) के क़ानूनी प्रादुर्भाव ने वर्ण/जाति आधारित दंड संहिता (मनुस्मृति आदि) को सदैव के लिए ख़ारिज कर दिया। अर्थ यह कि उत्कृष्ट उद्देश्यों से विकसित किये गये आई.पी.सी. ने वर्ण/जाति के असमान भेद-भाव पर आधारित निकृष्टतम दंड संहिता को क़ानूनी तौर पर प्रथम बार ख़ारिज कर दिया। अर्थात् जन-जीवन को प्रथम बार नियमित करने के लिए राज्य को वैधानिक अधिकार प्राप्त हो गया, जो वर्ण-जाति के मूल्यों के ठीक विपरीत था। अपराध परिभाषित कर दिया गया, जो आधुनिक राज्य व्यवस्था के निर्माण का आधारभूत पहलू होता है। न्यायालयों की स्थापना, तथा कालान्तर में, विधान सृजन एवं जन प्रतिनिधि संस्थाओं के विकास ने तो आधुनिक राज्य की आधारभूत संरचना ही खड़ी कर दी। कार्ल मार्क्स ने ब्रिटिश साम्राज्य के इन सकारात्मक पहलुओं की चर्चा अपने भारत सम्बन्धी लेखों में की तो उन्हें या तो 'यूरोपवादी' कहा गया या भारत के बारे में 'अर्ध-ज्ञानी' कह कर ख़ारिज कर दिया गया। पर जब डॉ. अम्बेडकर ने कार्ल मार्क्स की बातों को दोहराया, तो उन्हें या तो 'संकीर्णतावादी' कहा या अंग्रेज़ों का 'पिट्ठू' कह कर ख़ारिज करने की साजिशें रचीं। यानी कि वर्ण-जाति मूल्यों पर प्रहार करने वाली किसी भी घटना पर सकारात्मक टिप्पणी करने वाले हर व्यक्ति को निशाना बनाया गया, चाहे वे कार्ल मार्क्स रहे हों या डॉ. अम्बेडकर।

समीक्षित ग्रन्थ में प्रयुक्त डॉ. श्यौराज सिंह बेचैन की टिप्पणी हिन्दी साहित्य (केवल सवर्ण साहित्य नहीं) को अर्थपूर्ण एवं समृद्धशाली बनाती है। रचनाकार की इस टिप्पणी में एक बड़ा प्रश्न निहित है। वह यह कि, "**भारत में अब तक कोई सफल क्रान्ति क्यों नहीं हुई? ज्ञातव्य हो, वर्तमान विश्व में ऐसा एक भी देश नहीं है जिसे आधुनिक तथा समृद्धशाली**

कहा जाता था और वह देश सफल सामाजिक-राजनीतिक क्रान्तियों के दौर से नहीं गुज़रा हो।" हिन्दी साहित्य अपने आप को अपने जन्म से ही, सामाजिक गति के सिद्धान्तों से स्वायत्त मानता रहा है।

परिणामस्वरूप, **हिन्दी साहित्य [सवर्ण हिन्दू साहित्य] प्रौढ़ साक्षरता जैसे कार्यक्रमों की तरह आज तक विकलांग साहित्य बना रहा। कभी भी मानवीय संवेदनाओं का सच्चा सन्देशवाहक नही बन पाया।**

ग्रन्थ का उद्घाटक अध्याय जहाँ आगामी अध्यायों के लिए परिप्रेक्ष्य प्रस्तुत करता है, वहीं भारतीय समाज व्यवस्था को परिभाषित भी करता है। इस प्रक्रिया में, जैसा कि रचनाकार दर्शाता है, समाज के अन्तर्विरोधों को विभिन्न सामाजिक श्रेणियों के प्रवक्तागण, मूलत: वर्ण एवं अवर्ण चिन्तक, या यूँ कह लें, 'इन दोनों के अन्दर से गांधी जी एवं डॉ. अम्बेडकर', अपने-अपने दर्शन प्रस्तुत करते हैं। रचनाकार यह सिद्ध कर देता है कि किस तरह, स्वतन्त्रताकाल के चिन्तक, अन्तत: व्यवस्था के पक्ष में या व्यवस्था के विरोध में खड़े हैं। अत: तत्कालीन जंग मूलत: राजनीतिक जंग थी और इस दौर में उत्पन्न हिन्दी पत्रकारिता इस जंग में तटस्थ या स्वयात्त नहीं थी। रचनाकार यह भी सिद्ध कर देता है कि किस तरह, ग़ैर दलित हिन्दी पत्रकारिता, व्यापक अर्थों में, मुख्यधारा का साहित्य था, मूलत: वर्ण-साहित्य, साहित्य की मूल अवधारणाओं को नकारते हुए विकसित हुआ। उदाहरणार्थ, मान्यता यह है कि, "साहित्य समाज का दर्पण होता है।" दर्पण विज्ञान के परावर्तन के सिद्धान्त, जो सार्वभौमिक है, पर बना है। दर्पण स्वयं तो निर्जीव है, पर जीवन्त नियमों के चलते अस्तित्व में है। अपने समक्ष द्रव्य को दूरी की सीमाओं में अपने आकार की क्षमता के तहत ज्यों का त्यों परावर्तित कर देता है। पर हिन्दी साहित्य का यह कैसा दर्पण है जो विज्ञान के सार्वभौमिक सिद्धान्तों को ठुकरा देता है तथा दृष्यों को चुन-चुन कर परावर्तित करता है। निष्ठुर दर्पण का यह सौतेलापन ही दलित पत्रकारों एवं दलित पत्रों को जन्म देता है। **दलित साहित्य का प्रादुर्भाव भी हिन्दी साहित्य की नैसर्गिक विकलांगता के चलते ही हुआ। अब तो यह सिद्ध होता जा रहा है कि दलित साहित्य की अनुपस्थिति में, हिन्दी साहित्य का कोई साहित्यिक अर्थ ही नहीं बचा है। सच तो यह है कि 'दलित साहित्य ही वास्तविक साहित्य है',**

वास्तविक दर्पण है, जो समाज का चित्र ज्यों का त्यों प्रस्तुत करता है तथा सौन्दर्य, संवेदना विहीन चित्र को बदल देने की आकांक्षा रखता है। डॉ. श्यौराज सिंह ने तो पहले से ही अर्द्ध-नग्न हिन्दी साहित्य को पूर्ण-नग्न कर दिया है। पर हिन्दी साहित्य के उन ठेकेदारों को नग्नता से क्यों लज्जा आये, जिन्हें वैचारिक नग्नता विरासत में मिली हो।

ग्रन्थ का दूसरा अध्याय "पत्रकार के रूप मे डॉ. बी.आर. अम्बेडकर का मूल्यांकन" है। वस्तुतः यह अध्याय अम्बेडकर दर्शन के क्रमिक विकास का एक अद्‌भूत रेखाचित्र प्रस्तुत करता है। रचनाकार के अनुसार, "पत्रकार अम्बेडकर विशेषकर 1917 से सक्रिय हुए" (पृष्ठ 39)। अर्थ यह कि 26 वर्ष की अवस्था में ही डॉ. अम्बेडकर अपने पत्रकारिता विषयक चिन्तन को अभिव्यक्ति देने लगे थे। अध्याय में डॉ. अम्बेडकर के पूर्ववर्ती, पत्रकारों मसलन, महात्मा ज्योतिराव फूले, के साप्ताहिक 'दीनबन्धु' (1977) या उनके परम सहयोगी गोपाल बाबा बालगंकर की 'विटाल विध्वंसन' (1888-89, पुणे) जो एक हस्तपत्र कविता के रूप में आरम्भ हुई, से लेकर अन्यान्य पत्र–पत्रिकाओं का विश्लेषण किया गया है। अध्याय की शब्द-यात्रा पाठक को उन वादियों का भी दर्शन कराती है जिनसे वर्तमान वर्ण-साहित्य अपरिचित है। रचनाकार तत्कालीन भारत का एक विहंगम चित्र प्रस्तुत करता है। दलित बुद्धिजीवियों द्वारा अपने दर्शन को अभिव्यक्ति देने की आकांक्षा एवं साधनों की अपर्याप्तता के बीच में रचनाकार अन्तहीन शीत युद्ध का मार्मिक चित्र प्रस्तुत करता है। अन्यान्य पत्रों का उदय एवं उनका असामयिक काल-कवलित हो जाना मानो उनकी अघोषित नियति थी। परन्तु इन झंझावातों को झेलने की जीवटता तत्कालीन दलित चिन्तकों के व्यक्तित्व का अभिन्न अंग था। इस क्रम में यह अध्याय दलित चिन्तकों के दृष्टिकोण की व्यापकता का भी परिचय कराता है। जैसे तत्कालीन भारत के मन्दिरों में '**देवदासी प्रथा**' का व्यापक और घिनौना प्रचलन था। हिन्दू ईश्वरों को प्रसन्न करने के लिए पुजारियों द्वारा असहाय कन्याओं का यौन शोषण एक मान्य सामाजिक-धार्मिक प्रथा थी। यह अमानवीय प्रथा तत्कालीन हिन्दू समाज के नैतिक-लम्पटपन का सामान्य उदाहरण है। डॉ. अम्बेडकर के परम मित्र एवं सहयोगी दलित पत्रकार शिवराम जानबाँ काम्बले ने अपने पत्र 'सोमवंशीय' के माध्यम

से देवदासी कुप्रथा के विरूद्ध जंग छेड़ी थी। इस अध्याय में लेखक ने डॉ. अम्बेडकर के व्यक्तित्व-निर्माण का एक निश्चल दृश्य प्रकट किया है। डॉ. अम्बेडकर एक अस्पृश्य कुल में जन्मे थे, अतएव पूरे अस्पृश्य समाज का व्यक्तित्व डॉ. अम्बेडकर के रूप में उदित होता है। स्वयं लेखक डॉ. श्यौराज सिंह की तीक्ष्ण दृष्टि जब दलित डॉ. अम्बेडकर को प्रस्तुत करती है, तो उनके के व्यक्तित्व में अस्पृश्य समाज का भी चित्र स्वंयमेव परिलक्षित होने लगता है। उदाहरणार्थ एक ओर, सारा वर्ण-समाज और दूसरी ओर दलित। इन दोनों में द्वन्द्व, युद्ध, में मानवीय संवेदनाओं से लहूलुहान, मानवीय मूल्यों की स्थापना के लिए निरन्तर संघर्षरत समाज। युद्ध में पराजय तो स्वीकार्य और पराजयोपरान्त युद्ध बन्दी का जीवन भी स्वीकार्य, पर मानवीय मूल्यों के प्रति अटूट निष्ठा, ऊर्जावान और समतामूलक समाज की सरंचना के स्वप्न को हर क़ीमत पर काल-कवलित होने से बचाना ही दलित समाज का जीवन्त चरित्र रहा है। अस्पृश्य समाज के इस चरित्र को डॉ. अम्बेडकर ने अपने व्यक्तित्व व कृतित्व से और परिष्कृत स्वरूप में विकसित होने का मौक़ा दिया। उनका यह मूल गुण उन्हें शक्ति प्रदान करता रहा। अन्यथा, जो उपेक्षा, उपहास और वैचारिक प्रहार सवर्णों की ओर से उन पर हुए, उस दशा में उनके आत्मसमर्पण कर देने या भीतर से टूट जाने के पर्याप्त कारण मौजूद थे। दलितों का वह मूल गुण, जो प्राचीन जापानी व्यक्ति के गुण से मेल खाता है, डॉ. अम्बेडकर में कूट-कूट कर भरा था। मसलन, प्राचीन जापानी ऋण लेने का हिसाब तो रखता था, पर ऋण देने का नहीं। डॉ. अम्बेडकर स्वयं द्वारा किये गये उपकार को अविलम्ब भूल जाते थे। पर, दूसरों द्वारा उन पर किया गया थोड़ा भी उपकार उन्हें उपकारी का सदैव के लिए ऋणी बना देता था। डॉ. अम्बेडकर का यह गुण उन्हें नैतिक रूप से इतना बलवान बना देता है कि वर्ण समाज के कुछ मूर्धन्य चिन्तक, उन से असहमत होते हुए भी, उनके समक्ष नतमस्तक हो जाते थे। इन बौद्धिक–नैतिक गुणों को डॉ. अम्बेडकर ने जीवन्त रखा तथा नये समाज की संरचना का एक दर्शन प्रस्तुत किया। एक सामान्य अछूत से एक महान दार्शनिक के रूप में विकसित होने की प्रक्रिया में डॉ. अम्बेडकर के परिवेश एवं परिवेश के चरित्र का विषद-वर्णन इस अध्याय की विशेषता है। डॉ. अम्बेडकर जिस परिवेश में जन्में थे वे उसे बदल देना चाहते थे। दूसरी

ओर जिस परिवेश में महात्मा गांधी जन्में थे वे उसे सुरक्षित रखना चाहते थे। डॉ. अम्बेडकर, जन्म से ही एक भिन्न सामाजिक सन्दर्भ से सम्बन्ध रखते थे, अतएव उनका दर्शन, उक्त सामाजिक सन्दर्भ के उत्कृष्ट मूल्यों से आंगिक रूप से जुड़ा था। दूसरी ओर, गांधी जी जन्म से ही एक भिन्न सामाजिक सन्दर्भ से सम्बन्ध रखते थे। अतएव उनका दर्शन, उक्त सामाजिक सन्दर्भ के 'उत्कृष्ट' मूल्यों, जिन्हें डॉ. अम्बेडकर निकृष्ट मानते थे, से आंगिक रूप से जुड़ा था। डॉ. अम्बेडकर, अपने सामाजिक सन्दर्भ के भौतिक आधार को भी पलट देना चाहते थे तथा वे चाहते थे कि गांधी जी भी अपने सामाजिक सन्दर्भ के भौतिक आधार को बदलें, ताकि एक नवीन सामाजिक परिवेश का सृजन सम्भव हो सके। जिसमें एक जैसा ही सामाजिक सन्दर्भ सृजित करने का अर्थ था अर्थात वर्ण-आधारित सामाजिक संरचना का विलोप, जिसके लिए गांधी जी तैयार नहीं थे। गांधी जी वर्ण-समाज के सन्दर्भ को कायम रखते हुए नये समाज की संरचना नहीं, बल्कि पुराने समाज का पुनर्गठन चाहते थे। जिसमें मात्र अस्पृश्यता के विलोप का चित्र था। चूँकि जातियों के कारण वर्ण-समाज नहीं बना। बल्कि वर्ण-समाज के कारण जातियाँ उत्पन्न हुईं तथा अस्पृश्यता इस व्यवस्था की एक विकृत प्रथा थी। अत: वर्ण-आधारित सामाजिक संरचना को तोड़े बग़ैर, न तो जातियों का विलोप सम्भव है और न ही अस्पृष्यता का नाश। गांधी/अम्बेडकर बहस को रचनाकार इतनी सहजता से प्रस्तुत कर देता है, यह इस अध्याय का अनूठा रूप है। **गांधी जी का जितना महिमा मंडन कर लें, इतिहास उन्हें समतापरक समाज का प्रवक्ता मानने से इनकार कर चुका है और दलित चेतना का भविष्य उन्हें क्षमा नहीं करेगा। इसके उलट डॉ. अम्बेडकर की वे जितनी चाहें आलोचना कर लें।** बीसवीं सदी के भारत में समता-परक समाज के श्रेष्ठतम प्रवक्ता के रूप में इतिहास उन्हें स्वीकार कर चुका है। यही वह मूल कारण है, कि जब तक समता परक समाज का सृजन नहीं हो जाता, भारत में डॉ. अम्बेडकर का औचित्य व उनकी वैचारिकता का दलित लेखन बढ़ता जायेगा और उसी अनुपात में, गांधी जी के विचार औचित्यहीन होते जायेंगे तथा वर्णवादी लेखक हाशिए पर जायेंगे।

अध्याय तीन में उद्धृत पत्र/पत्रिकाओं के संस्थापक/सम्पादक एवं प्रकाशक सामान्यतया समाज सुधारकों साहित्यकारों के रचना कर्म की विषय-वस्तु एवं उनके वर्ण-अवर्ण सामाजिक सम्बन्ध से स्पष्ट परिलक्षित होता है। इसे कई मानदण्डों पर परखा जा सकता है। पत्र/पत्रिकाओं के शीर्षक प्रकाशन से पूर्व पर्याप्त चिन्तन-मनन के परिणामस्वरूप निर्धारित होते हैं। शीर्षक प्राय: पत्र के मूल लक्ष्य का प्रतिबिम्ब होते हैं। एक ही दृष्टिपात, यह इंगित कर देता है कि यह वर्ण तथा साहित्यकारों का सूचक है और द्वितीय वह कि वर्ण तथा साहित्यकार, कुछ अपवादों को छोड़ दें तो, मूलत: वर्ण-समाज सन्दर्भ में ही समाज का संकट देखते हैं। अर्थात्, वर्ण-समाजसुधारक/साहित्यकार, दार्शनिक तौर पर, उसी परिप्रेक्ष्य में बहस चला रहे थे, जिस परिप्रेक्ष्य में गांधी जी अम्बेडकर से बहस कर रहे थे। अवर्ण यानी दलित समाज-सुधारक/साहित्यकार, मूलत: वर्ण समाज के सन्दर्भ की क्षय चाहते थे और सार्वजनिक तौर पर उसी परिप्रेक्ष्य में बहस कर रहे थे, जिस परिप्रेक्ष्य में डॉ. अम्बेडकर गांधी जी से बहस कर रहे थे। अत: यदि वर्ण-साहित्यकारों को मूलत: गांधीवादी कहा जाये तो तर्कसंगत ही होगा, ठीक वैसे ही, जैसे अवर्ण समाजसुधारक-साहित्यकार मूलतः अम्बेडकरवादी थे। यह अलग बात है कि जिस तरह गांधी जी वर्ण समाज को दर्शन के परिष्कृत रूप से प्रस्तुत कर रहे थे, उसी तरह डॉ. अम्बेडकर वर्ण समाज के क्षय के दर्शन को परिष्कृत ढंग से प्रस्तुत कर रहे थे।

हिन्दी की स्वातन्त्रयोत्तर दलित पत्रकारिता और अम्बेडकर शीर्षक अध्याय (चार) एक गम्भीर पर दिलचस्प प्रश्न खड़ा करता है। डॉ. श्यौराज सिंह ने हिन्दी भाषा में दलितों द्वारा प्रकाशित सैकड़ो पत्रों व पत्रिकाओं की सूची प्रस्तुत की है। अकेले उत्तर प्रदेश से निकले 60 से अधिक पत्रों का उल्लेख है। दलित पत्रों की संख्या बढ़ती जा रही है इसके बावजूद अधिकांश दलित पत्र असामयिक बन्दी के शिकार हो गये। परन्तु पत्र निकालने के उनके अन्तहीन प्रयास दो बड़े प्रश्नों को जन्म देते हैं : प्रथम, अवर्ण या दलित चिन्तकों के पत्र निकालने के अन्तहीन प्रयासों का भौतिक आधार क्या हो सकते हैं? द्वितीय, दलित चिन्तक आख़िर अभिव्यक्ति की उस विधा अर्थात मीडिया मंच जिसकी सफलता दर न्यूतम है, यहाँ तक कि औद्योगिक

घराने भी इस प्रयास में असफल होते देखें गयें है, तब पत्रों के प्रति दलित इतने संवेदनशील क्यों है? उत्तर प्रश्नों में ही निहित है। प्रथम; मुख्य धारा के मीडिया ने यदि वर्ण-सन्दर्भ से मुक्त होकर, गांधीवाद की सीमा को लाँघकर तथा नये समाज के सृजन के स्वप्न को लेकर एक नया रूप ग्रहण कर लिया होता, तो अवर्णों को पृथक मंच के सृजन की आवश्यकता ही क्यो पड़ती? द्वितीय; किसी व्यवस्था का क्षय, उस व्यवस्था की विचारधारा के पराजय के बग़ैर सम्भव नही और वैचारिक लड़ाई के लिए मंच की आवश्यकता होती है। व्यवस्था समर्थक मंच बहस से बचता रहा है। अतः चौतरफ़ा नाकेबन्दी के बावजूद, दलित चिन्तक अपना मंच खड़ा करते हैं, उन्हें अपनी बौद्धिक क्षमता पर अटूट विश्वास है। दलितों एंव वर्ण-व्यवस्था कि चौथे स्तम्भ शुद्रों और दलितो में मूल अन्तर रहा है। शूद्र प्रथम तो व्यवस्था परिवर्तन का प्रश्न ही नहीं खड़ा करते, क्योंकि वे व्यवस्था के भीतर ही द्विजों को सत्ताच्युत करके, स्वयं वहाँ आसीन हो जाना चाहते हैं। इस सीमित लड़ाई में भी वे अपनी बौद्धिक क्षमता का उपयोग नहीं करते। सम्भवतः उन्हें इस क्षमता पर आत्म-सन्देह है। आत्म-सन्देह भी असंगत नहीं, क्योंकि व्यवस्थापरक बने रहकर बौद्धिक क्षमता को आगे बढ़ाना तर्कसंगत नहीं हो सकता।

ग्रन्थ के शेष अध्याय पाँच से आठ; पूर्व के चार अध्यायों के पूरक हैं। जब भारत एक गणतन्त्र के रूप में घोषित हुआ तथा गणतन्त्र ने एक नया संविधान अपनाया। (अतः रचनाकार आधुनिक राजनीतिक अवधारणाओं पर एक बहस को जायज़ समझता है।) (चूँकि संवैधानिक रूप से भारतीय गणतन्त्र वर्ण आधारित सामाजिक व्यवस्था को ख़ारिज करता है तथा एक नये समाज के सृजन की घोषणा करता है।)

अतः इस नये परिवेश मे एक नया प्रश्न खड़ा कर रचनाकार ने एक ओर तो अतीत को नयी अवधारणाओं के सन्दर्भ में देखने की कोशिश की है, वहीं भविष्य को संवारने जैसे प्रश्न को अपनी बहस में समेट लिया है। विशिष्ट राष्ट्रीय एंव समाचार संयोजन का विश्लेषण, स्त्री दशा एंव मूर्धन्य साहित्यकारों के साथ साक्षात्कार विषय को सुगम तो बनाता ही है, बल्कि बहस को और सामयिक व जीवन्त बना देता है। जिसमें भविष्य की दिशा निर्धारण करने के आधार खोजे जा सकते हैं।

डॉ. श्यौराज सिंह बेचैन का यह ग्रन्थ दो दृष्टिकोणों से मील का पत्थर है। प्रथम तो यह है कि इस ग्रन्थ में स्वाधीनतापूर्व तक स्वाधीन भारत के पाँच दशकों के साहित्यिक अनुभवों को एक विशिष्ट ढंग से प्रस्तुत किया गया है। दलित चिन्तक, इस ग्रन्थ के सहारे बीसवीं सदी की अपनी सृजनशीलता के अनुभव का ठीक से परीक्षण कर सकते हैं तथा इक्कीसवीं सदी की चुनौतियों को मद्देनज़र रखते हुए, अपनी सृजनशीलता को एक नया आयाम दे सकते हैं। क्षय एंव क्षय के उपरान्त सम्भावित सृजनशीलता का स्वरूप एवं उसकी दिशा अतीत के परिप्रेक्ष्य में ही निर्धारित की जा सकती है क्योंकि जिन प्रश्नों के हल ढूढने के लिए दलित पत्रकारिता/साहित्य का प्रादुर्भाव हुआ था, उन प्रश्नों को हल करना अभी बाकी है। द्वितीय, मुख्य धारा की पत्रकारिता/साहित्य को भी यह ग्रन्थ एक चुनौती प्रस्तुत करता है। वर्ण साहित्यकार, ग्रन्थ में प्रस्तुत अपने 'पूर्ण नग्न' स्वरूप को ठीक से देख सकते हैं तथा सभ्य समाज की माँग के अनुरूप, नये वस्त्रों की तलाश कर सकते हैं क्योंकि इस ग्रन्थ में, उनके अतीत का भी एक 'वैज्ञानिक विश्लेषण प्रस्तुत है।'

'डॉ. श्यौराज सिंह बेचैन' का यह ग्रन्थ जहाँ एक ओर दलित समाज की अद्भुत बौद्धिक क्षमता का परिचायक है। वहीं यह ग्रन्थ, दलित चिन्तकों, लेखकों, सामाजिक/सांस्कृतिक कर्मियों एंव राजनेताओं को होशियार भी करता है। होशियार इस मायने में कि अम्बेडकरवाद क्रन्दन का दर्शन नहीं है, बल्कि क्रन्दन से अभिशिप्त सामाजिक संरचना को उलट देने तथा समतापरक, ऊर्जावान एंव एक जीवन्त समाज की पुनर्संरचना का दर्शन है। अतएव दलित लेखक को नृशंस अतीत पर रोने-धोने के कार्यक्रम को मुअत्तल कर 'बदलाव की जंग' की रूप रेखा तथा नये समाज का एक सैद्धान्तिक ढाँचा विकसित करने का दायित्व अपने उपर लेना चाहिए। पर यह जंग अमूर्त सैद्धान्तिक बहसों के रूप में नही लड़ी जा सकती। बल्कि **उन मुद्दों को चिह्नित कर लेना होगा, जिनका प्रत्यक्ष सम्बन्ध दलित समाज के भौतिक जीवन से है। मसलन, भूमि-श्रम सम्बन्धों का लोकतन्त्रीकरण, दलितों की शिक्षा, शिक्षा के बाद रोज़गार, स्वास्थ्य और आवास का प्रश्न आदि।** इस ग्रन्थ का अपनी मूल स्थापनाओं में अम्बेडकरवाद के रैडिकल सन्देश का स्वरूप यह है कि अब...विगत वर्षों के अनुभवों की समीक्षा होनी चाहिए

तथा संघर्ष के लिए तैयार हो जाना चाहिए। जो इस ग्रन्थ के गम्भीर अध्ययन से बचने का प्रयास करेंगे, वे अपने जिज्ञासू एवं स्वप्नशील व्यक्तित्व का हनन कर रहे होंगे। **इस ग्रन्थ का अंग्रेज़ी संस्करण शीघ्र आना आवश्यक है।** पर ग्रन्थ के अध्ययन से, एक नया संकट उत्पन्न हो जाता है। जैसा कि वर्तमान समीक्षक अनुभव कर रहा है। वह यह कि साहित्य के मामले में वर्तमान समीक्षक एक तो पहले ही अल्प-ज्ञानी है, दूसरे, इस ग्रन्थ के अध्ययन के बाद, स्वयं को पूर्ण अज्ञानी महसूस करने लगा है। अस्तु, पूर्ण ज्ञानी पाठक, सावधान!

दलित पत्रकारिता पर पुस्तक

—अजित राय

प्रसिद्ध पत्रकार सुरेन्द्र प्रताप सिंह ने अपने असामयिक निधन से कुछ ही दिन पहले श्यौराज सिंह को दिये गये अन्तिम साक्षात्कार में ज़ोर देकर कहा था, **'मीडिया में सवर्ण का जातिवादी वर्चस्व है और दलितों-पिछड़ों को सबक सिखाने का भाव आज कई महान क़िस्म के पत्रकारों की प्रेरणा बना हुआ है।' आज़ादी के पचास साल बाद भी हिन्दी पत्रकारिता में किसी दलित का निर्णय लेने की क्षमता वाले पद पर न होना, महज एक संयोग नहीं हो सकता।**

डॉ. श्यौराज सिंह बेचैन की शोध–पुस्तक 'हिन्दी की दलित पत्रकारिता पर पत्रकार अम्बेडकर का प्रभाव' मीडिया में वर्चस्व की राजनीति और राजनीति में वर्चस्व के सत्ता-संघर्ष का गम्भीरता से विश्लेषण करती है। इस विषय पर सम्भवत: यह पहली पुस्तक है–जिसमें इतने विस्तार से और तथ्यों के साथ भारतीय नवजागरण एवं स्वाधीनता आन्दोलन के साथ-साथ आज़ाद भारत में दलितों की स्थिति, उनके प्रति हिन्दी पत्रकारिता के रवैये तथा दलित पत्रकारिता की सार्थक भूमिका की गहन पड़ताल की गयी है। यह पुस्तक एक ऐसा ज़रूरी सन्दर्भ ग्रन्थ है, जिसमें आज़ादी के पहले और बाद के पचास वर्षों के भारतीय समाज में दलित विमर्श पर समग्रता से प्रकाश डाला गया है। इसमें मुख्यधारा के पत्रकारों के लिए आँखें खोल देने वाली सूचनाओं की भरमार है। इस पूरे काल खण्ड में दलितों पर हुए अत्याचार, उनके संघर्ष, दलित मुद्दों के प्रति हिन्दी पत्रकारिता का रुख, दलित पत्रकारिता के प्रति दृष्टिकोण एवं रवैये के विवरण चौकाने वाले हैं। यह पुस्तक मीडिया में एक अभूतपूर्व उत्तेजक बहस शुरू करती है।

शोधकर्ता ने इसमें बड़े विस्तार से स्थापित किया है कि भारतीय समाज में दलित-यथार्थ केवल वर्ग-चेतना के आधार पर न तो व्यक्त किया जा सकता है और न ही उसे समझा जा सकता है। दलित राजनीति में डॉ. अम्बेडकर के नाम पर केवल कीर्तन के मौजूदा दौर में डॉ. श्यौराज सिंह बेचैन हमारे आलोचनात्मक विवेक को जगाने की चेष्टा करते हैं। वे आज की शिक्षा व्यवस्था और सामाजिक शोधों के दलित सन्दर्भ में गुणात्मक बदलाव पर ज़ोर देते हैं। उनका मानना है कि भारत में दलित विमर्श उत्तेजना और आक्रोश का नहीं, बल्कि ईमानदार आलोचनात्मक पड़ताल की माँग करता है।

इस पुस्तक में पत्रकार के रूप में डॉ. अम्बेडकर का मूल्यांकन किया गया है तथा महात्मा गांधी की पत्रकारिता से उनके मतभेदों पर विस्तार से चर्चा की गयी है। एक अध्याय अम्बेडकर युग की हिन्दी पत्रकारिता और चुनौतियों पर है। 'स्त्री की दशा के सन्दर्भ में दलित हिन्दी पत्रकारिता का विश्लेषण' शीर्षक अध्याय में लेखक ने भारतीय समाज में स्त्री विमर्श के परिप्रेक्ष्य और आधुनिक सन्दर्भ पर पर्याप्त सूचनाएँ दी हैं। यह पुस्तक इन सारी परिघटनाओं पर दलित और सवर्ण पत्रकारिता के दृष्टिकोण में गहरे अन्तर को रेखांकित करती है। साथ ही, अलग-अलग अध्यायों में प्रजातन्त्र की अवधारणा, संविधान की व्याख्या और प्रमुख अन्तर्राष्ट्रीय परिघटनाओं पर दलित पत्रकारिता के दृष्टिकोण की सम्पादकीय टिप्पणियों, लेखों एवं समाचारों के ज़रिये विश्लेषित करती है।

पुस्तक के अन्त में 46 पृष्ठों का एक परिशिष्ट है जिससे शोध के दौरान हिन्दी के अनेक पत्रकारों, लेखकों और दलित लेखकों के लम्बे साक्षात्कारों का सार-संक्षेप दिया गया है। इस खण्ड में सुरेन्द्र प्रताप सिंह, राजकिशोर, मृणाल पांडे, कमलेश्वर, राजेन्द्र यादव, मंगलेश डबराल, अभय कुमार दूबे, सुभाष धूलिया, मस्तराम कपूर, महीप सिंह, मोहनदास नैमिशराय, कंवल भारती, श्रीमती कला मरमट, जयराम प्रसाद सिंह, सुन्दर लाल सागर आदि को शामिल किया गया है। तीन सौ चौरासी पृष्ठों के इस शोध प्रबन्ध में लेखक अनेक बार कई विवादास्पद मुद्दों पर डॉ. अम्बेडकर के बचाव की मुद्रा में खड़ा दिखता है, जिस पर बहस की पर्याप्त गुंजाइश है। महात्मा गांधी और डॉ. अम्बेडकर के बीच के वैचारिक मतभेदों, ब्रिटिश शासन के प्रति

अम्बेडकर के नरम रुख तथा स्वतन्त्रता-पूर्व की समूची हिन्दी पत्रकारिता को 'हिन्दू पत्रकारिता' के रूप में विश्लेषण आदि अनेक ऐसे प्रसंग हैं, जिनसे नयी बहस शुरू होनी चाहिए। आज़ादी की लड़ाई में हिन्दी पत्रकारिता के निर्विवाद योगदान को स्वीकार करते हुए डॉ. श्यौराज सिंह बेचैन ने हमारा ध्यान इस तथ्य की ओर खींचा है कि क्यों दलितों के लिए राजनीतिक आज़ादी से अधिक ज़रूरी थी उनकी सामाजिक आज़ादी।

(रविवारीय दैनिक हिन्दुस्तान)

•

एक शुभचिन्तक मित्र ने उक्त समीक्षा के साथ प्रस्तुत पत्र भी प्रेषित किया।

प्रिय मित्र, बेचैन जी,

हार्दिक नमन!

मैं ग्रीष्मावकाश का आनन्द समस्त परिवार जनों के साथ ले रहा हूँ। आशा है आप भी अपने परिवार जनों के साथ आनन्द से होंगे। मेरी ओर से 'मीनू' जी को हार्दिक नमन, प्रिय अज्जू एवं छोटू को ढेर सारा प्यार। बिहार से निकलने वाला दैनिक पत्र हिन्दुस्तान में आपकी प्रसिद्ध पुस्तक "हिन्दी की दलित पत्रकारिता पर पत्रकार अम्बेडकर का प्रभाव" की समीक्षा पढ़ कर हृदय गदगद हो उठा। इस समीक्षा में जिस तरह पुस्तक में संकलित वास्तविक रंग आने लगा है। विशेष कर बिहार जैसे पिछड़े राज्य में जहाँ दलितों की शिक्षा भी पिछड़ी हुई है, आपके सुलझे हुए विचारों से प्रभावित होकर नयी चेतना का संचार होने लगा है। यह समीक्षा पढ़ कर कई प्रबुद्ध मित्रों ने जो मेरे विषय में जानते हैं, कि बेचैन जी पासवान जी के मित्र हैं, मिलने आये और उनसे बहुत सारी बातें हुईं, ध्रुव देव जी का तो कहना ही क्या, वह तो समीक्षा पढ़कर अख़बार लिए दौड़े-दौड़े मेरे पास आये और कहने लगे, बेचैन जी की पुस्तक की समीक्षा निकली है और फिर काफ़ी देर तक उसे पढ़ते रहे और डॉ. अम्बेडकर छात्र संघ जो कि 30 वर्षों से हम सभी युवक चला रहे हैं, ने

एक बैठक कर पुस्तक की प्रतियाँ मंगाने का निर्णय लिया। साथ ही साथ यह भी निर्णय लिया गया कि निकट भविष्य में अम्बेडकर जयन्ती के अवसर पर आपको भी बुलाया जाये। इस काम की ज़िम्मेदारी भी मुझे सौंपी गयी है।

एक विशेष बात यह है कि ध्रुवजी ने जे.एन.यू. में एम फ़िल करने के लिए प्रवेश परीक्षा दे दी है। उसका परिणाम कब तक निकलेगा? यदि परिणाम निकल गया हो तो आप दिखवा लें। उसका क्रमांक (070632), विषय राजनीति विज्ञान है देख लें।

इस महान शोध-सफलता के लिए बधाई। पत्र मिलने के बाद अविलम्ब पत्र लिखेंगे। गर्मी की छुट्टियाँ समाप्त होते ही, दिल्ली पहुँचने के साथ ही मैं और ध्रुव आपसे मिलने आयेंगे। इस बीच सकल देव कुमार का एडमिड कार्ड आ गया तो आपको पत्र लिखेंगे। मेरी पत्नी रेणु जी की ओर से हार्दिक नमन!

विशेष बातें मिलने पर,

आपका प्रिय मित्र
विशेस्वर पासवान, (बिहार)

दलित पत्रकारिता और अम्बेडकर का प्रभाव

—जवरीमल्ल पारख

दलित आन्दोलन और साहित्य के बारे में आजकल जो चर्चा हिन्दी साहित्य जगत में चल रही है, उसकी एक बड़ी वजह यह है कि हिन्दी में लिखने वाले दलित लेखकों ने पहली बार अपनी उपस्थिति का न सिर्फ़ एहसास कराया है, बल्कि उन्होंने साहित्य और संस्कृति के क्षेत्र में चलने वाली बहसों को दिशा देने और उसमें कारगर हस्तक्षेप करने का भी सफल प्रयत्न किया है। दलित लेखकों ने प्राय: अम्बेडकर के विचारों से प्रेरणा लेते हुए और उनको वर्तमान स्थितियों में प्रासंगिक मानते हुए यह कार्य किया है। बाबासाहब डॉ. अम्बेडकर बहुआयामी व्यक्तित्व के धनी थे। वे समाज सुधारक ही नहीं वरन् कुशल राजनीतिज्ञ, विधिवेता, प्रशासक, विचारक और पत्रकार भी थे। अपने विचारों को जन-जन तक पहुँचाने के लिए उन्होंने पत्रकारिता को भी माध्यम बनाया था। आमतौर पर हिन्दी जगत में अम्बेडकर के जीवन के इस पहलू के बारे में बहुत कम लिखा गया है। अम्बेडकर ने अपने जीवन काल में कई पत्रिकाओं का प्रकाशन और सम्पादन किया तो कई के साथ वे जुड़े रहे। मूकनायक, बहिष्कृत भारत, समता, जनता आदि इस दृष्टि से उल्लेखनीय हैं। अम्बेडकर, मराठी और अंग्रेज़ी पत्रकारिता से जुड़े रहे। लेकिन उनके विचारों का प्रभाव दूसरी भाषाओं पर भी पड़ा। हिन्दी में यह प्रभाव आज स्पष्ट रूप से देखा जा सकता है। लेकिन प्रभाव की यह प्रक्रिया आज अचानक आरम्भ नहीं हुई है। इसका मूल स्रोत कहाँ से है और यह प्रभाव किन-किन रूपों में सामने आया है, इसका विवेचन करने का सार्थक प्रयास डॉ. श्यौराज सिंह बेचैन ने

अपने शोध प्रबन्ध '**हिन्दी की दलित पत्रकारिता पर पत्रकार अम्बेडकर का प्रभाव**' में बखूबी किया है।

डॉ. श्यौराज सिंह बेचैन हिन्दी लेखकों में एक महत्त्वपूर्ण नाम है। वे लम्बे अर्से से दलित विषयों पर लिखते रहे हैं और उनके लेखन को अत्यन्त गम्भीरता से लिया जाता है। यह पुस्तक गम्भीर अध्येता के रूप में उनकी पहचान को ठोस आधार देती है। हिन्दी में जब स्वयं अम्बेडकर की पत्रकारिता के बारे में बहुत कम जानकारी है, तो दलित पत्रकारिता के बारे में जानकारी की स्थिति क्या होगी, इसका अनुमान सहज ही लगाया जा सकता है। इस दृष्टि से भी यह पुस्तक अत्यन्त उपयोगी है। लेखक ने अम्बेडकर के लेखन पर विस्तार से विचार किया है। पुस्तक कुल आठ अध्यायों में विभाजित हैं। पहला अध्याय 'भारतीय समाज व्यवस्था में दलित वर्ग' शीर्षक से है। इस अध्याय में डॉ. बेचैन ने स्वतन्त्रता के दौरान दलित पत्रकारिता के उदय, अम्बेडकर की पत्रकारिता का परिचय, गांधी और अम्बेडकर की पत्रकारिता का तुलनात्मक अध्ययन और वर्तमान सामाजिक स्थितियों में हिन्दी पत्रकारिता में दलित सम्बन्धी सोच का जायज़ा लिया है। यह अध्याय शोध प्रबन्ध को वैचारिक आधार प्रदान करता है। लेखक ने भारतेन्दु काल की पत्रकारिता से लेकर वर्तमान दौर की हिन्दी पत्रकारिता को दलित सोच के नज़रिये से देखने की कोशिश की है। मसलन, उन्होंने यदि उस दौर की पत्रकारिता की वैचारिक सीमाओं को उजागर किया है, तो गणेश शंकर विद्यार्थी जैसे प्रगतिशील पत्रकार की वैचारिक शक्ति को रेखांकित भी किया है। श्री विद्यार्थी के योगदान पर टिप्पणी करते हुए वह लिखते हैं, 'गणेश शंकर विद्यार्थी का पत्रकार जब यह कहता है कि 'मैं लड़ाई का पक्षपाती हूँ, मैं समस्त सत्ताओं का विरोधी हूँ। फिर वह सत्ता चाहे मौजूदा नौकरशाही की हो या ज़मींदारों की, धनवानों की हो या ऊँची जातियों की।' तो उनका सरोकार महज पत्रकारिता को उत्कृष्ट बना देने से नहीं, अपितु देश के स्वातन्त्र्य-मूल्यानुकूल एक वातावरण पैदा करने से है। (पृ. 16) लेकिन वे स्वातन्त्र्योत्तर काल की पत्रकारिता की सीमा को भी उजागर करते हैं। वे कांग्रेस कालीन पत्रकारिता पर टिप्पणी करते हुए कहते हैं, 'कांग्रेस की स्वातन्त्र्योत्तरकालीन बार-बार की विजय और उसके प्रति हरिजनों की व्यावहारिक निष्ठा, थोक में मतदान प्राप्त जैसे तमाम पत्रों

की अपील के अनुकूल है, लेकिन कांग्रेस ने सामाजिक गुलामी की कितनी और किसकी ज़ंजीरें तोड़ीं यह विवाद का विषय होगा। इन पत्रों की विषयवस्तु से लगता है कि ये गांधी-प्रेरित पत्रकार दलितों को मतदाता के रूप में इस्तेमाल की वस्तु भर समझते रहे हैं, ये जाति भेद जन्य दलित दलन पर मौन हैं।' (पृ. 17)

इस अध्याय में लेखक ने गांधी और अम्बेडकर की पत्रकारिता की तुलना द्वारा यह दिखाने का प्रयास किया है कि किस तरह गांधी और अम्बेडकर के विचारों में फ़र्क़ था। लेकिन इस ग्रन्थ की विशेषता यह है कि यह गांधी के प्रति उस तरह के नकारात्मक सोच से ग्रस्त नहीं है, जैसा कि आजकल कई दलित लेखकों में आत्मगत वजहों से दिखाई देता है। इस मायने में यह पुस्तक गांधी और अम्बेडकर के सोच के उन समान बिन्दुओं को भी रेखांकित करती है जो उनको वैचारिक धरातल पर नज़दीक लाती है। इस दृष्टि से बेचैन जी का यह कथन अत्यन्त महत्त्वपूर्ण है। वे कहते हैं, **'गांधी-अम्बेडकर दोनों अहिंसा का समर्थन और रक्त क्रान्ति के रास्ते को अस्वीकार करते थे। दोनों धार्मिक वृत्ति के थे, गौतम बुद्ध का दोनों पर गहरा प्रभाव था।' लेकिन गांधी और अम्बेडकर में कुछ ऐसे मतभेद भी थे जिनका गहरा सम्बन्ध सिर्फ़ दलितों से ही नहीं वरन् देश के सभी शोषितों और पीड़ितों से भी था।** स्वयं लेखक के शब्दों में, 'गांधी जी के साथ देश का पूँजीपति वर्ग और आम भारतीय भी था। ट्रस्टीशिप के सिद्धान्त के द्वारा उन्होंने सम्पति के निजी स्वामित्व को सार्वजनिक होने के अधिकार के प्रभाव से बचा लिया था। हरिजनों को राहतों की वकालत करके उनके आक्रोश को ठण्डा कर दिया था। अम्बेडकर दलितों के पक्षधर बने रहे और वे धन, सत्ता और जातीय प्रभुत्व की स्थापित शक्तियों से जूझते रहे।' (पृ. 32) लेकिन गांधी और अम्बेडकर के बीच एकता के और भी कई स्तर थे। अगर हम दलितों के प्रति सवर्णों के रवैये के बारे में विचार करें तो कई बार अम्बेडकर लगभग उसी क़िस्म की बात करते हैं, जिस क़िस्म की बात करने के लिए गांधी पहचाने जाते रहे हैं। मूकनायक के सम्पादकीय में वे लिखते हैं, 'आज तक हमारे ऊपर किये गये अन्याय, अत्याचार के लिए उन्हें स्वयं पश्चाताप हो हमें ऐसा कार्य करना चाहिए। सपृश्यों ने अपनी ही मातृभूमि के लोगों की अवहेलना और अपमान किया है। इसके लिए उन्हें बुरा महसूस हो। अपनी मातृभूमि के लिए उदात्त

जीवन लगाने को उन्हें विवश करना है। यह प्रत्येक बहिष्कृत बन्धु-भगिनी को ध्यान में रख कर ऐसी भाषा इस्तेमाल कर रहे हैं, जो खुद गांधी सवर्णों को रखकर चलना है।' (पृ. 171) यहाँ अम्बेडकर लगभग वही सम्बोधित करते हुए उनसे अपेक्षा कर रहे थे। इस बात पर गहराई से विचार करने की ज़रूरत है कि गांधी और अम्बेडकर में जिस तरह की अनेकता और विरोध को बताया जाता है, क्या वस्तुतः वैसी अनेकता और विरोध उनके सोच में था?

अम्बेडकर का राजनीतिक सोच उन्हें मार्क्सवाद के नज़दीक ले आता है। लेकिन तत्कालीन समाजवादी सत्ताओं के बारे में वे इस प्रचार के शिकार थे कि समाजवादी सत्ताएँ लोकतान्त्रिक नहीं होतीं। यही वजह है कि वे लोकतन्त्र के पूँजीवादी सोच से आगे नहीं बढ़ पाये और शायद यही वजह है कि वे दलितों के हितों के सारे उपाय इसी वैचारिक सीमाओं के अन्दर ही सुझाते रहे। अम्बेडकर की सोच के इस पहलू की ओर लेखक ने सीधे तौर पर तो नहीं, लेकिन दूसरे सन्दर्भों में संकेत किया है। आज़ादी के बाद के दलित नेतृत्व पर टिप्पणी करते हुए डॉ. बेचैन लिखते हैं, 'देश के अधिसंख्य दलित नेतृत्व ने भूमि आन्दोलन को राष्ट्रीय प्रश्न के रूप में नहीं देखा। देश के अधिसंख्य दलित ग्रामीण भारत में भूमिहीन खेत मज़दूर, बेगारी-मज़दूर के रूप में आज भी शोषण का शिकार हो रहे हैं।' (पृ. 60) दलित नेतृत्व के सोच की इस सीमा को लेखक ने वर्तमान राजनीति की पतनशीलता में ढूँढ़ा है। जबकि इसकी वजह सिर्फ़ यह नहीं है। राजसत्ता के वर्गीय चरित्र को समझे बिना सिर्फ़ नेताओं की पतनशीलता में इस सवाल का जवाब ढूँढ़ना हमें समस्याओं के वास्तविक हल से दूर ही ले जायेगा। बहरहाल, लेखक की इस आलोचना का महत्त्व यह है कि यह दलित विमर्श के प्रति वस्तुपरक दृष्टि अपनाने की ज़रूरत को रेखांकित करता है।

डॉ. बेचैन ने अपने इस शोध प्रबन्ध में लगातार दलित मुक्ति के उन प्रयासों की समीक्षा की है, जिन्हें स्वयं दलित समाज ने अपनी मुक्ति के लिए अपनाया है। इनमें दलितों द्वारा धर्मान्तरण भी शामिल है। स्वयं डॉ. अम्बेडकर ने हिन्दू धर्म का परित्याग कर बौद्ध धर्म अंगीकार कर लिया था। अम्बेडकर के इस क़दम का दलित समाज पर दूरगामी असर पड़ा। ज़ाहिर है, यह हिन्दू धर्म में व्याप्त वर्ण व्यवस्था को अस्वीकार करने की दिशा में ठोस क़दम

था। आज दलित समाज का एक हिस्सा इसे कारगर हथियार की तरह भी इस्तेमाल कर रहा है। लेकिन क्या धर्म के भाववादी रास्ते से ठोस सामाजिक-राजनीतिक सवालों को हल किया जा सकता है? यह प्रश्न भी बारबार उठता रहा है। लेखक ने इस सवाल पर अपने विचार पेश करते हुए लिखा है कि 'स्वयं दलितों ने इसके लिए क्या प्रयास किया है?–एक है धर्म परिवर्तन-जिसे पलायनवाद भी कहा जाता है। इसमें भी दलित संगठित नहीं। बल्कि बुद्धिष्ट (बौद्ध) और गैरबुद्धिष्ट (अबौद्ध) में विभाजन उनकी शक्ति को कम कर रहा है। स्वयं को श्रेष्ठ कहने की (बौद्ध) आत्मश्लाघा भी बढ़ रही है, जबकि जीवनशैली में सनातन देवी-देवताओं की मूर्ति की जगह बुद्ध या अम्बेडकर की मूर्ति स्थान पा गयी है। संस्कार प्रवृत्ति वही, अन्धविश्वास, बुतपरस्ती दूसरे रूप में तेज़ी से बढ़ रही है।' (पृ. 79)

उक्त शोध ग्रन्थ का दूसरा अध्याय 'पत्रकार के रूप में डॉ. बी. आर. अम्बेडकर का मूल्यांकन' शीर्षक से है। इस अध्याय में अम्बेडकर की पत्रकारिता और उनके लेखन की विस्तार से चर्चा की गयी है। अध्याय के आरम्भ में अम्बेडकर से पूर्व की दलित पत्रकारिता का संक्षिप्त लेखाजोखा लेने और अम्बेडकर के जीवन का परिचय देने के बाद लेखक ने उनकी लेखनी की चर्चा की है। इस क्रम में लेखक ने अम्बेडकर के व्यक्तित्व का अत्यन्त सन्तुलित और वस्तुपरक अंकन किया है। कोशिश की है कि उनके व्यक्तित्व के चारों ओर बन गये प्रभामण्डल को चीर कर उस वास्तविक व्यक्तित्व से पाठकों को परिचय कराये जिनका प्रभाव ज़्यादा ठोस और ज़्यादा स्थाई हो सकता है। अम्बेडकर के व्यक्तित्व के विभिन्न पहलुओं का यह मूल्यांकन अत्यन्त प्रभावशाली है। ख़ासतौर पर एक अर्थशास्त्री के रूप में अम्बेडकर के सोच को जाँचने की कोशिश का महत्त्व यह है कि आजकल आमतौर पर उनके विचारों के इन पहलुओं को नज़रअन्दाज़ किया जा रहा है। अम्बेडकर समाजवादी नहीं थे, लेकिन वे समाजवाद के विरोधी भी नहीं थे। अगर सही रूप में कहा जाये तो वे लोकतान्त्रिक समाजवाद के समर्थक थे। और जैसा कि कहा जा चुका है लोकतन्त्र की उनकी परिकल्पना पूँजीवादी थी। इस तरह उनके आर्थिक विचार दो विरोधी विचारधाराओं को एक साथ ले जाने के प्रयत्न से प्रेरित थे। जहाँ तक ज़मींदारी प्रथा के ख़ात्मे का सवाल

है, वे समाजवाद के समर्थक नज़र आते हैं। लेकिन यहाँ यह याद दिलाने की ज़रूरत है कि जमींदारी प्रथा का खात्मा खुद अपने में समाजवाद नहीं है। भूमि सुधार की दिशा में कदम विकसित पूँजीवादी देशों में भी उठाए गये हैं। सवाल यह है कि पूँजीवादी व्यवस्था की समाप्ति के बारे में वे क्या सोच रहे थे। इस दिशा में उन्होंने '**राजकीय समाजवाद**' की बात कही है। लेकिन नेहरू युग में विकास का जो रास्ता अपनाया गया था, वह अम्बेडकर के सुझाये रास्ते से किस रूप में भिन्न था? यह और ऐसे कई प्रश्नों पर ज़्यादा गम्भीरता से विचार की ज़रूरत को रेखांकित करते हैं। इस पुस्तक में इसकी गुंजाइश नहीं थी, फिर भी लेखक ने इस पर विचार कर अम्बेडकर के विचारों के एक महत्त्वपूर्ण पहलू की ओर हिन्दी पाठकों का ध्यान खींचा है। इस लिहाज से उनकी यह टिप्पणी विचार योग्य है, 'निस्सन्देह वे एक योग्य अर्थशास्त्री भी थे, लेकिन जहाँ तक उनके आर्थिक विचारों का सवाल है, वे पूँजीवाद के दबाव को धीरे-धीरे कम करती लोकतान्त्रिक शासन प्रणाली और राजकीय समाजवाद में समन्वय का एक दिव्य स्वप्न देख रहे थे। लेकिन यथार्थ में इस तरह विचार के चरितार्थ होने की सम्भावनाएँ नगण्य थीं। क्योंकि समाजवाद और पूँजीवाद दो भिन्न व्यवस्थाएँ होती हैं जिनका संगम उन्हें मान्य नहीं था।' (पृ. 110) राजकीय समाजवाद की जो बात अम्बेडकर ने कही है वह भले ही समाजवाद के वास्तविक रूप से मेल न खाता हो, लेकिन उन्होंने जो रास्ते सुझाए थे, वे आज भी अत्यन्त प्रासंगिक हैं। **उन्होंने सम्पत्ति, कृषि और उद्योगों के राष्ट्रीयकरण का समर्थन किया, लेकिन समाजवाद सिर्फ़ इतना ही नहीं होता। लेकिन अगर भारत की अर्थव्यवस्था अम्बेडकर के सुझाए इस रास्ते की तरफ़ बढ़ती तो आज देश की आर्थिक दशा इतनी जर्ज़र हालत में नहीं होती** और न ही दलितों का शोषण और उत्पीड़न कायम रहता। आख़िर अम्बेडकर जिन्होंने भारतीय संविधान बनाने में केन्द्रीय भूमिका निभाई थी, को आज भी जिन्हें हम **संविधान निर्माता के तौर पर याद करते हैं, जिन्होंने नेहरू सरकार में मन्त्री पद स्वीकार कर विधि मन्त्री के तौर पर देश की शासन व्यवस्था को चलाने में महत्त्वपूर्ण हिस्सेदारी की थी, आख़िर क्यों कोई बुनियादी बदलाव लाने में असफल रहे, जिनसे कि दलितों की स्थिति में क्रान्तिकारी परिवर्तन होता?** क्यों कांग्रेस का

जीवन भर विरोध करते हुए वे स्वयं उनकी सत्ता के हिस्सेदार बन गये। डॉ. बेचैन ने इन सवालों पर टिप्पणी करते हुए यह प्रश्न पाठकों के सामने रखा है, 'सुविधाजनक समझौते और जोखिमों से बचाव ये उनकी किसी दूरदृष्टि सोच के नतीजे थे या जुझारूपन में आयी कमी के?' (पृ. 118)

अम्बेडकर के प्रति उठाये गये इस सवाल की सीमा यह है कि इससे हम आत्मगत पहलुओं को ज़्यादा महत्त्व देने लगते हैं, जबकि ज़रूरत अम्बेडकर के विचारों और कार्यों को ज़्यादा व्यापक और वस्तुपरक नज़रिये से देखने की है। लेकिन उनकी इस टिप्पणी का यह महत्त्व ज़रूर है कि यह अम्बेडकर के प्रति उसी तरह की भक्ति के प्रति सावधान भी करती है जो एक दौर में गांधी के प्रति दिखाई देती रही है। इस लिहाज से लेखक ने अम्बेडकरवादियों के उस नज़रिये की भी आलोचना की है जो उन्मुक्त विचार विमर्श के रास्ते में बाधक बन जाता है। (द्रष्टव्य पृ. 131)

शोध ग्रन्थ का तीसरा अध्याय 'अम्बेडकर युग की हिन्दी पत्रकारिता का स्वरूप और उनकी चुनौतियाँ' में हिन्दी की तत्कालीन पत्रकारिता तथा अम्बेडकर की पत्रकारिता का हिन्दी पर पड़ा प्रभाव आदि को लिया गया है। यह एक तथ्य है कि स्वतन्त्रता से पूर्व की हिन्दी पत्रकारिता में दलितों का योगदान लगभग नहीं रहा है। तीन-चार पत्र जो इस अवधि में निकाले गये हिन्दी पत्रकारिता और साहित्य दोनों में उनकी कोई चर्चा नहीं होती। **हिन्दी पत्रकारिता का स्वतन्त्रता पूर्व का इतिहास बताता है कि दलित प्रश्न पत्रकारिता के हाशिए पर मौजूद नहीं था। इस स्थिति की व्याख्या करते हुए डॉ. बेचैन ने लिखा है, 'इन पत्रकारों में से एक भी दलित वर्ग से नहीं था। शायद इसी कारण इन पत्रों में दलितों के समान अधिकारों की बात नहीं की गयी। जन्म से प्राप्त उच्च सामाजिक संस्तरण ने इन्हें जातिभेद की उस कठोरता से परिचित नहीं होने दिया जिससे कि दलित होते हैं।'** (पृष्ठ 143) लेकिन इस दौर के सकारात्मक योगदान को स्वीकार करते हुए भी लेखक का यह स्पष्ट मत है कि 'वह दलित प्रश्नों को अनदेखा करती गयी।'

ज़ाहिर है कि किसी भी लेखक या पत्रकार के लिए यह आसान नहीं होता कि वह अपनी सामाजिक, सांस्कृतिक और आर्थिक स्थिति से जुड़े

संस्कारों से पूरी तरह मुक्त हो जाये। इसके लिए उसे सचेत होकर प्रयत्न करना पड़ता है। यह प्रयत्न पूरी तरह कामयाब हो पाता है, यह ज़रूरी नहीं है। यह बात जितनी सवर्ण लेखकों के बारे में सच है, उतनी ही अवर्ण लेखकों के बारे में भी सच है। अन्ततः वे ऐतिहासिक स्थितियाँ होती हैं, जो सजग बुद्धिजीवियों को संस्कारों से मुक्त होने के लिए विवश करती है। इसके लिए एक तरह के आत्मसंघर्ष से गुज़रना पड़ता है। अगर आज़ादी के दौर के लेखक, ख़ासतौर पर वे लेखक जिन्होंने कि प्रगतिशील और आधुनिक दृष्टिकोण विकसित कर लिया था, अगर दलितों के प्रति सम्यक् सोच और कार्यपद्धति विकसित नहीं कर पाये थे तो आत्मगत कारणों के साथ तत्कालीन परिस्थितियों को भी नज़र में रखा जाना चाहिए। अन्तर्विरोध के बिन्दु तो स्वयं अम्बेडकर में नज़र आ जाते हैं। स्वयं डॉ. बेचैन ने तिलक और अम्बेडकर की तुलना करते हुए इस तरह के अन्तर्विरोधों का उल्लेख किया है। जिसे उन्होंने 'दोनों की मूल सांस्कृतिक आस्था की जड़ें एक ही ज़मीन में हैं।' यह कहकर समझने का प्रयास किया है। (पृ. 177) धर्म के प्रति आस्था और हिन्दुओं के साथ सांस्कृतिक एकता महसूस करना अम्बेडकर के विचारों का दूसरा महत्त्वपूर्ण अन्तर्विरोध है, जिसका वे अपने जीवन में कोई जवाब नहीं ढूँढ़ पाये। धर्मनिरपेक्षता के प्रति अपनी आस्था के बावजूद वे ईसाई और इस्लाम धर्म को कहीं-न-कहीं अभारतीय और अस्वीकार्य मानते रहे। लेखक ने अम्बेडकर के सोच में निहित इस पहलू को रेखांकित करते हुए लिखा है, 'अम्बेडकर ने हिन्दू धर्म में सुधार के प्रयास क्यों किये? उसे शुरू में ही क्यों नहीं त्याग दिया? यह प्रश्न उठना यहाँ प्रासंगिक है। उसके जवाब की तलाश करने पर हमें कुछ कारण मिलते हैं। पहला यह कि अम्बेडकर भारतीय संस्कृति में अछूत वर्ग के योगदान का महत्त्व रेखांकित करते हुए उसे भारतीय संस्कृति का ध्वजवाहक मानते हैं। अन्त में, सुधार में असफल होकर वे धर्म परिवर्तन, सिक्ख व बौद्ध धर्म के बीच ही नया धर्म अपनाने का विचार करते हैं। ईसाई व मुस्लिम धर्म को नकारने के उनके कारणों में से एक संस्कृति का प्रश्न मुख्य है।' (पृ. 203) विडम्बना यह भी है कि इसी अन्तर्द्वन्द्व का लाभ भाजपा जैसे संगठन तब उठाते हैं, जब वे धर्म परिवर्तन के सवाल पर यह रुख लेते हैं कि **बौद्ध धर्म तो हिन्दू धर्म का ही एक रूप है,** जबकि ईसाई

और इस्लाम विजातीय और विदेशी धर्म हैं और जिनका भारतीय संस्कृति से आत्यंतिक विरोध है। यह अम्बेडकर की वर्ण व्यवस्था के ख़िलाफ़ लड़ाई को कमज़ोर करने की वही ब्राह्मणवादी कोशिश है, जो अतीत में बुद्ध और महावीर को हिन्दुओं के अवतारों में परिगणित करके की गयी थी। यह पहलू एक बार फिर इस सत्य को उजागर करता है कि ब्राह्मणवाद के ख़िलाफ़ कोई भी लड़ाई भाववादी सोच के दायरे में नहीं लड़ी जा सकती।

पुस्तक का चौथा अध्याय 'हिन्दी की स्वातन्त्रयोत्तर दलित पत्रकारिता और अम्बेडकर' में विद्वान लेखक ने स्वतन्त्रता प्राप्ति के बाद के दौर में उपजी दलित पत्रकारिता का लेखाजोखा लिया है। इस शोध प्रबन्ध से यह भी साफ़ हुआ है कि दलित पत्रकारिता का वास्तविक आन्दोलनात्मक उत्थान सत्तर के बाद की परिघटना है। हाँ, समता, परिवर्तन, सिंहनाद, जमीं के तार, शोषित पुकार जैसे कुछ पत्रों के अलावा सभी विवेच्य पत्र सत्तर के बाद ही प्रकाशित होने लगे थे। इसका सम्बन्ध हिन्दी क्षेत्र में होने वाले राजनीतिक और आर्थिक परिवर्तनों से है। लेखक का यह कहना भी सही है कि 'हिन्दी की दलित पत्रकारिता पर विशेषकर अम्बेडकर की विचारधारा का प्रभाव पड़ा है। डॉ. बेचैन ने हिन्दी और ग़ैर हिन्दी राज्यों से निकलने वाले विभिन्न पत्रों के बारे में आवश्यक विवरण दिया है। यानी पत्र का प्रकाशन कब हुआ, कहाँ से हुआ और पत्र के सम्पादक कौन थे। साथ ही उन्होंने इनके दृष्टिकोण का संक्षेप में विवरण भी प्रस्तुत किया है। पत्रों का परिचय देने के बाद लेखक ने उनकी सामग्री पर भी विचार किया है। इनमें आरक्षण, दलित उत्पीड़न, सांप्रदायिकता, जातिभेद आदि विभिन्न विषयों पर प्रस्तुत विचारों का विवेचन किया गया है। इस विवेचन की विशेषता यह है कि इनमें जातिवाद और सांप्रदायिकता के सवालों के पारस्परिक सम्बन्धों की और इन्हीं से जुड़े अन्य राजनीतिक और सामाजिक सवालों की पड़ताल की गयी है।

लेखक ने शोध प्रबन्ध के पाँचवे अध्याय 'प्रजातन्त्र की अवधारणा और संविधान की व्याख्या के सन्दर्भ में दलित पत्रकारिता का विश्लेषण' में प्रजातन्त्र और संविधान पर विचार किया है। लेकिन यह विचार बहुत संक्षिप्त है और कुछ दलित पत्रों के सन्दर्भ में ही है। छठे अध्याय में दलित पत्रकारिता में प्रमुख अन्तर्राष्ट्रीय परिघटनाओं पर की गयी टिप्पणियों का विवेचन प्रस्तुत

किया गया है। यह विवेचन भी अत्यन्त सीमित है। लेकिन इस सन्दर्भ में लेखक की यह टिप्पणी अत्यन्त सारगर्भित है : 'इस प्रकार दलित पत्र-पत्रिकाओं में 'रूस', 'चीन' और 'अमेरीका' के प्रति कोई सकारात्मक चिन्ता प्रदर्शित नहीं हुई। उसे 'पाक' से युद्ध चुभा, खाड़ी युद्ध में युद्धकर्ताओं की सहायता अखरी और रूस के पतन पर उसे कोई अफ़सोस नहीं हुआ। कारण ये बाहरी व्यवस्थाएँ उसके जीवन को उतनी प्रभावित नहीं कर रहीं जितनी कि देश के भीतर की व्यवस्था कर रही है।' (पृ. 319)

सातवाँ अध्याय 'स्त्री दशा के सन्दर्भ में दलित पत्रकारिता का विश्लेषण' में दलित पत्रकारिता में स्त्री सम्बन्धी सवालों के वैचारिक पहलुओं का विवेचन किया गया है। हालाँकि यह अध्याय भी छोटा है, लेकिन इतना छोटा भी नहीं है कि स्त्रियों के सवालों की उपेक्षा हो। लेखक ने दलित पत्र-पत्रिकाओं के हवाले से दलित स्त्रियों की वास्तविक दशा का संक्षिप्त लेकिन ज़रूरी विवरण प्रस्तुत किया है। यह विवरण काफ़ी हद तक देश में दलित स्त्रियों की दशा की सही तस्वीर पेश कर देता है। लेकिन जहाँ तक दलित लेखकों के स्त्री सम्बन्धी विचारों का सवाल है, लेखक बहुत आश्वस्त नहीं है। यही वजह है कि वह अपना मत प्रकट करते हुए लिखता है : 'दलित पत्रकारिता की स्त्री विषयक वैचारिकता व व्यावहारिकता में गहरा विरोधाभास मिलता है। वह स्त्री की तमाम दुर्दशा का कारण 'मनु' को बताते हैं और इस बहाने स्वयं को ब्राह्मणों से उन्नत विचारों का मान लेते हैं जो अज्ञानतापूर्ण आत्मश्लाघा है। लेकिन **यथार्थ में 'मनु' की बन्दिशें ब्राह्मण स्त्रियों पर कम, दलित स्त्रियों पर अधिक लदी हैं और दलितों द्वारा भी लदी हैं। शिक्षा, नौकरी, कला-साहित्य, राजनीति और पत्रकारिता में उन वर्गों की महिलाएँ ही दिखती हैं जिन्हें वे मनुवादी कहते हैं और दलित स्त्रियों की जीवन के कर्म क्षेत्र में इतनी भागीदारी कम क्यों है? इस तथ्य की तटस्थता से जाँच नहीं करते और इस तरह जातिवाद के रूप में आया ब्राह्मणवाद हो या मनुवाद स्त्रियों के लिए तो इसे दलितों ने भी इतना गहरे में आत्मसात किया है कि इन्हें कुछ भी ग़लत नहीं लगता। यहाँ तक वह अपनी बहन, बेटी, पत्नी या माँ की शिक्षा, नौकरी, अभिव्यक्ति या शादी-ब्याह के निर्णयों की आज़ादी छीनते रहने का कारण भी स्वयं को न मानकर**

'मनु' को मानते हैं।' (पृ. 329) लेखक का यह कथन इस सच्चाई को ही व्यक्त करता है कि दलित समाज के उत्थान का सवाल और जातीय उत्पीड़न का सवाल स्त्रियों की आज़ादी के सवाल से अलग करके नहीं देखा जा सकता। ज़ाहिर है कि ब्राह्मणवाद सिर्फ़ जातीय उत्पीड़न के रूप में ही सामने नहीं आता, स्त्री के उत्पीड़न के रूप में भी सामने आता है। स्त्रियों में भी दलित स्त्रियों को उत्पीड़न की सबसे भयानक यातना भुगतनी पड़ती है। उच्च वर्णों के साथ-साथ अपने ही समाज के पुरुष वर्ग द्वारा भी।

आठवें अध्याय में लेखक ने हिन्दी के कई महत्त्वपूर्ण लेखकों-पत्रकारों के साक्षात्कार दिये हैं। इनमें दलित और ग़ैरदलित दोनों शामिल हैं। यहाँ उनमें व्यक्त विचारों की विवेचना करना आवश्यक नहीं है क्योंकि यह अध्याय परिशिष्ट के रूप में है और इन पर लेखक ने अपनी तरफ़ से कोई टिप्पणी नहीं की है। लेकिन इनका महत्त्व यह है कि इससे हिन्दी की वर्तमान पत्रकारिता दलित सवालों पर किस तरह सोचती है, इसका काफ़ी हद तक खाका साफ़ हो जाता है। अन्त में, उपसंहार में लेखक ने अपने शोध का सार प्रस्तुत किया है।

डॉ. श्यौराज सिंह बेचैन की इस पुस्तक से यह स्पष्ट है कि उन्होंने दलित पत्रकारिता और अम्बेडकर से जुड़े सवालों का गहरी अन्तर्दृष्टि से विवेचन किया है। पुस्तक पढ़ते हुए लेखक की वस्तुगत, सन्तुलित और प्रगतिशील दृष्टि का बारबार परिचय मिलता है।

–जवरीमल्ल पारख बी-10/7, सेक्टर-3 रोहिणी दिल्ली-110085

दलित पत्रकारिता में लोकतान्त्रिक दख़ल

-ज्ञानेन्द्र 'ज्ञान'

लीक से हटकर चला हूँ, लीक से हटकर चलूँगा
मौत-सी ख़ामोशियों में, मैं तुम्हें ज़िन्दा मिलूँगा।

क्रौंच हूँ मैं (काव्य संग्रह)-डॉ. श्यौराज सिंह 'बेचैन'

लीक से हट कर हर बार कुछ नया कर गुज़रने की चाहत से प्रेरित डॉ. श्यौराज सिंह 'बेचैन' ने अपने शोधग्रन्थ 'हिन्दी की दलित पत्रकारिता पर पत्रकार अम्बेडकर का प्रभाव' में समाज के हाशिए पर ढकेल दिये गये दलित समाज की छानबीन करने की नयी कोशिश की गयी है। स्वयं दलित समाज से सम्बद्ध होने और दलित समाज पर पैनी दृष्टि रखने के कारण लेखक दलित समाज की संवेदनाओं को गहराई से समझ सके है और इस प्रकार से शोधकार्य को सफल बना सके हैं, पर स्वयं लेखक के दलित समाज से जुड़े रहने के ख़तरे भी हैं क्योंकि ऐसी परिस्थिति में शोधकर्ता के पूर्वाग्रह चाहे-अनचाहे रूप में शोध-निष्कर्ष में समाविष्ट हो सकता है। वस्तुत: उन्होंने इस ग्रन्थ में ऐसे तथ्यपूर्ण विश्लेषणात्मक निष्कर्ष प्रस्तुत किये हैं जो हिन्दी दलित पत्रकारिता की विशिष्टताओं, संघर्षों और वैचारिक प्रतिबद्धताओं को उद्घाटित करते हैं, साथ ही ग्रन्थ हिन्दी पत्रकारिता के एकपक्षीय दृष्टिकोण व सामन्तीय सोच के प्रति झुकाव को भी रेखांकित करता है। **दलित पत्रकारिता पर पहला ग्रन्थ होने के नाते लेखक का यह कार्य महत्त्वपूर्ण बन पड़ा है। इस शोध-ग्रन्थ का एक अन्य महत्त्वपूर्ण व खोजपरक आयाम है : गांधी तथा अम्बेडकर के पत्रकार रूप की व्यापक तुलना।** डॉ. श्यौराज सिंह

ने इसका माध्यम बनाया है : डॉ. अम्बेडकर द्वारा सम्पादित 'जनता' तथा गांधी जी द्वारा सम्पादित 'हरिजन'। यह देखना दिलचस्प होगा कि एक ही समय में प्रकाशित उक्त दो पत्रों में दलित समस्याओं पर इन दोनों महापुरुषों के विचार किस तरह भिन्न हैं। पत्रकार अम्बेडकर ने अपने उक्त मराठी पत्र में लिखा–'**बहिष्कृत लोग जाति-व्यवस्था की उपज हैं, जब तक जातियाँ अस्तित्व में हैं तब तक बहिष्कृत जातियों की मुक्ति नहीं हो सकती।**' इसके जवाब में गांधी जी ने लिखा,–'अस्पृश्यता के साथ जाति-व्यवस्था को नष्ट करना वैसा ही है, **जैसे शरीर के बढ़े हुए किसी भद्दे अंग के साथ शरीर को नष्ट करना।' जहाँ तक दोनों व्यक्तियों में** समानता की बात है, 'वे दोनों ही अहिंसा का समर्थन करते थे और हिंसक रक्त क्रान्ति के रास्ते को अस्वीकार करते थे, दोनों धार्मिक वृत्ति के थे और गौतमबुद्ध का दोनों पर गहरा प्रभाव था। भारतीय जनमानस में डॉ. अम्बेडकर की पहचान ख़ासकर संविधानशिल्पी, दर्शनशास्त्री, समाजशास्त्री, अर्थशास्त्री, प्राध्यापक इत्यादि के रूप में है। इस सन्दर्भ में अम्बेडकर के पत्रकार रूप को उजागर करना डॉ. श्यौराज सिंह का एक अच्छा प्रयास है। पत्रकार अम्बेडकर ने अपने जीवन काल में 'मूकनायक', 'बहिष्कृत भारत', 'जनता' और 'प्रबुद्ध भारत' नामक पत्रों की स्थापना की। ये पत्र दलित अस्मिता और राष्ट्रीयता के सकारात्मक बोध के साथ गहरे रूप से सम्बद्ध रहे। कुल आठ अध्यायों में निबन्धित इस ग्रन्थ के अध्याय सात में स्त्री दशा के सन्दर्भ में दलित हिन्दी पत्रकारिता के व्यवहार की आलोचनात्मक जाँच-पड़ताल की गयी है। **लेखक के अनुसार– 'दलित पत्रकारों की स्त्री विषयक वैचारिकता व व्यावहारिकता में गहरा विरोधाभास मिलता है। हम जब प्रतिभा बल और दूसरे क्षेत्रों में पुरुषों के आगे कहलाने वाली महिलाओं का उल्लेख करते हैं तो वे सम्भ्रान्त, सवर्ण जाति की स्त्री होती हैं और जब उत्पीड़न, अत्याचारों की शिकार महिलाओं की गणना करते हैं तो वे दलित महिलाएँ होती हैं।** परिशिष्ट में हिन्दी के प्रमुख पत्रकारों से दलित विषयक प्रश्नों पर केन्द्रित विभिन्न साक्षात्कारों का संयोजन किया गया है। इसमें पाठकों शोधकर्ताओं को विविधता से युक्त महत्त्वपूर्ण बहस मिलेगी। इस अध्याय में मुख्य प्रश्न : है– स्वतन्त्रता आन्दोलन की पत्रकारिता का स्वर जितना अंग्रेज़ी साम्राज्यवाद के

विरुद्ध है उतना वर्ण-व्यवस्था, जाति प्रथा के प्रति क्यों नहीं? हिन्दी पत्रकारिता पर 'हिन्दू' पत्रकारिता का आरोप कहाँ तक सही है। क्या मन्दिर-मण्डल के मुद्दे पर पत्रकारिता तटस्थ व निष्पक्ष रह पायी? अख़बारों की कार्यशालाओं व प्रशिक्षण संस्थाओं में दलितों की लोकतान्त्रिक भागीदारी क्यों नहीं है? आदि-आदि। इन प्रश्नों पर चोटी के पत्रकार-कमलेश्वर, मृणाल पांडे, सुरेन्द्र प्रताप सिंह, राजकिशोर, राजेन्द्र यादव आदि ने विविध रूपों से अपने मत व्यक्त किये हैं। शोधकर्ता अनेक बार, कई विवादास्पद मुद्दों पर डॉ. अम्बेडकर के बचाव की मुद्रा में खड़े दिखते हैं जिस पर बहस की पर्याप्त गुंजाइश है। महात्मा गांधी और अम्बेडकर के बीच के वैचारिक मतभेदों, ब्रिटिश शासन के प्रति अम्बेडकर के नरम रुख तथा स्वतन्त्रता पूर्व के कुछेक अपवादों को छोड़कर समूची हिन्दी पत्रकारिता को 'हिन्दू' पत्रकारिता के रूप में विश्लेषित करना आदि अनेक ऐसे प्रसंग हैं, जिनसे नयी बहस शुरू होनी चाहिए। डॉ. श्यौराज सिंह ने अनछुए विषय से सम्बद्ध भारी मात्रा में सन्दर्भ सूची उपलब्ध करा कर नये शोधकर्ताओं के लिए रास्ता आसान कर दिया है। पत्रकारिता की सेवा में उनका यह कार्य चिरस्थायी रहेगा।

(दैनिक राष्ट्रीय सहारा–28 मार्च–1999)

हिन्दी पत्रकारिता में दलित-विमर्श

—डॉ. देवेन्द्र चौबे

पिछले एक-दो दशकों से हिन्दी लेखन में दलित-विमर्श की प्रक्रिया तेज़ हुई है। ख़ासकर हिन्दी के मण्डल विरोधी आन्दोलन के बाद दलित समाज की ओर से सामाजिक और राजनीतिक जीवन के विभिन्न क्षेत्रों में उनकी अपनी हिस्सेदारी की माँग व्यक्तिगत और सामूहिक-दोनों स्तरों पर उठने लगी है। यद्यपि हिन्दी साहित्य में मोहनदास नैमिशराय, ओमप्रकाश वाल्मीकि और डॉ. धर्मवीर जैसे रचनाकारों ने भी हिस्सेदारी की इस माँग को इधर प्रभावशाली तरीक़े से उठाया है, परन्तु पत्रकारिता के क्षेत्र में यह लम्बे समय से होता रहा है। आज़ादी के बाद, ख़ासकर पिछले एक-दो दशकों में प्रकाशित हिन्दी की दलित पत्र-पत्रिकाओं ने दलित समाज के जीवन की समस्याओं और उनकी सोच को ठोस तथा वैचारिक आधार प्रदान किया है। हाल ही में प्रकाशित डॉ. श्यौराज सिंह बेचैन की शोध पुस्तक **"हिन्दी की दलित पत्रकारिता पर पत्रकार अम्बेडकर का प्रभाव"** स्वातन्त्र्योत्तर दलित पत्रकारिता का आलोचनात्मक विश्लेषण तो प्रस्तुत करती है। इस पुस्तक में लेखक ने बार-बार इस तथ्य को प्रामाणिक बनाने की कोशिश की है कि केवल राजनीतिक और आर्थिक स्वावलम्बन से ही दलित समाज का सम्पूर्ण विकास सम्भव नहीं है, जब तक कि सामाजिक तथा सांस्कृतिक मोर्चे पर भी सवर्ण समाज उन्हें पूरी तरह स्वीकार नहीं लेता है। यह सही भी है क्योंकि राजनीति और नौकरियों में शिखर पर पहुँचे दलित समाज के लोगों को आज भी सवर्ण समाज की उस मानसिकता से रूबरू होना पड़ता है जिसे वे सदियों से महसूस करते आये हैं

तथा समाजीकरण की उसी पारम्परिक प्रक्रिया से उन्हें बार-बार गुज़रना पड़ता है, जिससे वे अब गुज़रना नहीं चाहते हैं।

डॉ. श्यौराज सिंह बेचैन की इस पुस्तक में कुल सात अध्याय है। परिशिष्ट में कमलेश्वर, मृणाल पांडे, सुभाष धूलिया, सुरेन्द्र प्रताप सिंह, अभय कुमार दूबे, राजकिशोर, राजेन्द्र यादव, मंगलेश डबराल, डॉ. महीप सिंह, कंवल भारती, मोहनदास नैमिशराय, मस्तराम कपूर, श्रीमती कला मामट, प्रो. जयराम प्रसाद सिंह, सुन्दरलाल सागर, जितेन्द्र कुमार, मोहनकुमार और नाथूसिंह तंवर जैसे हिन्दी के दलित और ग़ैर-दलित पत्रकारों के साक्षात्कार हैं। उपसंहार में लेखक ने पूर्व में किये गये अध्ययन का आकलन करते हुए दिखलाया है कि भारतीय वर्ण-व्यवस्था की विसंगतियों पर आक्रमण केवल दलितों की ओर से ही नहीं होता रहा है, बल्कि अम्बेडकर जैसे लोगों के साथ नाईक, कायस्थ और तिलक के सुपुत्र श्रीधर पन्त बलवन्त तिलक जैसे प्रगतिशील ब्राह्मण पुत्र भी शामिल रहे हैं तथा समय-समय पर अनेक ग़ैर-दलितों ने दलितों की सांस्कृतिक मुक्ति की बात की है।

वास्तव में हिन्दी की दलित पत्रकारिता का एक लम्बा इतिहास रहा है। कुछ दलित विमर्शकारों का मानना है कि वर्ष 1905 के आस-पास स्वामी अछूतानन्द द्वारा प्रकाशित अछूत और आदि हिन्दू से हिन्दी की दलित पत्रकारिता की शुरुआत होती है, लेकिन मराठी में इसके पूर्व ही ज्योतिबा फुले 1 जनवरी 1899 से दीनबन्धु साप्ताहिक का प्रकाशन कर दलित पत्रकारिता की शुरुआत कर चुके थे। इसकी चर्चा करते हुए डॉ. श्यौराज सिंह ने लिखा है कि इसके माध्यम से फुले दम्पति ने इच्छा व कार्यशक्ति से समाज-सुधार के बुनियादी कार्य को पत्रकारिता में प्रतिबिम्बित किया तथा उनके योगदान की रचनात्मक छाप डॉ. अम्बेड़कर सहित अनेक दलित पत्रकारों पर पड़ी (पृ. 95)। इसी क्रम में वे गोपाल बाबा बालंगकर, सन्त गाडगे, ई.वी. रामास्वामी पेरियार और स्वामी अछूतानन्द जैसे विचारकों की चर्चा करते हैं, जिन्होंने अपनी पत्रकारिता और कार्यों से दलित समाज को एक नयी दिशा दी। परन्तु लेखक मानकर चलता है कि अम्बेडकर के मूकनायक (जनवरी 1920) के प्रकाशन से ही दलित पत्रकारिता की वास्तविक शुरुआत होती है। इसके बाद डॉ. बेचैन, अम्बेडकर द्वारा प्रकाशित बहिष्कृत भारत (3 अप्रैल 1927),

समता (29 जून 1928), जनता (1930) जैसी पत्रिकाओं के प्रकाशन के माध्यम से भारत की जाति-व्यवस्था और इस व्यवस्था में बहिष्कृत समाज की विडम्बनापूर्ण स्थिति पर गम्भीर टिप्पणी करते हैं। इन टिप्पणियों में वे अम्बेडकर के कथनों का सहारा लेते हैं। उदाहरण के लिए सामाजिक विषमता का बहिष्कृत समाज पर घोर परिणाम हुआ है। "दौर्बल्य, दारिद्रय व अज्ञान के इस त्रिवेणी संगम में यह विशाल समाज बह गया है" (पृ. 177)। कथन पर टिप्पणी करते हुए लेखक कहते हैं कि इसके माध्यम से अम्बेडकर बहिष्कृत समाज को उसकी वास्तविक स्थिति और इस स्थिति से समझौता करने वाली विवशता की ओर संकेत करते हैं। वस्तुतः भारतीय सामाजिक व्यवस्था में हिन्दू समाज को लेकर अम्बेडकर शुरू से ही स्पष्ट थे। उनका मानना था कि हिन्दू समाज एक मीनार है। एक-एक जाति इस मीनार का एक-एक तल है और एक से दूसरे तल में जाने का कोई मार्ग नहीं है। जो जिस तल में जन्म लेता है वह उसी तल (जाति) में मरता है (पृ. 163)। अम्बेडकर का यह कथन एक ओर जहाँ हिन्दू समाज की विसंगतियों पर मार्मिक टिप्पणी है, वहीं दूसरी ओर तत्कालीन और तथाकथित हिन्दू समाज की संकीर्णता पर कड़ा प्रहार है जिसमें रोटी-बेटी का परस्पर व्यवहार न होने के कारण पूरा हिन्दू समाज पृथक जातियों में बिखरने को था। परिणामतः एक ही समाज में रहते हुए भी एक जाति-विशेष का होने के कारण दलित समाज, सामाजिक जीवन की मुख्यधारा के अन्दर रहते हुए उस समय भी हाशिए पर रहने के लिए बाध्य था और आज भी है। यही कारण है कि दलित पत्रकारिता में शेष हिन्दू समाज से दलित समाज के अलग-थलग रहने की मानसिकता सर्वाधिक मुखर होकर सामने आयी है, जिसकी तरफ़ पुस्तक लेखक ने संकेत किया है।

डॉ. अम्बेडकर जनता (1930) पत्र के माध्यम से भारत की जाति और वर्ण-व्यवस्था पर सीधा प्रहार करते हैं, यद्यपि बाद में 14 अक्टूबर 1956 को सामूहिक रूप से धर्म-परिवर्तन के बाद डॉ. अम्बेडकर इस पत्र का नाम बदलकर "**प्रबुद्ध भारत**" कर देते हैं। कारण इसका तार्किक आधार, धर्म परिवर्तन की प्रक्रिया में दलितों को प्रबुद्ध हो गये माना जाना है (पृ. 193)। लेकिन इसके पूर्व अपने अन्य पत्रों के माध्यम से अम्बेडकर अपना विचार रखते हैं। ख़ासकर हिन्दू धर्म पर एक से बढ़कर एक गम्भीर टिप्पणियाँ करते

हैं। धर्म परिवर्तन को लेकर वे स्पष्ट कहते हैं कि हिन्दू समाज जात-पात छोड़ दे तो मुझे धर्मान्तर करने की आवश्यकता नहीं (पृ. 207)। लेकिन वे मानकर चलते हैं कि इस धर्म में ऐसा सम्भव नहीं है। इसलिए वे जाति-व्यवस्था के कारण एक विशेष समुदाय में अप्रासंगिक हो रहे हिन्दू धर्म पर टिप्पणी करते हुए कहते हैं, जब तक जातियाँ रहती हैं हिन्दू धर्म को मिशनरी धर्म नहीं बनाया जा सकता (पृ. 207)। क्योंकि उन्हें लगने लगा था कि हिन्दू समाज में जाति प्रथा का अन्त नहीं किया जा सकता। कारण, जाति भी हिन्दू का धर्म है। इसी समर्थन में हिन्दू शास्त्रों, पुराणों, रामायण, महाभारत आदि महाकाव्यों की रचना हुई। इन्हें त्याग देने से हिन्दू 'हिन्दू' नहीं रहेगा (बहिष्कृत भारत, 1 जुलाई 1927)। सम्भवत इसी कारण देश की आज़ादी के बाद अपने आख़िरी दिनों में डॉ. अम्बेडकर कहने लगे थे, "मैं हिन्दू होकर पैदा हुआ यह मेरे वश में नहीं था किन्तु मैं हिन्दू होकर नहीं मरूँगा (पृ. 241)। इस टिप्पणी के बाद अम्बेडकर के पास ऐसा कुछ नहीं बचा था कि वे हिन्दू धर्म में रहकर अपनी मुक्ति का मार्ग खोजते! डॉ. श्यौराज सिंह बेचैन ने लिखा है, दलित समाज के लिए हिन्दू धर्म अग्राह्य वस्तु बन गया और वह विचार सामाजिक आन्दोलन के रूप में सामने आने लगा (पृ. 249)। इस सन्दर्भ में गांधीवादी पत्रकारिता की भूमिका की चर्चा करते हुए लेखक ने सटीक बात कही है, ऐसे में गांधीवादी पत्रकारिता ने अस्पृश्यता का विरोध और आर्यसमाजी साहित्यिक पत्रकारिता ने शुद्धिकरण का आन्दोलन छेड़ा (वही)। ऐतिहासिक दृष्टि से डॉ. बेचैन का यह कहना सही है। अगर अम्बेडकर ने 'जनता' का प्रकाशन न शुरू किया होता तो शायद ही गांधी जी हरिजन पत्र शुरू करते। इसी प्रकार अस्पृश्यता को लेकर भी अम्बेडकर शुरू से ही स्पष्ट रहे हैं और उनका मानना है कि सभ्य समाज का यह कहना ग़लत है कि गन्दगी के कारण वे दलित को हिन्दू धर्म में अछूत मानते हैं–**मालवार में अछूत मानी हुई जातियों में कई जातियाँ ऐसी हैं जिनका रहन-सहन उच्च जातियों की अपेक्षा अधिक स्वच्छ है और इसमें कई स्त्री-पुरुष विश्वविद्यालयी से पदवीधारी भी हैं, परन्तु समाज में अछूत हैं। अतः रहन-सहन व संस्कृति से अस्पृश्यता का कोई सम्बन्ध नहीं है,** सिर्फ़ दुराग्रह ही छुआछूत का मूल है (पृ. 206)। यही कारण है कि अछूतों को स्पृश्यों की किसी भी व्यवस्था में

कोई स्थान नहीं मिलता। डॉ. अम्बेडकर को इस बात पर भी आश्चर्य होता है कि ग़ैर दलित इसे अन्याय भी नहीं स्वीकार करते हैं। ज़ाहिर है डॉ. श्यौराज सिंह जब इन उद्धरणों की चर्चा करते हैं तो उनका सीधा मतलब यही है कि वे अम्बेडकर को दलित समाज का प्रमुख प्रतिनिधि समझते हैं और उनकी सोच को इस समाज की सोच मानते हुए स्वातन्त्र्योत्तर भारत के दलित समाज पर इनका प्रभाव महसूस करते हैं।

इस पुस्तक में डॉ. श्यौराज सिंह ने देश की अंग्रेज़ी दासता से मुक्ति, संविधान, प्रजातन्त्र, समाज में स्त्री की दशा आदि के विषय में अम्बेडकर के विचारों का संकलन और दलित समाज पर पड़े उसके प्रभावों का सटीक मूल्यांकन किया है। इस क्रम में उन्होंने अम्बेडकर के कई ऐसे मतों को उद्धृत किया है जो बाद में दलित समाज के चिन्तन में निर्धारक भूमिका निभाते हैं। अम्बेडकर का मानना था कि बिना सामाजिक परिवर्तन लाये राजनैतिक लोकतन्त्र का कोई महत्त्व नहीं और परिवर्तन केवल क़ानून बनाने भर से नहीं लाया जा सकता है (पृ. 213)। पिछले कुछ वर्षों में हुए दलित चिन्तन और पत्रकारिता में अम्बेडकर के इस कथन का प्रभाव महसूस किया जा सकता है। इसी प्रकार संविधान की भूमिका पर टिप्पणी करते हुए अम्बेडकर उसकी सार्थकता-निरर्थकता पर बात करते हैं, प्रजातन्त्र प्रेमियों को यह ध्यान रखना चाहिए कि संविधान का मुख्य उद्देश्य सत्ताधारी वर्ग को गद्दीच्युत करना और उसे सदा के लिए सत्ताधारी वर्ग बने रहने से 'रोकना है (पृ. 215)। इतना ही नहीं, आज़ादी के कुछ समय बाद ही समता के मुद्दे पर अम्बेडकर को संविधान की भूमिका निरर्थक लगने लगी थी। **आख़िरी दिनों में उन्होंने कहना शुरू कर दिया था कि समता, स्वतन्त्रता, बन्धुता के लक्ष्यों की पूर्ति न कर पाये तों संविधान में आग लगा देनी चाहिए** (पृ. 214)। ये कुछ ऐसी टिप्पणियाँ हैं जो भारतीय प्रजातन्त्र और संविधान के विषय में एक दलित चिन्तक की दृष्टि को हमारे सामने रखती हैं। और यह दृष्टिकोण अम्बेडकर के अन्दर ऐसे नहीं आया था। डॉ. श्यौराज सिंह ने बतलाया है कि वे जनतन्त्र को सामाजिक समानता का पर्याय मानते थे। साथ ही प्रजातन्त्र की प्रामाणिकता को उन्होंने प्रजा की समस्त जातियों की सहभागिता को संयुक्त करने में देखा था (पृ. 215)। जब उन्हें ऐसा होता न दिखाई पड़ा तब भारतीय

संविधान को लेकर उन्हें इस प्रकार की टिप्पणी करनी पड़ी, जिसके निर्माता वे ख़ुद थे। लेखक तो यहाँ तक कहता है कि वे इसके लेबर, सुपरवाइज़र और कुशल कारीगर तीनों थे। यहाँ डॉ. श्यौराज सिंह भारतीय राजनीति में वंशवाद की आलोचना करते हुए लिखते हैं कि इसका दोष डॉ. अम्बेडकर की संविधान विषयक सोच पर जाता है या जनता अथवा सत्तासीन वर्ग पर यह एक अलग विवेचन का विषय है (पृ. 216)।

भारतीय समाज में स्त्रियों की दशा और दिशा के बारे में भी अम्बेडकर की अपनी मान्यताएँ रही हैं, जिसका उल्लेख दलित पत्रकारिता से जोड़कर डॉ. सिंह अपने तीसरे और सातवें अध्याय में करते हैं। स्त्रियों के विषय में अम्बेडकर का मानना था कि चाहे वे दलित हों या ग़ैर दलित-मनु की व्यवस्था के बाद भारतीय समाज में उनकी स्थिति लगातार शोचनीय होती गयी है। उदाहरण के लिए मनु की व्यवस्था में स्त्री को बचपन में पिता के, यौवन में पति के और स्वामी की मृत्यु के बाद बेटों के अधीन रहना चाहिए (पृ. 220)। यहाँ सम्पत्ति के मामले में स्त्री को एक दास का दर्जा दिया गया है (वही)। बकौल डॉ. बेचैन उस दौरान हम फ्रांस में सिमोन द बोउआर अथवा जुलिया क्रिस्तोवा द्वारा हुए स्त्री विमर्श को देखें तो साफ़ कहा जा सकता है कि जिस तरह से पश्चिमी विचारक स्त्रियों की दशा और दिशा पर विचार कर रहे थे, अम्बेडकर उनसे आगे स्त्रियों का सबलीकरण करते हैं। अम्बेडकर का मानना था कि दास समझने के कारण ही स्त्रियों को भारतीय समाज में उनके मौलिक अधिकारों से भी वंचित किया गया। हिन्दू कोडबिल का पूर्ण रूप से पास न हो पाना भी स्त्रियों को दास बनाकर रखने की प्रक्रिया का एक हिस्सा है। डॉ. बेचैन ने अपनी इस पुस्तक में अम्बेडकर के इन विचारों का खुलकर समर्थन किया है और सुरेन्द्र मोहन के एक वक्तव्य के माध्यम से इस बात पर आश्चर्य व्यक्त किया है कि स्त्री-संगठनों ने अम्बेडकर के स्त्रियों से सम्बन्धित इन कार्यों की लगातार उपेक्षा की है तथा उनके स्त्री विषयक चिन्तन को एकांगी और केवल दलित (अ.जा., अ.ज.जा.) तथा पिछड़ी जातियों की स्त्रियों तक सीमित कर उनकी भूमिका को एकांगी कर दिया है (पृ. 227)। जबकि भारतीय समाज में भिन्न-भिन्न जाति, धर्म और वर्ग की होने के बावजूद स्त्रियों की मूलभूत समस्याएँ लगभग एक सी हैं और वे हैं उनकी प्रजनन की

क्षमता और उनसे जुड़ी अनेक समस्याएँ। अपने अन्दर प्रजनन की क्षमता होने के कारण ही स्त्रियों को समाज के अन्दर गुलामों-सी ज़िन्दगी व्यतीत करनी पड़ती है। बिना पिता, पति और पुत्र की अनुमति के वे इस कारण भी कुछ करने में या कोई भी निर्णय लेने में अपने आपको असमर्थ पाती हैं। कहीं किसी के साथ उनके अवैध सम्बन्ध के कारण उत्पन्न सन्तान परिवार की सम्पत्ति का उत्तराधिकारी न हो जाये। यहाँ तक कि बहुत सारे पारिवारिक निर्णय में उनकी भूमिका नगण्य होती है। इसलिए अम्बेडकर मानते हैं कि हिन्दू स्त्री आज़ाद कम और गुलाम बहुत ज़्यादा है (पृ. 229)। और इसी कारण मनु की व्यवस्था में स्त्रियों को सम्पत्ति के मामले में दासों का दर्जा दिया गया है। इसी प्रकार दलित समाज में स्त्रियों की अशिक्षा, ग़रीबी आदि पर अम्बेडकर ने खुलकर अपने विचारों को प्रकट किया है।

अम्बेडकर के विचारों का गहरा असर स्वातन्त्र्योत्तर दलित पत्रकारिता पर तो पड़ा ही, उसने तत्कालीन राष्ट्रीय पत्रकारिता और सामाजिक-राजनीतिक चिन्तन को गहराई के साथ प्रभावित किया। कुछ विचारकों का तो यहाँ तक मानना है कि यदि अम्बेडकर ने पत्र-पत्रिकाओं की शुरुआत न की होती तो शायद ही गांधी '**हरिजन**' का प्रकाशन करते। कारण, अम्बेडकर दलित विमर्श से जुड़े जिन मुद्दों को पत्र पत्रिकाओं में उठा रहे थे कमोबेश गांधी भी उन पर बातें करते हैं, इन दोनों विचारकों में इतनी अधिक प्रतिस्पर्धा और मतभेद हैं कि उन्हें देखकर लगता है कि यदि वह समाज स्वाधीनता आन्दोलन का न होता तो उसी समय मण्डल कमीशन और उसके बाद जैसे हालात पैदा हो गये होते। उदाहरण के लिए राम भारतीय जीवन में लगभग सभी मूल्यों के लिए प्रतीक और आदर्श पुरुष हैं जबकि अम्बेडकर उन्हें वर्णव्यवस्था का पालनकर्त्ता बतला कर शम्बूक शूद्र ऋषि की हत्या जैसे उदाहरणों से घृणा का पात्र साबित करते हैं (पृ. 119)। इसी प्रकार गांधी वर्णाश्रम को जहाँ समतल भूमि मानते हैं, वहाँ अम्बेडकर उसे बहुमंजिली मीनार बताते हैं, जिनमें समानता नहीं है (पृ. 120)। अम्बेडकर के कई वक्तव्य गांधी और उनके विचारों की धज्जियाँ उड़ा देते हैं। जैसे 'गांधीयुग भारत का अन्धकार-युग है' (पृ. 130)। जैसे वक्तव्य गांधी के उन समस्त कार्यों पर पानी डाल देने के लिए काफ़ी हैं जो उन्होंने दलितों के लिए किये। आज की दलित राजनीति

और पत्रकारिता पर इस सोच का स्पष्ट प्रभाव देखा जा सकता है। लेकिन इस पुस्तक की सबसे अच्छी बात यह है कि लेखक ने इन दोनों विचारकों का मूल्यांकन तटस्थ होकर किया है- दोनों ही उच्चकोटि के विचारक हैं। दोनों के लिए व्यक्तिगत चिन्ताओं से ऊपर समाज और देश की चिन्ता है (पृ. 122)। इसी प्रकार गांधीवाद, गांधी के जीवन काल में ही अस्तित्व में आ गया था और उनकी मृत्यु के बाद वह शनैः-शनैः क्षय होता गया, जबकि अम्बेडकरवाद, अम्बेडकर की मृत्यु के बाद अधिक फैला है। ये बातें दीगर हैं कि वह सही वैचारिक रूप में कम और व्यक्ति-पूजा के विकृत रूप में ज़्यादा फैला (पृ. 127-129)। क्या अम्बेडकर के तथाकथित समर्थक डॉ. श्यौराज सिंह बेचैन की इस टिप्पणी से सबक लेंगे?

डॉ. श्यौराज सिंह ने अम्बेडकर के विचारों की चर्चा करने के बाद देश के विभिन्न राज्यों से प्रकाशित होने वाली दलित पत्र-पत्रिकाओं, दलित पत्रकारों और सम्पादकों का परिचय तथा धर्म, जाति, वर्ण-व्यवस्था, सांप्रदायिकता आदि के सन्दर्भ में दलित पत्र-पत्रिकाओं की पक्षधरता की चर्चा उद्धरणों सहित की है। लेखक ने उन मुद्दों पर अधिक बल दिया है जिनका सम्बन्ध अम्बेडकर से रहा है उदाहरण के लिए सिंहनाद (11 नवम्बर 1985) का सम्पादकीय, अम्बेडकर के इसी मत की पुष्टि करता है कि हिन्दू-धर्म, दलितों का धर्म नहीं है (पृ. 277)। इतना ही नहीं पाँचवें और छठे अध्याय में लेखक ने दिखलाया है, किस प्रकार अम्बेडकर के चिन्तन की तरह ही स्वातन्त्र्योत्तर दलित पत्रकारिता में भी जाति, वर्ण-व्यवस्था, स्त्रियों की स्थिति आदि के साथ ही प्रजातन्त्र और संविधान का मामला छाया रहा है। जैसे कंवल भारती 1970 में प्रकाशित मूकभारत में लोकतन्त्र को भारतीय जनजीवन, ख़ासकर दलितों के लिए अभिशाप मानते हैं (पृ. 312)। मोतीराम शास्त्री दलित चेतना (1980) के सम्पादकीय में एक तरफ़ जहाँ इन्दिरा गांधी के वंशवाद की निन्दा करते हैं, वहीं जनता के अन्दर उनके प्रभाव को लेकर उसका (वंशवाद का) समर्थन भी कर देते हैं–इन्दिरा गांधी जनतन्त्र के भीतर से राजतन्त्र, बापतन्त्र, वंशतन्त्र अथवा वंश परम्परा को जीवित करना चाह रही हैं। यह भी सही है कि इनके प्रति इतनी श्रद्धा हो चुकी है जिससे वंश परम्परा भी एक प्रकार

का प्रजातन्त्र-सा दिखाई देने लगता है (पृ. 312-13)। इसी प्रकार प्रबुद्ध अम्बेडकर (1989) में रामस्वरूप बौद्ध जहाँ भारतीय संविधान की तारीफ़ करते हैं वहीं निर्णायक भीम (1979) का सम्पादकीय उसकी प्रासंगिकता पर सवाल खड़ा करता है (पृ. 313)।

स्वातन्त्र्योत्तर दलित पत्रकारिता में स्त्रियों की दशा और दिशा को लेकर लगातार बहस होती रही है। इन पर अम्बेडकर के प्रभाव को स्पष्ट देखा जा सकता है। इस दौरान प्रकाशित 'भीम पत्रिका', 'अस्मिता दर्श', 'बहुजन अधिकार', 'बहुजन संगठक', 'संयुक्त एकता' जैसी पत्र-पत्रिकाओं ने भारतीय समाज में दलित स्त्रियों की शोचनीय दशा को लेकर अनेक विशेषांकों और लेखों का प्रकाशन किया है। लेकिन इनमें और अम्बेडकर की पत्रकारिता में मूल फ़र्क़ यह है कि अम्बेडकर जहाँ दलित के साथ ही ग़ैर दलित स्त्रियों की दशा पर भी अपनी चिन्ता प्रकट करते हैं वहाँ स्वातन्त्र्योत्तर दलित पत्रकारिता की चिन्ता का विषय मात्र दलित स्त्रियाँ ही हैं। इसका एक कारण यह भी हो सकता है कि दलित स्त्रियाँ स्त्री, दलित और हिन्दू समाज में सबसे नीचे होने के कारण सबसे अधिक शोषित तथा प्रताड़ित होती हैं। इसे कांशीराम द्वारा प्रकाशित बहुजन संगठक (1982) के निम्नलिखित सम्पादकीय से समझा जा सकता है। दलित समाज की स्त्रियों की ज़िन्दगी में आज़ादी के अनुकूल परिवर्तन इसलिए नहीं आया क्योंकि जहाँ एक ओर महिलाएँ अपने अस्तित्व के प्रति सजग हैं वहीं दलित-शोषित समाज की महिलाएँ आज भी अपने अस्तित्व के प्रति बेख़बर हैं। (पृ. 323)।

इसी प्रकार डॉ. श्यौराज सिंह ने इस पुस्तक में राष्ट्रीय-अन्तर्राष्ट्रीय घटनाओं के विषय में दलित पत्र-पत्रिकाओं के दृष्टिकोण को प्रस्तुत किया है और कई ऐसी टिप्पणियों का संकलन किया है जो दलित पत्रकारिता की सटीक समझ को दर्शाती हैं। जैसे–जमीं के तारे (5 मार्च 1966) में ताशकन्द समझौता एक फ्रॉड है अथवा बहुजन संघर्ष (25 जुलाई 1992) में पाकिस्तान के प्रजातन्त्र शीर्षक सम्पादकीय को देखा जा सकता है। इनके अतिरिक्त बांग्लादेश और चीन को लेकर '**प्रबुद्ध अम्बेडकर**' (14 अप्रैल 1971) का सम्पादकीय भी महत्त्वपूर्ण है, जिसमें पाकिस्तान द्वारा बांग्लादेश पर हो रहे अत्याचार और लोकतन्त्र की बहाली तथा चीन द्वारा नेहरू को धोखा देने की बात कही गयी है।

पत्रकारिता पर केन्द्रित इस पुस्तक का परिशिष्ट अत्यन्त महत्त्वपूर्ण है, जिसमें दलित और ग़ैर-दलित पत्रकारों से लेखक ने दलित-विमर्श से जुड़े सवालों के बहाने उनके विचार को पकड़ने की कोशिश की है। कुछ एक जैसे सवालों पर यहाँ सबके उत्तर मौजूद हैं। ख़ासकर हिन्दी पत्रकारिता हिन्दी है या हिन्दू। इसको लेकर लेखक ने क़रीब सभी पत्रकारों से सवाल किया है और इनमें से राजेन्द्र यादव, अभय कुमार दूबे, मस्तराम कपूर, मोहनदास नैमिशराय, महीप सिंह, मंगलेश डबराल आदि ने हिन्दी पत्रकारिता को स्पष्टत: हिन्दू पत्रकारिता घोषित किया है। इसी प्रकार मन्दिर और 'मण्डल कमीशन' पर हिन्दी पत्रकारिता के दृष्टिकोण की सभी ने निन्दा की है तथा इसे एक दुखद प्रकरण माना है। राजेन्द्र यादव, सुरेन्द्र प्रताप सिंह और मस्तराम कपूर ने खुलकर इस दौरान हुई रिपोर्टिंग की निष्पक्षता पर सन्देह व्यक्त किया है। पत्रकारिता में दलितों की हिस्सेदारी की कमी के सवाल पर यद्यपि शिक्षण-प्रशिक्षण की कमी को सबने मुख्य कारण माना है परन्तु सुरेन्द्र प्रताप सिंह ने इसे जानबूझकर की गयी साजिश माना है। दलित साहित्य के प्रकाशन के मुद्दे पर सबके जवाब अलग-अलग है। मृणाल पांडे जहाँ सामग्री नहीं मिलने की बात करती हैं। वहीं सुरेन्द्र प्रताप सिंह का मानना है कि जान-बूझकर दलित साहित्य के प्रकाशन को रोक दिया जाता है। कारण हिन्दी साहित्य और हिन्दी पत्रकारिता को जान बूझकर सवर्ण पत्रकारिता व सवर्ण साहित्य बना रखा था और आज भी बना रखा जा रहा है (पृ. 348)। सुरेन्द्र प्रताप सिंह तो मराठी के दलित साहित्य का हिन्दी अथवा अन्य भाषाओं में अनुवाद का कारण उसकी साहित्यिकं गुणवत्ता अथवा प्रतिबद्धता नहीं, बल्कि बाज़ार का होना मानते हैं। मराठी के दलित साहित्य का हिन्दी, अंग्रेज़ी में इसलिए अनुवाद नहीं हुआ कि दलित लेखकों को इज़्ज़त देनी है, अपितु इसलिए कि वह भी अब बिकने लगा है (पृ. 349)। इसी प्रकार मोहनदास नैमिशराय, जितेन्द्र कुमार, सुन्दरलाल सागर जैसे दलित पत्रकार स्पष्टत: दलित पत्रकारिता में अम्बेडकर के प्रभाव को स्वीकारते हैं। बहुजन संघर्ष के सम्पादक जितेन्द्र कुमार तो यहाँ तक कहते हैं कि हमारी पत्रकारिता का मुख्य लक्ष्य महात्मा फुले एवं डॉ. अम्बेडकर की विचारधारा का फैलाव करना तथा बहुजन समाज में चेतना पैदा करना है (पृ. 372)। ये कुछ ऐसे सवाल और प्रसंग हैं जिन पर डॉ. श्यौराज सिंह बेचैन की यह पुस्तक पहली बार प्रकाश डालती है।

यहाँ एकाध अन्य बातों की चर्चा कर मैं अपनी बात ख़त्म करना चाहूँगा। हिन्दी की दलित पत्रकारिता पर पत्रकार अम्बेडकर के प्रभाव की खोज एक ऐसे समय में की जा रही है जब भारतीय समाज और राजनीति की मुख्य धारा में गांधी और गांधीवाद की प्रासंगिकता लगभग ख़त्म हो चुकी है।

बावजूद इन सबके डॉ. श्यौराज सिंह बेचैन की यह पुस्तक अम्बेडकर, दलित पत्रकारिता और दलित समाज की सोच को जानने तथा समझने के लिए एक महत्त्वपूर्ण सन्दर्भ ग्रन्थ है। दलित पत्रकारिता पर शोधारित यह पहली किताब। डॉ. बेचैन ने इस पूरी पुस्तक को इतिहास की तरह लिखा है। कई बार तो इस पुस्तक को पढ़ते हुए ऐसा लगता है कि लेखक आँखों देखी घटनाओं का सच्चा बयान कर रहा है लेखक चूँकि कवि और कथाकार भी है इसलिए उसकी काव्यात्मक रोचक शैली ने इसे उपन्यास की तरह पठनीय बनाया है और सम्भवतः यह सही भी है तथा इसी कारण यह पुस्तक अधिक महत्त्वपूर्ण बन पड़ी है।

(पश्यन्ती-जनवरी-मार्च-1999)

दलित पत्रकारिता का जीवन्त दस्तावेज़

—ओमप्रकाश वाल्मीकि

संघ : प्रकाशित शोध ग्रन्थ 'हिन्दी की दलित पत्रकारिता पर पत्रकार डॉ. अम्बेडकर का प्रभाव' में डॉ. श्यौराज सिंह बेचैन ने ऐसे तथ्यपूर्ण, विश्लेषणात्मक निष्कर्ष प्रस्तुत किये हैं, जो हिन्दी दलित पत्रकारिता की विशिष्टताओं, संघर्ष, वैचारिक प्रतिबद्धताओं को उद्घाटित करते हैं, साथ ही हिन्दी पत्रकारिता के पक्षपात पूर्ण, एकपक्षीय दृष्टिकोण, सामन्ती सोच के प्रति झुकाव को भी रेखांकित करते हैं। डॉ. श्यौराज सिंह बेचैन का यह शोध ग्रन्थ दलित पत्रकारिता का ऐतिहासिक जीवन्त दस्तावेज़ बन गया है।

डॉ. श्यौराज सिंह बेचैन अपने शोध-अध्ययन के दौरान हुए अनुभवों को लिखते हुए ग्रन्थ की भूमिका में कहते हैं, 'हिन्दी साहित्य-पत्रकारिता से सम्बन्धित किसी भी ग्रन्थ में हमें प्रस्तुत प्रबन्ध में विवेचित किसी भी दलित पत्र का, किसी भी रूप में उल्लेख नहीं मिलता, तब इस विषय पर पुस्तकें मिलने का तो प्रश्न ही कहाँ उठता है?

इस निष्कर्ष की अनुगूँज समूचे ग्रन्थ में महसूस होती है। शोधकर्ता का यह कहना कि दलित वर्ग में जन्मे देश के प्रमुख चिन्तक व पत्रकार डॉ. अम्बेडकर की पत्रकारिता और दलित पत्रकारों ने मूक, वंचित, पीड़ित, शोषित मानव की अभिव्यकित के जो सृजनात्मक साधन उपलब्ध कराये उनका शोधन विवेचन इससे पूर्व नहीं हुआ है। मैंने (शोधकर्ता) इस रिक्ति को यथा सम्भव कुछ अंश तक भरने का प्रयास किया है, यह आत्मश्लाघा नहीं है, बल्कि कटु सत्य है। इससे पूर्व दलित-पत्रकारिता को सिर्फ़ अनदेखा ही नहीं किया गया, बल्कि उसे निरुत्साहित भी किया गया, यदि आलोचना के तहत ऐसा किया भी जाये

तो उससे एतराज़ नहीं होता, लेकिन जब किसी पूर्वाग्रह के तहत ऐसा होता है, तब सृजनात्मक पहलुओं पर प्रश्नचिह्न लग जाते हैं।

डॉ. श्यौराज सिंह बेचैन ने दलित पत्रकारिता के तमाम महत्त्वपूर्ण पक्षों को इस आलोक्य ग्रन्थ में पूरी ईमानदारी से समेटा है। प्रस्तुत ग्रन्थ दो खण्डो, एक परिशिष्ट व उपसंहार सहित आठ अध्यायों और 28 उप-अध्यायों में फैला हुआ है,

प्रथम खण्ड में डॉ. अम्बेडकर के व्यापक विचारों, उनकी पत्रकारिता के समग्र रूप का मूल्यांकन किया गया है। दूसरे खण्ड में स्वातन्त्र्योत्तर दलित हिन्दी पत्रकारिता पर डॉ. अम्बेडकर के प्रभाव का खोजपूर्ण अध्ययन प्रस्तुत किया है।

प्रथम खण्ड अध्याय एक की विषय वस्तु 'भारतीय समाज व्यवस्था में दलित वर्ग' को विभिन्न उप-अध्यायों में रखा गया है, पहले उप-अध्याय 'स्वतन्त्रता आन्दोलन में दलित वर्ग और हिन्दी पत्रकारिता' में 'दलित-वर्ग' की अवधारणा प्रस्तुत करते हुए डॉ. श्यौराज सिंह बेचैन कहते हैं, "भारत की वर्ण-व्यवस्था जिन्हें सामाजिक सम्मान का अधिकार और विकास के अवसर प्रदान नहीं करती, वही दलित है।"

'दलित' शब्द को लेकर हिन्दी पत्रकारिता विरोध भाव रखती है। गांधी द्वारा दिये गये 'हरिजन' शब्द का दलितों ने सदैव विरोध किया, फिर भी हिन्दी पत्रकारिता आज भी इसी शब्द का प्रयोग कर रही है। जबकि दलित इस शब्द को नकारते रहे हैं। डॉ. अम्बेडकर अपने लेखों में 'बहिष्कृत' शब्द का प्रयोग करते थे। 'दलित और बहिष्कृत' दोनो शब्द एक ही आशय हेतु प्रयुक्त होते थे। डॉ. बेचैन हिन्दी पत्रकारिता के इस 'हरिजन' प्रेम को दलित विरोधी मानते हैं।

डॉ. श्यौराज सिंह बेचैन हिन्दी पत्रकारिता की आरम्भिक सोच एवं मान्यता और वैचारिक, राजनीतिक मापदण्डों का गहन अध्ययन करते हुए गम्भीर तथ्य प्रस्तुत करते हैं 'हिन्दी पत्रकारिता का यह महान योगदान है कि उसने ब्रिटिश पराधीनता से आज़ाद होने में अहम भूमिका निभाई, लेकिन हिन्दी पत्रकारिता के निहितार्थ सांस्कृतिक मोर्चे पर सन्देह से मुक्त नहीं लगते। हिन्दी पत्रकारों में सामन्ती मूल्यों के प्रति एक विशेष लगाव देखने को मिलता है (पृष्ठ–13)।

इस अध्ययन में ऐसे अनेक तथ्य उजागर होते हैं जो हिन्दी पत्रकारिता के एक पक्षीय दृष्टिकोण को दर्शाते हैं–ग़ैर-हिन्दू और ग़ैर-ब्राह्मण पत्रकारों के अभाव में उनकी पत्रकारिता में दलितवर्ग की भागीदारी ख़ुद दलितों के लिए असम्भव पक्षपाती पत्रकारिता बनी। दलितों के प्रति कुछ श्रेष्ठ पत्रकारों की सहानुभूति तो थी, लेकिन हिन्दी पत्रकारिता में ग़ैर दलितों का वर्चस्व रहा है, जो आज भी है। इसीलिए दलितों के प्रश्नों के प्रति पूर्वाग्रही दृष्टिकोण स्वाभाविक है। सन् 1932 में गोलमेज सम्मेलन में डॉ. अम्बेडकर ने दलितों के प्रश्नों को अन्तर्राष्ट्रीय स्तर पर उठाया था। गांधी जी ने विरोध करके ऐसी स्थिति निर्मित की जो दलितों के ख़िलाफ़ रही। उनका आमरण अनशन ग़ैर दलितों के वर्चस्व को बचाये रखने के लिए था। उस घटना को हिन्दी पत्रकारिता ने गांधी के दृष्टिकोण से ही देखा था। कांग्रेस की नीति दलितों की माँग पर बहिष्कार की थी। हिन्दी पत्रकारिता ने इस घटना पर एक पक्षीय रुख अपनाया था। दलितों की समस्या उनकी दृष्टि में कोई गम्भीर समस्या नहीं थी। इसीलिए अम्बेडकर के विचार पक्ष के प्रति हिन्दी पत्रकारिता ने गहरी उदासीनता व नकारात्मकता का परिचय दिया था। यहाँ तक कि गणेश शंकर विद्यार्थी जैसे पत्रकार जो हिन्दू-मुस्लिम एकता के गांधीवादी प्रयासों को 'प्रताप' के माध्यम से जन-जन तक फैलाते हैं, वहीं वे दलितों के प्रश्नों पर आंशिक रूप से ही क़लम चलाते हैं, बल्कि दलितों को वे कांग्रेस का समर्थन करने के लिए प्रेरित करते हैं (पृष्ठ 19)।

ऐसी ही विकट स्थिति हिन्दू कोड बिल को लेकर थी। स्त्रियों के अधिकार के प्रति भी हिन्दी पत्रकारिता का दृष्टिकोण सनातनी और सामन्ती ही रहा है। बुद्धिजीवियों, पत्रकारों, कवियों की सोच यथास्थिति की ही थी। स्त्रियों के प्रति नकारात्मक रुझान की रचनाओं से हिन्दी साहित्य भरा पड़ा है। प्रसाद व मैथिलीशरण गुप्त जैसे रचनाकारों ने राष्ट्रीय-अन्तर्राष्ट्रीय स्तर पर हो रहे आन्दोलनों को अनदेखा करके स्त्रियों को यथास्थिति में रहने के लिए ही प्रेरित किया।

आज़ादी से पूर्व राजनेता, समाज सुधारक और पत्रकारों की गोलबन्दी होती थी, अब राजनेता, पत्रकार और अपराधियों की गोलबन्दी होती है। सत्ता केन्द्रों के इर्द-गिर्द घूम रही, सारी हिन्दी पत्रकारिता

दिशाहीनता के अधीन हो कर रह गयी है। डॉ. श्यौराज सिंह बेचैन मणिमाला का सन्दर्भ देते हुए उनके आलेख से उद्धरण देते हैं–'पत्रकारिता का मिशन' यही हो सकता है कि हम दलितों और दरिद्रों के साथ हैं'। लेकिन हिन्दी पत्रकारिता का आचरण ठीक इसके विपरीत है। मण्डल मुद्दा हो या कोई अन्य हिन्दी पत्रकारिता का मुखौटा खुल चुका है। यहाँ यह कहना भी अप्रासंगिक नहीं होगा कि सिर्फ़ हिन्दी पत्रकारिता ही नहीं, भारतीय अंग्रेज़ी पत्रकारिता में भी अरुण शौरी और ख़ुशवन्त सिंह जैसे अनेक पत्रकार की सोच और प्राथमिकताएँ दलित विरोधी हैं। अरुण शौरी की दृष्टि में डॉ. अम्बेडकर और लोहिया दलित चेतना के उन्नायक नहीं, भारतीय राजनीति के खलनायक थे, शौरी का यह दृष्टिकोण संकीर्ण मनोवृत्ति ही नहीं दर्शाता, बल्कि उस सांस्कृतिक विरासत का भी पर्दाफाश करता है जिसकी वे उपज हैं। ऐसी विकट और नकारात्मक स्थितियों में सामाजिक बदलाव के लिए पत्रकारिता की ओर आशा भरी नज़रों से देखना व्यर्थ है। डॉ. श्यौराज सिंह बेचैन अपने अध्ययन में ऐसे सवालों को पूरी शिद्दत से खंगालते हैं। उनके इस अध्ययन में सामाजिक सरोकार स्पष्ट दिखाई पढ़ते हैं।

डॉ. अम्बेडकर के 'जनता' और 'गांधी' के 'हरिजन' अख़बारों के ज़रिये डॉ. बेचैन दलित विषयक पत्रकारिता का विस्तृत विश्लेषण करते हैं क्योंकि इन दोनों ही अख़बारों ने दलित-विषयक समस्याओं को अपने-अपने ढंग से उठाया था। दलित चेतना और दलितोत्थान के लिए भूमि तैयार की। दोनों के विचारों और सोच में भिन्नता थी और उनके उद्देश्य भी भिन्न थे, बल्कि दो अलग-अलग ध्रुव कहे जा सकते हैं, फिर भी दोनों ने दलित-समस्याओं को उठाकर एक ऐसी जद्दोजहद की जिसने दलित-चेतना का मार्ग प्रशस्त किया। डॉ. श्यौराज सिंह ने इन दोनों अख़बारों को आधुनिक पत्रकारिता का प्रतीक माना है।

डॉ. अम्बेडकर जहाँ लोकतान्त्रिक मूल्यों के प्रति सचेत थे, वहीं जात-पात, वर्ण-व्यवस्था के कट्टर विरोधी थे। दूसरी ओर गांधी अछूतोद्धार के समर्थक थे, लेकिन उनका दलितों के अलग अस्तित्व से इनकार था। वहीं वे वर्ण-व्यवस्था के प्रबल समर्थक भी थे। जो सुविधाएँ वे मुसलमानों और सिखों

को देने में अग्रणी थे, वही और वैसे ही अधिकार के दलितों को देने में आमरण अनशन पर उतर कर डॉ. अम्बेडकर पर दबाव डाला।

डॉ. अम्बेडकर के अख़बार 'जनता' में जो सम्पादक-मण्डल था, उसमें प्रधान सम्पादक देवराज विष्णु नाइक थे जो जाति से गोवर्धन ब्राह्मण थे। ग.नी. सहस्त्र बुद्धे सम्पादक मण्डल में थे जो चितपावन ब्राह्मण थे। जो लोग अम्बेडकर पर जातिवादी होने का आरोप लगाते हैं उनके लिए यह तथ्य निराशा पैदा करने वाला है। डॉ. अम्बेडकर ने दलित-प्रश्नों पर एक सार्थक बहस ही नहीं चलायी, बल्कि उन प्रश्नों के समाधान के लिए निरन्तर संघर्ष भी किया। गांधी मात्र अस्पृश्यता के विरोध में थे, जाति, वर्णों को वे उचित मानते थे।

दिसम्बर 1935 में लाहौर में जात-पात मण्डल के लिए डॉ. अम्बेडकर को आमन्त्रित किया गया था। उनके अध्यक्षीय भाषण पर आयोजकों ने कुछ आपत्तियाँ उठायी थीं। डॉ. अम्बेडकर ने उन आपत्तियों को मानने से इनकार कर दिया था। वही भाषण 'जनता' में धारावाहिक छपा था, इस लेख 'जाति भेद का उन्मूलन' शीर्षक पर मधु लिमये ने टिप्पणी करते हुए कहा था, **"इसमें इतनी आग है कि इसकी तुलना कार्लमार्क्स और एंगेल्स द्वारा लिखित 'कम्यूनिस्ट मेनिफेस्टो' से की जा सकती है। हम भारतीयों के लिए तो यह कम्युनिस्ट मैनिफेस्टों से भी ज़्यादा प्रासंगिक है।"** ऐसे अनेक तथ्यात्मक सन्दर्भ इस ग्रन्थ में समायोजित हैं। जो डॉ. अम्बेडकर की पत्रकारिता, विद्धता और समस्या की गहराई में उतरकर उसकी विशद विवेचना करने की क्षमता दर्शाती है।

गांधी ने 'हरिजन' अख़बार के माध्यम से वैचारिक पत्रकारिता को एक नया आयाम दिया था। दलित प्रश्नों को अपने दृष्टिकोण से देखा और परखा था। आलोच्य पुस्तक में इस पर भी विस्तार से चर्चा है, जो उस दौर के राजनैतिक, सामाजिक और वैचारिक चिन्तन को रेखांकित करती है। डॉ. श्यौराज सिंह बेचैन ने इन तथ्यों को पूरी निष्पक्षता से उभारा है। उनका मानना है कि स्वतन्त्रता संघर्ष में 'हरिजन' और 'जनता' अख़बारों की भूमिका असंदिग्ध है। लेकिन दोनों के नज़रिये में फ़र्क़ है।

डॉ. बेचैन का कहना है, "डॉ. अम्बेडकर की धारणा स्पष्ट थी कि आज़ादी जिसे अंग्रेज़ों से लेना था। जिसका मुख सवर्णों की ओर था और पीठ दलितों की ओर थी। ऐसी आज़ादी के अम्बेडकर समर्थक नहीं थे, किन्तु जो स्वतन्त्रता स्वकीयों से स्वकीयों को देश के अन्दर प्राप्त करनी थी, उसके लिए उन्होंने पूरी ऊर्जा और प्रतिबद्धता से कार्य किया।"

"मैक्सिम गोर्की के चर्चित एवं विश्व विख्यात उपन्यास 'मदर' का सबसे पहले मराठी में अनुवाद डॉ. अम्बेडकर के समाचार पत्र 'जनता' में ही छपा था।" (पृ. 34)

डॉ. बेचैन यह भी कहते हैं कि 'जनता' अपने आप में स्वतन्त्र शोध की दरकार रखता है। डॉ. अम्बेडकर की पत्रकारिता की भाषा में संयत शब्दावली का मानक प्रयोग, काव्यात्मक शैली, नैतिक मानदण्डों का कहीं भी अतिक्रमण नहीं होता है, बल्कि प्रमाणिकता, स्पष्ट तार्किकता, वस्तुपरकता, तथ्यात्मकता के प्रति लगाव, मूल्यों और मतों के साथ समझौता विहिनता, वैचारिक संघर्ष में अभिरुचि लेखन पर काव्यशास्त्र, नीतिशास्त्र, समाजशास्त्र, धर्म, दर्शन व समाज परिवर्तन की राजनीति का प्रभाव दृष्टिगोचर होता है। भाषा में ओजस्विता, निर्भिकता, स्पष्टता, भाव गांभीर्य, कल्पना में यथार्थ परकता, युक्तिवाद में खुलापन, विषय के प्रति पादन में विलक्षण कौशल, जाति, वर्ण, हिन्दू-मुस्लिम विषयों पर उत्तरदायित्व पूर्ण राय, डॉ. अम्बेडकर की पत्रकारिता की विशिष्टता थी, जो 'जनता' में स्पष्ट परिलक्षित हुई है।

'स्वतन्त्रता के बाद दलितों की संवैधानिक स्थिति और राजनीति में उनकी भूमिका' उपशीर्षक के अन्तर्गत डॉ. श्यौराज सिंह बेचैन ने स्वतन्त्रता पूर्व की स्थिति और स्वतन्त्रता के बाद की संवैधानिक, राजनीतिक स्थितियों का विशद आकलन किया है। जो पुस्तक की विषय-वस्तु के इर्द-गिर्द घूमता है। संविधान निर्माण में डॉ. अम्बेडकर की भूमिका का मूल्यांकन करते हुए लेखक का यह निष्कर्ष है कि संविधान निर्माण में दलितों के समान अधिकारों का कारण विशेष रूप से डॉ. अम्बेडकर की भूमिका है। उनके नेतृत्व में अभूत पूर्व प्रखरता के साथ राष्ट्रीय आन्दोलन के दौरान दलित जीवन के प्रश्न सामाजिक आन्दोलन के माध्यम से राष्ट्रीय शिखर तक उभर कर आये। उनके नेतृत्व ने भारतीय संविधान को मनुस्मृति का नया संस्करण बनने से बचाया।

लेकिन सामाजिक वातावरण और पारस्परिक समझ के बिना संविधान की तमाम धाराएँ केवल किताबी दास्तान बन कर रह गयीं। डॉ. अम्बेडकर ने इस तथ्य का अनुमान पहले ही लगा लिया था। इसीलिए उन्होंने कहा था, "राजनीतिक लोकतन्त्र तब तक नहीं टिक सकता, जब तक उसका आधार सामाजिक लोकतन्त्र पर नहीं टिकता।"

डॉ. श्यौराज सिंह इन तथ्यों का लेखा-जोखा विस्तृत रूप से रख कर इस निष्कर्ष को स्थापित करते हैं कि स्वतन्त्रता के बाद सैद्धान्तिक रूप से दलितों की संवैधानिक स्थिति बुरी नहीं है, किन्तु व्यवहार में वह सामाजिक, राजनीतिक, शैक्षणिक और सांस्कृतिक अधिकारों के उपयोग से वंचित है। दलितों की इस अववंचना के पीछे राजनीति में उनकी असंगठित भूमिका काफ़ी हद तक उत्तरदायी है।

उपशीर्षक 'दलितों की वास्तविक सामाजिक परिस्थितियाँ और हिन्दी पत्रकारिकता' के अन्तर्गत डॉ. बेचैन ने अपने शोध प्रबन्ध में जिन विषयों को रेखाकिंत किया है वे हैं–

स्वतन्त्रता, समता, बन्धुता के लोकतान्त्रिक मूल्यांकन के अनुकूल नहीं हैं, यह गत पाँच दशकों की कटु सच्चाई है। भारत में रहने वाला एक विशाल वर्ग साधारण से मानवीय अधिकारों से वंचित है। मान-सम्मान की तो बात दूर पीने के लिए पानी तक के लिए उसे प्रताड़ना सहनी पड़ती है और उसे प्रताड़ित करने वाले कोई विदेशी लोग नहीं, अपने ही देशवासी हैं, अपने ही धर्म के लोग हैं। स्वतन्त्रता प्राप्ति के बाद दलितों की सामाजिक दशा में स्वतन्त्रता मूलक परिवर्तन होगा, ऐसा आश्वासन राष्ट्रीय आन्दोलन के अगुआ गांधी ही नहीं तमाम बड़े नेता दे रहे थे, जब स्वतन्त्रता के कई दशकों के बाद भी दलितों के प्रति सवर्णों का रवैया नहीं बदला है, तो डॉ. अम्बेडकर की शंकाएँ सच साबित हो रही हैं। हिन्दी पत्र-पत्रिकाओं में छपने वाली रपटें इस की साक्षी हैं। ऐसी अनेक रपटें, इस ग्रन्थ में सन्दर्भ के साथ संजोयी गयी हैं, जिनमें दलितों के प्रति वैमनस्य, द्वेष, उत्पीड़न की भावनाएँ स्पष्ट दिखाई पड़ती हैं।

ऐसा ही एक सर्वेक्षण 'दिनमान' ने किया था, जो इन स्थितियों का आईना है, जो दलितों के उत्पीड़न को दिखाता है। अपने शोध प्रबन्ध में डॉ. श्यौराज

सिंह बेचैन बार-बार ऐसे तथ्य प्रस्तुत करते हैं जो हिन्दी-पत्रकारिता के चरित्र को सन्देह के घेरे में खड़ा कर देते हैं। हिन्दुओं की ही, साम्प्रदायिक और जाति की पत्रकारिता है। विशेष रूप से मन्दिर-मण्डल के मुद्दों पर हिन्दी पत्रकारिता बेनकाब हुई है। अपने निष्कर्षों में डॉ. बेचैन कहते हैं, अख़बारों का स्थान युगीन लोकतान्त्रिक, तटस्थ, निष्पक्ष व संयमित न होकर सवर्णोन्मुखी बना हुआ है। इस स्थिति को व्यापक राष्ट्रहित में बदला जाना चाहिए। अख़बारों के मालिक सम्पादक, प्रतिनिधि पत्रकार एक धर्म विशेष या एक ही जाति विशेष के न हों इन्हें लोकतान्त्रिक बनाने हेतु दलितों, पिछड़ों और मुस्लिमों को भागीदारी देनी चाहिए, ताकि ब्राह्मणवादी संकीर्णता से मुक्त हो कर पत्रकारिता राष्ट्रीय स्वरूप में विकसित हो सके।

दूसरे अध्याय में पत्रकार के रूप में डॉ. अम्बेडकर का मूल्यांकन प्रस्तुत किया गया है। पत्रकार अम्बेडकर 1917 से सक्रिय हुए, उन्होंने दलित-पत्रकारों को तो प्रेरित किया ही, शिखर के ग़ैर दलित पत्रकारों को भी अपनी रचनात्मकता से प्रभावित किया। उन्होंने मूकनायक, बहिष्कृत भारत, जनता, समता, प्रबुद्ध भारत आदि समाचार-पत्रों का सम्पादन, संचालन और प्रकाशन किया। उनसे प्रेरणा ले कर अनेक दलित अख़बार अस्तित्व में आये।

डॉ. अम्बेडकर की पत्रकारिता में पारम्परिक समाज-व्यवस्था के प्रति विद्रोह और निषेध का भाव हमेशा प्राथमिकता में रहा। इसी अध्याय में एक महत्त्वपूर्ण उपशीर्षक है–'गांधी बनाम अम्बेडकरवाद'। इसमें डॉ. श्यौराज सिंह बेचैन गाँधी और अम्बेडकर के वैचारिक संघर्ष की छानबीन बहुत ही बारीकी से करते हैं। विशेष रूप से उन मुद्दों पर जहाँ डॉ. अम्बेडकर और गांधी का टकराव सीधे-सीधे होता है, वर्ण-व्यवस्था, कम्युनल अवार्ड, गोलमेज कान्फ्रेंस, 'पूना पैक्ट' आदि की विस्तृत विवेचना शोध प्रबन्ध में संजोयी गयी है। जो 1930 से 1935 के बीच की राजनैतिक, वैचारिक, सामाजिक हलचलों और संघर्षों को दस्तावेज़ के रूप में प्रस्तुत करती है, जो ऐतिहासिक महत्त्व रखती हैं। डॉ. बेचैन ने इस विषय को तटस्थता के साथ विश्लेषित किया है और इस संघर्ष के वैचारिक अन्तर्विरोधों एवं विरोधाभासों को उकेरा है, जो उस दौर के राजनैतिक, सामाजिक, बौद्धिक संघर्ष को समझने में मदद करता है। साथ ही उस काल की पत्रकारिता की भूमिका और उसके पक्ष को भी

अध्ययन का केन्द्र बनाया है, यही वह समय था जब डॉ. अम्बेडकर की पत्रकारिता शिखर पर थी। मूकनायक, बहिष्कृत भारत, जनता, समता, प्रबुद्ध भारत के माध्यम से उन्होंने जो आयाम दलित पत्रकारिता को दिया था वह आज भी प्रेरणादायक है, प्रासंगिक है।

तीसरा अध्याय है 'हिन्दी पत्रकारिता का स्वरूप और उसकी चुनौतियाँ' इसमें हिन्दी पत्रकारिता का विस्तृत ब्यौरा प्रस्तुत करते हुए डॉ. श्यौराज सिंह बेचैन कहते हैं, कि "आदि हिन्दू, समता, उत्थान, आदि दर्जनों दलित पत्र निकले, किन्तु प्रारम्भिक दौर के इन पत्रों का हिन्दी साहित्य के सवर्ण इतिहासकारों, पत्रकारों और शोध निर्देशकों ने कभी नोटिस नहीं लिया।" आज़ादी से पूर्व अनेक चर्चित व स्थापित, साहित्यकारों ने पत्रकारिता की। लेकिन दलितों के अधिकारों के प्रति इन वरिष्ठ जातियों के प्रतिनिधि पत्रकारों, सम्पादकों की दृष्टि सकारात्मक नहीं थी। इनके लिए राजनैतिक या साहित्यिक विषयों के अलावा सामाजिक प्रश्न तुच्छ थे।

1927 में अछूतानन्द ने 'आदिहिन्दू' जैसे पत्र निकाले थे। समता (1934), परिवर्तन (1950), सिंहनाद (1957) और डॉ. अम्बेडकर के मार्ग निर्देशन में सोहन लाल शास्त्री ने '**उत्थान**' (1959) प्रकाशित, सम्पादित किये। परन्तु इन्हें सहेज कर रखने, इन की सामग्री का अध्ययन करने, पीढ़ियों को हस्तान्तरित करने की दूर दृष्टि का सर्वथा अभाव था क्योंकि शिक्षा, साहित्य और पत्रकारिता के केन्द्रों पर दलित विरोधी तत्त्वों का वर्चस्व कायम था।

अध्याय चार में "हिन्दी की स्वतन्त्र्योत्तर दलित पत्रकारिता और अम्बेडकर" विषय को बखूबी प्रतिपादित किया गया है। इसी अध्याय में 'अम्बेडकर की विचारधारा और हिन्दी दलित पत्रकारिता' उपशीर्षक में डॉ. बेचैन ने स्थापित किया है कि हिन्दी दलित पत्रकारिता पर डॉ. अम्बेडकर की विचार धारा का प्रभाव पड़ा है। यह विचारधारा जाति भेद, असमान वर्ण-विभाजन, अस्पृश्यता इत्यादि सामाजिक समस्याओं के कारणों व निवारणों के द्वन्द्ध से विश्व सिद्ध हुई हैं। डॉ. अम्बेडकर एक निष्ठावान पत्रकार के रूप में सबके नहीं तो दलितों के अनन्य आदर्श हैं।

इस अध्याय में स्वतन्त्रता के बाद निकलने वाले दलित हिन्दी पत्रों का परिचय विस्तार से दिया गया है। यह परिचय उन लोगों को चौंकायेगा जो

हिन्दी दलित पत्रकारिता को अनदेखा करते रहे हैं। समूचे भारत में छपने वाले ये पत्र दो चार नहीं सैकड़ों की तादाद में हैं जिसे इस पुस्तक के पृष्ठ 252 से 284 तक समायोजित किया गया है। साथ ही दलित वर्ग के सम्पादक और प्रमुख पत्रकारों की भी जानकारी दी गयी है।

धर्म जाति और वर्ण-व्यवस्था के सन्दर्भों से दलित पत्रकारिता को निरन्तर जुझना पड़ता है। आज भी भारतीय समाज में ये सन्दर्भ प्रमुख हैं, 'रिपब्लिक भारत' के सन्दर्भ से इस तथ्य को और अधिक गहराई से महसूस किया जा सकता है–'सवर्ण हिन्दुओं का अहंकार, भेदभाव, छुआछूत का साँप निरन्तर ज़हरीले वार करता है, यह वही साँप हैं' जिसने देश में जुर्म और अमानुषिक अत्याचारों का रंग दिखा रखा है। भारतीय समाज का यह अभिशाप अमेरिका में फैले 'नस्लवाद' से किसी भी तरह कम नहीं है, अमेरिका 'नस्लवाद' की आग में जल रहा है। भारत में भी यह अभिशाप विस्फोट कर सकता है। हज़ारों वर्षों से दबी-कुचली यह श्रमशील मानवता शंका का विकराल रूप धारण कर सकती है। तो यह निर्विवाद सत्य है कि जाति विहीन और वर्गविहीन समाज की रचना के बिना आज भी भारत का स्वराज्य अधूरा है।

दलित पत्रों के सम्पादकीय स्थान का अध्ययन, विवेचन और विश्लेषण विस्तार से किया गया है। आरक्षण, दलित उत्पीडन, जाति भेद और साम्प्रदायिकता के प्रश्न, आदि विषयों के सम्पादकीयों पर विशिष्ट रूप से चर्चा की गयी है।

अध्याय पाँच में प्रजातन्त्र की अवधारण और संविधान की व्याख्या के सन्दर्भ में दलित पत्रकारिता का विश्लेषण, इस शोध प्रबन्ध को महत्त्वपूर्ण बनाता है, यह एक ज़रूरी अध्याय है, जो दलित-पत्रकारिता की समाज-सापेक्ष वैचारिक प्रतिबद्धता को विस्तार देता है। इसी प्रकार अध्याय छह में अन्तरराष्ट्रीय परिघटनाओं पर दलित पत्रों की सम्पादकीय टिप्पणियों का अध्ययन, विवेचन प्रस्तुत किया गया है। अध्याय सात में स्त्री दशा के सन्दर्भ में दलित हिन्दी पत्रकारिता का विश्लेषण है। इस प्रकार के अध्ययन विश्लेषण केवल ग्रन्थ के विभिन्न आयाम ही प्रस्तुत नहीं करते, बल्कि '**बहुजन समाज**' के यथार्थ चिन्तन, संघर्ष का प्रतिबिम्ब बन कर उभरते हैं।

अध्याय आठ में अनेक चर्चित पत्रकारों के साक्षात्कार रखे गये हैं, जो दलित प्रश्नों को राष्ट्रीय परिदृश्य में समझने में मदद करते हैं।

आलोच्य शोध प्रबन्ध कई अर्थों में विशिष्ट है, जो विश्व विद्यालयी शोध परिसीमाओं को लाँघकर कुछ ऐसे मुद्दों का अध्ययन करता है जो त्याज्य थे। दलित चेतना के परिप्रेक्ष्य में अम्बेडकर और गांधी के वैचारिक अन्तरद्वन्द्वों को तटस्थता से विश्लेषित करता है। साथ ही हिन्दी पत्रकारिता से पर्दा उघाड़ता है और दलित-पत्रकारिता पर अम्बेडकर के प्रभाव को स्थापित करता है।

निस्सन्देह हिन्दी दलित चिन्तन को तो यह पुस्तक नया आयाम देगी ही साथ ही, राष्ट्रीय सोच के विविधता प्रिय मुख्यधारा के पत्रकारों का नज़रिया भी बड़ा करेगी। शोध-अध्ययनों में ही नहीं सामान्य पाठकों के लिए भी एक संग्रहणीय पुस्तक रहेगी।

पुस्तक के अन्त में अध्याय आठ में पत्रकारों के साक्षात्कारों को लेकर कंवल भारती ने कुछ शंकाएँ उठायी हैं (दलित लिबरेशन टूडे दिसम्बर 1997)। उनका कहना है कि यह शोध का हिस्सा नहीं है, न ही इन साक्षात्कारों से किसी बहस की गुंजाइश है। लेकिन डॉ. बेचैन ने जिस ढंग से इन साक्षात्कारों को पुस्तक में रखा है, उससे इतना तो सिद्ध होता है कि दलित पत्रकारिता बन्द कमरे में बैठकर करने की चीज़ नहीं है वह एक संवाद भी है, जो डॉ. अम्बेडकर ने गांधी से चलाया था। तभी तो वह आज भी प्रासंगिक है। संवादहीनता जीवन्तता के मार्ग में अवरोधक बनती है। डॉ. श्यौराज सिंह बेचैन इस संवादहीनत को तोड़ना चाहते हैं। इसी लिए यह पुस्तक विशिष्ट है।

(एक अंश, इंडिया-टुडे-साप्ताहिक से)

अम्बेडकर और दलित पत्रकारिता

—डॉ. जयप्रकाश कर्दम

आठ अध्यायों और 28 उप-अध्यायों में विभक्त 'हि·दी की दलित पत्रकारिता पर पत्रकार अम्बेडक का प्रभाव' नामक डॉ. श्यौराज सिंह बेचैन का यह शोध प्रबन्ध कई ऐसे तथ्यों को उद्घाटित करता है, जिनकी ओर कम लोगों का ध्यान गया है। प्राप्त सूचनाओं और सन्दर्भों के अध्ययन और विवेचन से लेखक ने भारतीय समाज, राजनीति और धर्म सम्बन्धी कई अवधारणाओं को झुठलाया है, कई रहस्यों का पटाक्षेप किया है और कई नये निष्कर्ष सामने रखे हैं। लेखक के अनुसार पुस्तक में प्रमुख रूप से दो युगों के अध्ययन का यात्रा के सार के रूप में विवेचन किया गया है। पहला युग स्वतन्त्रता से पूर्व की अम्बेडकर और गांधी की पत्रकारिता का युग है और दूसरा स्वतन्त्रता के बाद पत्रकार अम्बेडकर से प्रभावित दलित पत्रकारिता का।

पत्रकारिता को लेखक किस रूप में देखता और लेता है, यह जानने के पश्चात ही हिन्दी की दलित पत्रकारिता और उस पर डॉ. अम्बेडकर के प्रभाव को ठीक से समझा और परखा जा सकता है। लेखक के अनुसार, 'पत्रकारिता यथार्थ का ही प्रतिबिम्ब है।' (पृष्ठ 11) अर्थात् देश और समाज में जो कुछ घटित हो रहा है, जो चिन्तन-मन्थन, द्वन्द्व-प्रतिद्वन्द्व चल रहा है, वही सब पत्रकारिता में बिम्बित होता है। एक अन्य स्थान पर लेखक पत्रकारिता को साहित्य की एक विद्या मानता है। साहित्य के सम्बन्ध में भी कहा जाता है कि वह समाज का दर्पण है। मैं नहीं समझता कि इतना कह देने भर से साहित्य या पत्रकारिता को ठीक से समझा जा सकता है, क्योंकि पत्रकारिता या साहित्य

को यदि सामाजिक यथार्थ का दर्पण मान भी लिखा जाये, तो दर्पण की कोई एक क्वालिटी नहीं होती। किसी दर्पण में चेहरा लम्बा दिखता है तो किसी में छोटा, किसी में मोटा दिखता है तो किसी में टेढ़ा। कहने को वे सब दर्पण ही हैं और सब एक ही चेहरे के प्रतिबिम्ब हैं, किन्तु वे ऊटपटाँग प्रतिबिम्ब यथार्थ के कहीं आस-पास नहीं होते। यदि दर्पण से उम्मीद नहीं है कि उसमें यथार्थ बिम्बित होना चाहिए तो वह दर्पण आई. एस. आई. मार्क की तरह गुणवत्तावाला एक मानक होना चाहिए, तभी वह दर्पण होने की शर्त पूरी कर सकता है। मेरे विचार से केवल यथार्थ के चित्रण भर से काम नहीं चलता। क्या अपेक्षित है, क्या उचित और न्यायसंगत है, क्या समाज और राष्ट्र के लिए हितकर है, इस सबके प्रति पक्षधरता भी उसमें परिलक्षित होनी चाहिए।

इस दृष्टि से हिन्दी पत्रकारिता का अवलोकन करने पर घोर निराशा हाथ लगती है। हिन्दी पत्रकारिता अपने प्रारम्भिक काल से ही सनातनी विचारों और मान्यताओं की पक्षधर तथा परिवर्तन और प्रगतिशीलता की विरोधी रही हैं। सामाजिक क्षेत्र में दलित और नारी की समानता और स्वतन्त्रता, विधवा पुनर्विवाह, अन्तरजातीय और अन्तरधार्मिक विवाह, अछूत शिक्षा का समर्थन, बाल विवाह, सती प्रथा और वर्ण व्यवस्था के विरोध को, राजनीतिक क्षेत्र में लोकतन्त्र और समाजवाद की स्थापना, दलित हितों के संरक्षण तथा कांग्रेस और गांधी विरोध को धार्मिक क्षेत्र में धर्मनिरपेक्षता और साम्प्रदायिक सद्भाव के समर्थन और ब्राह्मणवाद के विरोध को तथा दार्शनिक क्षेत्र में अनित्यता और अनात्म के नकार को हिन्दी पत्रकारिता में कभी भी सकारात्मक दृष्टि से नहीं देखा गया। हिन्दी समाज ब्राह्मणवादी विचारों से ओत-प्रोत और उनका पोषक है। चूँकि समाज और राजनीति से लेकर साहित्य और पत्रकारिता तक हर जगह मनुवादी मानसिकता से ग्रस्त सवर्ण हिन्दुओं का वर्चस्व है, इसलिए उनसे दलित हितों के प्रश्नों को उठाने, उनके प्रति बरती जाने वाली अमानवीयता और अन्याय का विरोध करने या उनकी पक्षधरता में खड़ा होने की उम्मीद करना सूरज के पश्चिम से उदय होने की उम्मीद करना है। जब तक मनों में मनु जिन्दा है, तब तक मानवीयता की पक्षधरता की कोई गुंजाइश नहीं है।

लेखक का यह कहना बहुत सही है कि 'हिन्दी पत्रकारिता यथार्थ में हिन्दू पत्रकारिता है।' उसने सदैव हिन्दू हितों को सर्वोपरि रख कर बात की है। लोकतान्त्रिक मूल्यों की स्थापना या उनके समर्थन से वह पत्रकारिता काफ़ी दूर रही है। हिन्दी के प्रारम्भिक पत्रों के तो नाम तक हिन्दू अथवा जाति-मूलक हुआ करते थे। मधु लिमये के अनुसार, 'वह हिन्दु पत्रकारिता थी, हिन्दूवादी पत्रकारिता नहीं थी।' हम नहीं समझ पाते कि मधु लिमये का आशय क्या है? हिन्दू और हिन्दूवाद में क्या अन्तर है? जहाँ तक हम समझते हैं, हिन्दू एक समुदाय है जिसकी समाज व्यवस्था व जन्मना जाति और वर्ण पर आधारित है। एक व्यक्ति जिस वर्ण या जाति में पैदा होता है, आजीवन उसी वर्ण या जाति में बना रहता है। वह अपनी जाति के गुणों और संस्कारों को ग्रहण करता है, उनके अनुसार आचरण करता है। उसकी मानसिकता उसके जातीय सोच से बँधी रहती है। इस व्यवस्था में शूद्रों या अन्त्यजों के लिए कोई सम्मानजनक जगह नहीं है–वे घृणा, उपेक्षा और तिरस्कार के पात्र हैं। शेष तीनों वर्ण उससे उच्च और श्रेष्ठ हैं। कहने की ज़रूरत नहीं है कि जातीय श्रेष्ठता और शुचिता की यह भावना उच्च वर्णीय हिन्दुओं में इतनी गहरी है कि इन वर्गों में पैदा होने वाला प्रत्येक बच्चा इस विषमतामूलक भावना के विषाणु अपने ख़ून में लेकर पैदा होता है। फिर वह हिन्दुत्वादी विचारों से मुक्त कैसे हो सकता है? हिन्दुवादी विचारों से मुक्त हो कर वह हिन्दू नहीं हो सकता है। श्रेष्ठता और शुचिता की यह भावना ही तो हिन्दुवाद है। हिन्दी पत्रकारिता ऐसे विवरणों और विश्लेषणों से भरी पड़ी है, जिनमें दलितों की समता और स्वतन्त्रता का विरोध किया गया है।

अंग्रेज़ सरकार द्वारा अछूतों को स्कूलों में प्रवेश दिलाने का कार्य उच्च वर्णीय हिन्दुओं को बड़ा अप्रीति लगा था और तत्कालीन पत्रकारिता ने इस मुद्दे को लेकर अंग्रेज़ सरकार की भर्त्सना की थी। डॉ. अम्बेडकर द्वारा कालाराम मन्दिर प्रवेश की घटना हो या चावदार तालाब से पानी पीने, गोलमेज सम्मेलन में उठाये गये दलित अधिकार के प्रश्नों का मामला हो या दलितों के पृथक निर्वाचन अधिकार का, हिन्दू पत्रकारिता ने कभी भी सहृदयता, सहिष्णुता या समुदारता का परिचय नहीं दिया।

जहाँ तक गांधी और अम्बेडकर की पत्रकारिता का सम्बन्ध है, गांधी देश के स्वाधीनता आन्दोलन के सूत्रधार थे और अम्बेडकर दलित मुक्ति आन्दोलन के। गांधी देश की स्वाधीनता को प्रमुख मानते थे और दलित-अछूतों की समस्याओं को बाद में हल करने के पक्ष में थे। तो अम्बेडकर के लिए दलितों की समस्याएँ प्रमुख थीं और वह देश की स्वाधीनता से पहले दलितों की मुक्ति और उनके मानवीय अधिकारों की प्राप्ति के पक्षधर थे। सहस्त्रों वर्षों का इतिहास अम्बेडकर के सामने था कि जब इतने लम्बे इतिहास में सवर्णों ने एक बार भी दलितों के प्रति सहृदयता नहीं दिखाई है और उनके साथ कभी भी मानवीय समता का व्यवहार नहीं किया है, तो स्वाधीनता के बाद एकदम से उनका हृदय परिवर्तन कैसे हो जायेगा? वस्तुतः डॉ. अम्बेडकर दलितों की समानता और उनके हितों के संरक्षण की गारन्टी चाहते थे, लेकिन गांधी जी के पास ऐसा कोई ठोस कार्यक्रम नहीं था कि वह कोई गारन्टी दे पाते। उनकी दृष्टि में 'कांग्रेस की संरचना में जाति उन्मूलन व अस्पृश्यता की समाप्ति के कार्यक्रमों को कोई स्थान नहीं है।'

सामाजिक-चिन्तन के क्षेत्र में भी गांधी वर्ण व्यवस्था के प्रवक्ता और पोषक और अम्बेडकर के प्रबल विरोधी थे। गांधी जी के अनुसार, 'वर्ण व्यवस्था उचित है और उसके ख़िलाफ़ लड़ने का कोई कारण नही है,' जबकि डॉ. अम्बेडकर वर्ण व्यवस्था को जाति व्यवस्था और अस्पृश्यता का मूल मानते थे। गांधी 'अस्पृश्यता का नाश कर हिन्दू धर्म को साफ़-सुथरा और दीर्घायु बनाना चाहते थे, जबकि अम्बेडकर की दृष्टि में हिन्दू बने रह कर दलितों के हित सुरक्षित नहीं हैं। उन्हें जितना जल्दी हो सके, हिन्दुत्व के हिंसक और अमानवीय शिंकजे से मुक्त हो जाना चाहिए। इसी में उनकी भलाई है।' गांधी जी ने जहाँ अछूतों को 'हरिजन' कहा और उनके प्रति दया भाव दिखाते हुए उनके उद्धार की बात की, वहीं डॉ. अम्बेडकर ने उनको दलित कहा तथा उनके उत्थान और विकास के लिए संघर्ष किया। गांधी और अम्बेडकर की यह वैचारिकता उनकी पत्रकारिता में स्पष्ट रूप से परिलक्षित होती है।

पत्रकारिता जन जागरण और जन चेतना का सर्वाधिक सशक्त माध्यम है। किसी घटना या विचार के प्रति जनमत तैयार करने में भी पत्रकारिता

महत्त्वपूर्ण भूमिका का निर्वाह करती है। **यह पत्रकारिता ही थी, जिसके चलते हिन्दूवादी आन्दोलन को राष्ट्रीय आन्दोलन के रूप में प्रचार और मान्यता मिली, हिन्दुत्व के उन्नायक राष्ट्र-नायक के रूप में प्रतिष्ठित हुए और डॉ. अम्बेडकर जैसे सामाजिक न्याय और समता के अधिष्ठाता को राष्ट्र विरोधी, गद्दार और अंग्रेज़ों का पिट्ठू सिद्ध कर उनकी छवि को कलंकित करने की कोशिश की गयी।**

लेखक ने हिन्दी पत्रकारिता पर कई सवालिया निशान खड़े किये हैं और कई आरोपी गोले दागे हैं। उनके अनुसार, केवल दलितों के प्रश्नों पर नहीं, बल्कि नारी की स्वतन्त्रता और समानता, सती प्रथा, बाल-विवाह, विधवा पुनर्विवाह, अन्तरजातीय विवाह, तलाक, सहभोज और धर्म निरपेक्षता आदि के सम्बन्ध में भी हिन्दी पत्रकारिता का दृष्टिकोण संकुचित और विभेदमूलक रहा है।'

स्वातन्त्र्योत्तर काल में भी पत्रकारिता के दृष्टिकोण में कोई सार्थक परिवर्तन दिखाई नहीं देता। स्वातन्त्र्योत्तर हिन्दी पत्रकारिता के सम्बन्ध में लेखक की यह टिप्पणी बहुत महत्त्वपूर्ण है, 'स्वाधीनता के बाद पत्रकारिता अपने लोकतान्त्रिक स्वरूप में अभी तक नहीं उभरी है। वह सती के प्रश्न पर सामन्ती होती है। मन्दिर, मस्जिद व मण्डल के प्रश्न पर साम्प्रदायिक व जाति- उन्मुख रूप अपना लेती है। तटस्थता, निष्पक्षता, ईमानदारी व्यवहृत नहीं होती है।'

लेकिन डॉ. अम्बेडकर तथा उनके विचारों से प्रभावित दलित पत्रकारिता ने समाज और राष्ट्र के इन अहम प्रश्नों को निरन्तर उठाया तथा सामाजिक न्याय और परिवर्तन के प्रति अपनी प्रतिबद्धता प्रदर्शित की। डॉ. अम्बेडकर के 'बहिष्कृत भारत', 'समता', 'जनता' और 'प्रबुद्ध भारत' के ज़रिये पत्रकारिता के क्षेत्र में शुरू हुई वैचारिक क्रान्ति से प्रेरित और प्रोत्साहित हो कर विभिन्न भाषाओं और क्षेत्रों में अनेक पत्र-पत्रिकाएँ अस्तित्व में आयीं। हिन्दी में पत्रकारिता के ज़रिये दलित प्रश्नों को उठाने की शुरुआत स्वामी अछूतानन्द ने की 1917 में उन्होंने 'अछूत' पत्र निकाला और आदि हिन्दू महासभा की स्थापना कर 1928 में 'आदि हिन्दू' नामक समाचार पत्र का प्रकाशन किया। इसके बाद इस प्रक्रिया में एक के बाद एक पत्र-पत्रिकाओं का उदय हुआ

और सभी ने दलित प्रश्नों तथा उसके साथ-साथ सामाजिक-राष्ट्रीय महत्त्व के दूसरे प्रश्नों को भी अपने पत्रों में उठाया। इसके अलावा, हिन्दी पत्रकारिता जहाँ पूरी तरह व्यावसायिक हो गयी है तथा हर घटना और विचार को वह व्यावसायिक दृष्टि से देखती है। वहीं दलित पत्रकारिता पूरी तरह मिशनरी भाव से काम कर रही है तथा समाज परिवर्तन और उदात्त मूल्यों की स्थापना के लिए जूझ रही है।

स्वातन्त्र्य-पूर्व काल में दलित पत्रकारिता और विशेषतः हिन्दी दलित पत्रकारिता की स्थिति बेशक बहुत अच्छी नहीं थी, लेकिन स्वातन्त्र्योत्तर काल में उसकी स्थिति में उत्साहजनक सुधार हुआ है। इस अवधि में प्रकाशित 300 से अधिक पत्र-पत्रिकाओं का विवरण लेखक ने अपने शोध में दिया है। डॉ. श्यौराज सिंह के अनुसार 'दलित' विषयक हिन्दी पत्रकारिता में 1980 का दशक 'दलित चेतना का दशक' कहा जा सकता है। ख़ासकर उत्तर भारत के 1980 से 1990 की अवधि में हिन्दी दलित पत्रों में गुणात्मक व संख्यात्मक रूप से काफ़ी वृद्धि हुई थी। इनमें कई पत्र उल्लेखनीय स्तर के रहे, जिनमें उत्तर प्रदेश के समता, मूक भारत, दलित चेतना, निर्णायक भीम, भीम सैनिक, बिहार का शोषित, दिल्ली का 'बहुजन संघर्ष', बहुजन संगठक, बॉयस ऑफ़ द वीक, पंजाब की 'भीम पत्रिका', मध्य प्रदेश का 'नागमय संस्कृति', महाराष्ट्र का 'नागसेन', राजस्थान का 'संयुक्त एकता' व 'हकदार' इस दशक के प्रमुख पत्र हैं।' (पृष्ठ 319) इनमें मैनपुरी (उ.प्र.) से प्रकाशित 'अनार्य भारत' तथा इलाहाबाद से प्रकाशित 'दलित केसरी' के नाम भी जोड़े जाने चाहिए। ये पत्र वर्षों से अनवरत निकल रहे हैं तथा सामाजिक जाग्रति के अमोघ अस्त्र का कार्य कर रहे हैं। वर्तमान दशक में प्रकाशित पत्रों में अन्य के अलावा सूरतगढ़ (राजस्थान) से प्रकाशित 'डॉ. अम्बेडकर और बहुजन' तथा दिल्ली से प्रकाशित 'अभिमूकनायक' के नाम उल्लेखनीय हैं।

दलित पत्रों तथा समय-समय पर महत्त्वपूर्ण सामाजिक, राष्ट्रीय प्रश्नों पर उनमें छपे लेखों, सम्पादकीयों आदि के बारे में विस्तृत जानकारी के अलावा दलित पत्रकारिता के महत्त्वपूर्ण हस्ताक्षरों के विषय में भी जानकारी पुस्तक में उपलब्ध है, जो निश्चय ही महत्त्वपूर्ण हैं। साहित्य और पत्रकारिता जगत की

दलित, ग़ैर-दलित बीस हस्तियों के साक्षात्कार भी इस शोध प्रबन्ध में परिशिष्ट के रूप में दिये गये हैं। लेखक द्वारा पुस्तक में दी गयी सूचनाओं, विश्लेषणों तथा साक्षात्कारों के आधार पर कुछ निष्कर्ष निकलते हैं, जो इस प्रकार हैं–

1. हिन्दी पत्रकारिता मूलत: सामाजिक न्याय की विरोधी है। किन्तु कुछ पत्रों और पत्रकारों का रुख उदारवादी रहा है।
2. हिन्दी पत्रकारिता में दलितों का प्रतिनिधित्व लगभग शून्य है। सम्पादक पद पर या सम्पादकीय विभागों में ब्राह्मणों का वर्चस्व है या कायस्थों का।
3. भारतीय जन संचार संस्थान तथा अन्य संस्थानों से पत्रकारिता में डिप्लोमा लेने के बाद भी दलित वर्ग के उम्मीदवार सड़क पर घूमते हैं, जबकि उन्हीं के साथ डिप्लोमा लेकर निकलने वाले ग़ैर-दलित उम्मीदवारों को किसी न किसी अख़बार समूह में नौकरी तुरन्त मिल जाती है।
4. पत्रकारिता में दलितों के लिए आरक्षण होना चाहिए। इसके बिना पत्रकारिता में दलितों के प्रतिनिधित्व की कोई गुंजाइश नहीं है।
5. दलित पत्रों की आयु बहुत लम्बी नहीं होती।
6. दलित पत्रों की प्रसार संख्या कम होने, उनके जल्दी ही बन्द हो जाने या दलितों का एक भी राष्ट्रीय पत्र नहीं होने का मुख्य कारण आर्थिक है।
7. दलित पत्रकारिता व्यवसाय नहीं, मिशन है और वह डॉ. अम्बेडकर के वैचारिक आन्दोलन की संवाहक है।
8. स्वातन्त्र्य-पूर्व की हिन्दी दलित पत्रकारिता पर रविदास, कबीर व अन्य निर्गुण सन्तों, आर्य समाज तथा गांधी का प्रभाव था, तो स्वातन्त्र्योत्तर पत्रकारिता पूरी तरह डॉ. अम्बेडकर, सन्त और बौद्ध विचारधारा से प्रभावित है।
9. अम्बेडकर की पत्रकारिता ने दलित पत्रकारिता को ही नहीं, ग़ैर-दलित पत्रकारिता को भी प्रभावित किया है और बहुत-से घोर विरोधियों तक को अपना समर्थक बनाया है।
10. हिन्दी दलित पत्रकारिता की शुरुआत उत्तर प्रदेश से हुई, सर्वाधिक पत्र और पत्रकार वहीं के हैं।

उपर्युक्त सभी मुद्दे महत्त्वपूर्ण हैं और ये व्यापक विमर्श की माँग करते हैं। कुल मिलाकर केवल दलित पत्रकारिता नहीं, बल्कि समग्र हिन्दी पत्रकारिता को समझने की दृष्टि से यह एक महत्त्वपूर्ण ग्रन्थ है। यह इस दिशा में आगे शोध के रास्ते खोलता है। इस सर्वथा नये और श्रम-साध्य कार्य के लिए लेखक को बधाई दी जा सकती है।

(भारतीय जन संचार की पत्रिका विदूर से)

डॉ. श्यौराज सिंह 'बेचैन' की पुस्तक हिन्दी की दलित पत्रकारिता पर पत्रकार अम्बेडकर का प्रभाव के आधार पर।

दलित पत्रकारिता के सरोकार

—डॉ. तेजसिंह

आज़ादी के बीते इन पचास सालों की हिन्दी पत्रकारिता पर एक सरसरी निगाह डालने पर जो निष्कर्ष सामने आते हैं, वे चौंकाने वाले भले ही लगें पर अप्रत्याशित नहीं हैं। हिन्दी पत्रकारिता पहले भी सन्देह के घेरे से बरी नहीं थी लेकिन बीसवीं सदी के अन्तिम दशक में 'मण्डल आयोग' की घोषणा की प्रतिक्रिया में राममन्दिर विवाद को जो साम्प्रदायिक मोड़ दिया गया और जिसकी परिणति अयोध्या में बाबरी मस्जिद के विध्वंस में हुई, उस ने उन सन्देहों को सही साबित कर दिया। यह इन घटनाओं का ही असर था कि उसने ग़ैर दलित साहित्यकारों को यह कहने को मजबूर कर दिया कि **हिन्दी-साहित्य अपने निहितार्थों में सवर्ण हिन्दू साहित्य है, उसी तरह हिन्दी पत्रकारिता भी वर्ण पत्रकारिता ही है।**

हिन्दी पत्रकारिता के इतिहास में यह शायद पहला अवसर है जब हिन्दी पत्रकारिता पर सवर्ण मानसिकता के गहरे प्रभाव को ग़ैर दलितों ने सहजरूप से स्वीकार किया है। ऐसा अपने आप किसी उदारता या किसी सहानुभूति के चलते सम्भव नहीं हुआ है, बल्कि ऐसा दलितों के सामाजिक-राजनीतिक आन्दोलनों के दबाव की वजह से हुआ है। इसे दलित समाज की आंशिक पर महत्त्वपूर्ण विजय कहा जा सकता है।

हज़ारों साल से हम सुनते आ रहे हैं और बड़े ज़ोर-शोर से प्रचारित भी किया जाता रहा है कि हिन्दू समाज बड़ा ही उदारमना है, सहनशील है, उसमें दया भाव है और प्रेम की भावना भरपूर है। लेकिन मण्डल आयोग की घोषणा

ने इन शब्दों के पीछे छिपे अर्थों को, उनकी सवर्ण सोच और मानसिकता को उनके जन्मजात संस्कारों और जातिगत घृणा को एक ही झटके में अन्दर से बाहर ला दिया। शब्द मात्र शब्द नहीं रह गये थे, उनका असली अर्थ रूप सामने आ गया था। ब्राह्मणवाद का, उसकी सवर्ण मानसिकता का असली चेहरा एकबारगी सामने आ गया था। हिन्दू समाज ऐसे अवसरों पर अन्दर-बाहर से एक हो जाता है। उसका छद्म रूप दिखाई दे जाता है। ऐसा कभी कभार ही होता है, जब होता है तो वह बौखला जाता है।

ऐसी परिस्थिति में हिन्दी पत्रकारिता खुल्लमखुल्ला हिन्दू पत्रकारिता बन जाती है। वह निष्पक्ष, तटस्थ और वस्तुपरक नहीं रह पाती। तथ्यों को तोड़-मरोड़ कर झूठ के सहारे परोसने लगती है। इस प्रकार वह पूर्णरूप से सवर्ण मानसिकता के गहरे प्रभाव में थी। इसलिए उसका मूल्यांकन वस्तुपरक नहीं था। यह ऐतिहासिक तथ्य है कि जब भी कभी जातिवाद और साम्प्रदायिकता के ख़िलाफ़ संघर्ष किया जाता है, उस समय हिन्दी पत्रकारिता हिन्दू पत्रकारिता बन जाती है। यह बात जितनी आज़ादी के इन पचास सालों की हिन्दी पत्रकारिता पर लागू होती है उतनी ही आज़ादी से पहले के पचास सालों की हिन्दी पत्रकारिता पर भी लागू होती है। इस प्रकार **विगत सौ सालों की हिन्दी पत्रकारिता का इतिहास हिन्दू मानसिकता के प्रभाव से मुक्त नहीं है।**

मन में बार-बार प्रश्न उठता है कि क्यों हिन्दी पत्रकारिता सवर्ण मानसिकता के प्रभाव से मुक्त नहीं है? क्यों हिन्दी के पत्रकारों ने दलितों के प्रश्नों को अध्ययन का विषय नहीं बनाया? दलित समाज क्यों उनकी परिधि से बाहर रहा? क्यों उन्होंने 'दलितों के सृजनात्मक आत्मप्रयासों' का मूल्यांकन नहीं किया? क्यों उन्होंने किसी दलित-पत्र का अपनी पत्रकारिता में उल्लेख तक नहीं किया? क्यों उनकी पत्रकारिता में दलित वर्ग की भागीदारी असम्भव रही? क्या इसलिए कि पत्र-पत्रिकाओं के मालिक पत्रकार और काफ़ी हद तक पाठक भी हिन्दू ही थे? ये सभी प्रश्न किसी भी दलित साहित्यकार-पत्रकार को सोचने के लिए मजबूर करते हैं कि आख़िर ऐसा क्यों हुआ?

इन प्रश्नों की खोज-बीन और जाँच-पड़ताल दलित लेखक-पत्रकार डॉ. श्यौराज सिंह 'बेचैन' ने अपने शोध-प्रबन्ध-'हिन्दी की दलित पत्रकारिता पर पत्रकार अम्बेडकर का प्रभाव' में निष्पक्ष और तटस्थ भाव से की है। उनकी

मुख्य चिन्ता का विषय यही है कि दलित वर्ग में जन्मे देश के प्रमुख चिन्तक व पत्रकार अम्बेडकर को पत्रकारिता और दलित पत्रकारों ने मूक, वंचित मानव को अभिव्यक्ति के जो सृजनात्मक साधन उपलब्ध कराये उनका शोधन-विवेचन इससे पूर्व क्यों नहीं हुआ? इसी रिक्ति को यथासम्भव कुछ अंश तक भरने का प्रयास, यह पुस्तक करती है। पूरी पुस्तक दो खण्डों में विभक्त है। पहले खण्ड में जातिभेद के सन्दर्भ में डॉ. अम्बेडकर और गांधी की पत्रकारिता का विशद्ध अध्ययन-विश्लेषण किया गया है तो दूसरे खण्ड में डॉ. अम्बेडकर के सामाजिक-दार्शनिक-चिन्तन से प्रेरणा लेकर विकसित हिन्दी की दलित पत्रकारिता का वस्तुपरक मूल्यांकन करने का सार्थक प्रयास किया गया है।

इस पुस्तक को लेकर डॉ. श्यौराज सिंह ने उनकी सम्पूर्णता और सफलता का कोई दावा तो पेश नहीं किया है, अलबत्ता इतना ज़रूर कहा है कि 'इस अध्ययन के माध्यम से देश के उपेक्षित, वंचित, दलितवर्ग की सामाजिक अन्तरकथा का उद्घाटन करने का विनम्र प्रयास किया है। कुल मिला कर यह कार्य बुनियादी पहलक़दमी की एक सुचेष्टा है।' (भूमिका) इस सार्थक कार्य से उन्हें और दलित वर्ग को सन्तोष ज़रूर हुआ है। **राजेन्द्र यादव की दृष्टि में भले ही यह 'मील का पत्थर साबित' न हो लेकिन एक ऐसा पत्थर ज़रूर है जिससे हिन्दी का कोई भी नामवर विद्वान टकरा कर लहूलुहान ज़रूर हो जायेगा। हिन्दी के अनेक नामवरों को यह पुस्तक परेशान भी करेगी और उन्हें अपनी पुरानी स्थापनाओं को बदलने के लिए मजबूर भी करेगी।**

नवजागरण के दौरान हिन्दी पत्रकारिता अस्तित्व में आयी। नवजागरण का सम्बन्ध मुख्यतया ऊँची जातियों से था। दलित समाज उस समय भी हाशिए पर ही था। **सती प्रथा और विधवा-विवाह जैसी सामाजिक समस्याएँ सवर्ण जातियों की समस्याएँ थी; उनका दलित समाज से कोई लेना-देना नहीं था।** तथाकथित हिन्दी नवजागरण भी हिन्दू नवजागरण ही था जो सवर्ण जातियों के सामाजिक सांस्कृतिक उत्थान के प्रति समर्पित था। उस दौर के अनेक पत्र 'हिन्दू व हिन्दू जाति' के नामों से निकले थे और उनके मालिक और लेखक भी हिन्दू ही होते थे। डॉ. श्यौराज सिंह ने उस दौर की हिन्दी पत्रकारिता के बारे में ठीक ही लिखा है कि ग़ैर हिन्दू व ग़ैर-ब्राह्मण पत्रकारों

के अभाव में पत्रकारिता पक्षपाती बनी। दलितों के प्रति कुछ श्रेष्ठ पत्रकारों की सहानुभूति तो थी, लेकिन उनकी पत्रकारिता में दलित वर्ग की लोकतान्त्रिक भागीदारी ख़ुद दलितों की असम्भव थी (पृ. 15)। इसके साथ-साथ एक अन्य वजह भी थी कि शिक्षा, साहित्य और पत्रकारिता के केन्द्रों पर दलित विरोधी तत्त्वों का वर्चस्व कायम था।

हिन्दी पत्रकारिता पर दलित विरोधी तत्त्वों के वर्चस्व को तोड़ने के लिए हिन्दी में दलित पत्रकारिता की विधिवत शुरुआत स्वामी अछूतानन्द ने की। 1917 में ही विदेश से शिक्षा लेकर लौटे डॉ. अम्बेडकर ने दलितों के उत्थान के लिए पत्रकारिता की शुरुआत की। इससे पहले ज्योतिबा फुले ने दलित पत्रकारिता की नींव रख दी थी। 'सत्यशोधक समाज' की स्थापना के बाद उन्होंने 1 जनवरी, 1877 में 'दीनबन्धु' पत्र का प्रकाशन शुरू किया था। भारतीय नवजागरण के इस पुरोधा ने जातिभेद व छुआछूत के विरुद्ध आवाज़ उठाई और सामाजिक समता और बंधुत्व के लिए जीवनपर्यंत संघर्ष करके दलितों-वंचितों के सामाजिक-सांस्कृतिक आन्दोलन की नींव डाली। अछूतों की शिक्षा के लिए निरन्तर प्रयास किया। उन्होंने अपनी पत्नी सावित्रीबाई फुले के साथ मिल कर विधवा कन्याओं के लिए एक पाठशाला खोली जिसमें ब्राह्मण जाति की विधवा कन्याओं को शिक्षा दी जाती थी। सावित्रीबाई फुले भारत की पहली महिला शिक्षिका थीं। पर हिन्दी पत्रकारिता ने अपनी सवर्ण मानसिकता के चलते उनके प्रगतिशील कार्यों के सम्बन्ध में एक शब्द भी नहीं लिखा। यहाँ तक कि किसी महिला संगठन ने विश्व महिला दिवस पर उनको याद तक नहीं किया। अल्पसंख्यक और दलितों के प्रति हमदर्दी का दम्भ भरने वाले '**जनवादी महिला संघ**' ने भी उनके सम्बन्ध में चुप्पी साध ली।

डॉ. श्यौराज सिंह बताते हैं कि ज्योतिबा फुले की परम्परा में 'ज्ञानोदय', 'ज्ञान प्रकाश', 'सोमवंशीय मित्रा', 'विटाल विध्वंसन', 'निराश्रित हिन्दू नागरिक पत्रिका, 'चोखा मेला', 'बहिष्कृत भारत' आदि क़रीब पचास पत्रों ने दलित पत्रकारिता के सामाजिक सरोकारों को आगे बढ़ाया। दलित पत्रकारिता में निरन्तरता बनी हुई थी लेकिन पत्रकार अम्बेडकर से पूर्व अशक्त, अपर्याप्त और विशृंखलित थी। इनका प्रभाव बुनियादी तो था किन्तु राष्ट्रव्यापी नहीं था। (पृ. 93) इस अभाव की पूर्ति डॉ. अम्बेडकर के पत्रकारिता की समाजोन्मुखी परम्परा–जो फुले और उनके

परवर्तियों द्वारा बनी थी; वह अपने सारतत्व में 'दलित अपेक्षाएँ पूरी करने में अपर्याप्त' थी। दलित पत्रकारिता की इस स्वस्थ परम्परा के दम तोड़ने से पहले ही डॉ. अम्बेडकर ने क़लम रूपी हथियार उठाकर सदियों से अनछुए दलित-मुक्ति के प्रश्नों को पूरी प्रतिबद्धता और निष्ठा के साथ उठाया और विकसित किया। इसलिए कह सकते हैं कि डॉ. अम्बेडकर की पत्रकारिता इनकी निरन्तरता में ही विकसित हुई।

ऐसे समय में जब अधिकांश प्रमुख पत्र जाति विशेष के हित साधन बने हुए थे; डॉ. अम्बेडकर ने कोल्हापुर छत्रपति शाहू महाराज की आर्थिक सहायता से 31 जनवरी, 1920 में 'मूकनायक' मराठी पाक्षिक निकालकर ग़ैर-दलित पत्रकारिता के दलित विरोधी रूझान का सामना करने के लिए वैकल्पिक दलित मीडिया की शुरुआत की। 'मूकनायक' के प्रवेशांक में डॉ. अम्बेडकर ने स्पष्ट कहा कि 'बहिष्कृत लोगों पर हो रहे और भविष्य में होने वाले अन्याय के उपाय सोचकर उनकी भावी उन्नति व उनके मार्ग के सच्चे स्वरूप की चर्चा करने के लिए' ही यह पत्र निकाला। उन्हें इस बात का दुखद एहसास था कि उस समय के अधिसंख्य समाचार पत्र विशिष्ट जातियों के हित साधन करने वाले हैं। कभी-कभी उनका आलाप इतर जातियों के अहित कारक है। 'उन्हें उम्मीद थी कि अगर 'मूकनायक' को 'चन्दादाताओं', ग्राहकों का सहयोग बना रहा तो यह पत्र बिना लड़खड़ाए स्वजन हित करेगा।' इस प्रकार डॉ. अम्बेडकर ने पत्रकारिता को व्यावसायिकता के स्थान पर मिशनरी पत्र के रूप में चुना था। स्वजन हित उनकी पत्रकारिता का मुख्य उद्देश्य था।

हिन्दी पत्रकारिता की सवर्णमानसिकता का वास्तविक विकल्प दलित पत्रकारिता ही हो सकती थी क्योंकि हिन्दी पत्रकारिता जातिवाद-वर्णव्यवस्था से उत्पन्न सामाजिक विषमता, उत्पीड़न और वंचितों के अधिकारों के बजाये राजनीतिक सरोकारों को ही सर्वोपरि मानकर चल रही थी। सवर्ण मानसिकता के हिन्दू पत्रकारों ने उसका कारण यह बताया कि 'स्वतन्त्रता आन्दोलन के समय की पत्रकारिता एक राष्ट्रीय ध्येय के प्रति समर्पित थी।' उसकी वजह वह नहीं थी जो ऊपर बतायी गयी है, बल्कि यह थी कि हिन्दी पत्रकारिता मिशनरी ध्येय से ज़्यादा व्यावसायिक रुख अपना रही थी। जबकि डॉ. अम्बेडकर की पत्रकारिता मिशनरी के तहत दलितों वंचितों की पत्रकारिता में भागीदारी

के लिए निश्चित भूमिका बना रही थी। यही वजह है कि डॉ. अम्बेडकर के पत्रकारिता के क्षेत्र में कूदने के बाद ही दलित प्रश्नों के प्रति गम्भीरता का रुझान दिखाई देता है।

डॉ. अम्बेडकर ने 24 नवम्बर, 1930 में 'जनता' पत्र की स्थापना करके इन प्रश्नों पर राष्ट्रव्यापी बहस छेड़ दी जिसकी प्रतिक्रिया में गांधी ने 11.2.1933 में 'हरिजन' (अंग्रेज़ी) और उसके 11 दिन बाद 23.2.1933 में 'हरिजन' (हिन्दी) निकालकर इस बहस को विचारोत्तेजक बना दिया। यह सिर्फ़ डॉ. अम्बेडकर और गांधी के पत्रों की ही लड़ाई नहीं थी, बल्कि भिन्न राजनीतिक-सामाजिक-चिन्तन की भी लड़ाई थी जो जातिप्रथा-वर्ण व्यवस्था विरुद्ध अस्पृश्यता उन्मूलन की बन गयी।

इससे पहले डॉ. अम्बेडकर 16 मई, 1916 की कोलम्बिया यूनिवर्सिटी, न्यूयॉर्क अमेरीका में आयोजित डॉ. ए. गोल्डनवाइजर की संगोष्ठी में नृविज्ञान पर–'भारत में जातिप्रथा, संरचना, उत्पत्ति और विकास, नामक लेख पढ़कर अपनी 'जातिविषयक' थीसिस प्रस्तुत कर चुके थे, जो गांधी की 'अस्पृश्यता उन्मूलन' थीसिस के विरुद्ध थी। इसीलिए अस्पृश्यता उन्मूलन और जातिप्रथा-वर्णव्यवस्था के प्रश्न पर गांधी और डॉ. अम्बेडकर में गहरा मतभेद था। गांधी ने 11.2.1933, 'हरिजन' (अंग्रेज़ी) के अंक में लिखा था, 'मैं वर्ण व्यवस्था से भिन्न जातिप्रथा को भी पापपूर्ण और घृणित प्रथा नहीं मानता। अस्पृश्यता जाति प्रथा की उपज नहीं, ऊँच-नीच के भेदभाव की उपज है'। (पृ. 120) इस तरह गांधी वर्ण-व्यवस्था और जाति प्रथा को एक मानते थे और अस्पृश्यता उनसे भिन्न थी यानी उनकी पैदा की हुई नहीं थी। यही वजह है कि गांधी अस्पृश्यता उन्मूलन यानी छुआछूत को दूर करने की बात तो करते थे पर वर्ण-व्यवस्था और जाति प्रथा का समर्थन करते थे, क्योंकि वे उसे हिन्दू समाज की संरचना का मूलाधार मानते थे। उनका विरोध करने का अर्थ हिन्दू समाज को नष्ट करना जैसा था।

डेढ़ साल के अन्तराल के बाद गांधी ने 'अस्पृश्यता-उन्मूलन' की थीसिस को और आगे बढ़ाते हुए लिखा, 'अस्पृश्यता के साथ जाति-व्यवस्था को नष्ट करना वैसा ही जैसे शरीर के बढ़े हुए किसी भद्दे अंग के साथ शरीर को ही नष्ट करना।' इसलिए 'वर्ण-व्यवस्था के विरुद्ध लड़ने का कोई कारण नहीं है।'

उन्होंने ज़ोर देकर कहा कि 'अस्पृश्यता के विरुद्ध आन्दोलन हृदय परिवर्तन का आन्दोलन है।' (हरिजन अंग्रेज़ी 10.8.34, पृ. 30) जबकि इसके विपरीत डॉ. अम्बेडकर जातिप्रथा-वर्णव्यवस्था को अस्पृश्यता का मूलाधार मानते थे। इसलिए वे अस्पृश्यता के साथ-साथ जातिप्रथा-वर्णव्यवस्था को भी नष्ट करने के लिए आन्दोलन चला रहे थे। उनकी स्पष्ट मान्यता थी कि 'बहिष्कृत लोग जाति-व्यवस्था की उपज हैं। जब तक जातियाँ हैं तब तक बहिष्कृत जातियों की मुक्ति नहीं हो सकती। जाति व्यवस्था का ध्वस्तीकरण' किये बग़ैर छुआछूत नहीं मिट सकती।' (पृ. 29) जातिप्रथा-वर्णव्यवस्था के उन्मूलन का अर्थ छुआछूत या जातिभेद का ही उन्मूलन है। डॉ. अम्बेडकर ने जातिभेद पर आधारित हिन्दू समाज-संरचना को ठीक से पहचान कर उसे रेखांकित किया था कि 'हिन्दू समाज एक मीनार है। एक-एक जाति इस मीनार का एक-एक तल है और एक से दूसरे तल में जाने का कोई मार्ग नहीं है। जो जिस तल में जन्म लेता है उसी तल (जाति) में मरता है।' (पृ. 163) डॉ. अम्बेडकर इस निष्कर्ष पर पहुँच गये थे कि जाति प्रथा-वर्ण-व्यवस्था को समूल नष्ट किये बिना अस्पृश्यता उन्मूलन सम्भव नहीं है।

गांधी ने 'हरिजन' पत्र के प्रवेशांक में अस्पृश्यता निवारण अभियान में उन्हें शामिल करने का आह्वान किया था। यह वह समय था जब गांधी का सविनय अवज्ञा आन्दोलन असफलता के चलते बन्द हो गया था। यह गांधी की राजनीति में व्यक्तिगत पराजय थी। इसलिए उन्होंने एक नया स्टंट-अछूतोद्धार का नारा दिया, ताकि अपनी राजनीतिक पराजय को कुछ समय तक के लिए छुपाया जा सके। डॉ. अम्बेडकर ने गांधी के अस्पृश्यता अभियान के सत्य को जनता के सामने रखते हुए कहा, 'अस्पृश्यता निवारण-रीति की छानबीन करें तो बकवास करने की अपेक्षा गांधी का कोई बड़ा कार्य दिखाई नहीं देता। गांधी पूरी तरह सनातनी हैं, जिन्हें जातिभेद पर विश्वास है। क्या ऐसा मनुष्य अस्पृश्यता निवारण करेगा?' (पृ. 130) इससे गांधी के अस्पृश्यता अभियान का रहस्य खुल जाता है।

यह विवाद यही नहीं थमा। गांधी अभी भी 'अस्पृश्य समाज को हिन्दू समाज का अभिन्न अंग' मानने पर अड़े हुए थे और राजकीय दृष्टि से उन्हें हिन्दुओं से अलग करने के विरुद्ध थे। जबकि यूरोप के लोग कुत्ते और

हिन्दुस्तानियों में कोई फ़र्क़ नहीं करते थे। डॉ. अम्बेडकर ने 'भारत के मन्दिरों की तुलना यूरोपीय लोगों द्वारा संचालित क्लब्स' के दरवाज़े पर टँगे हुए उन बोर्डों से की जिन पर लिखा होता था, 'कुत्ते और हिन्दुस्तानियों का प्रवेश वर्जित है।' उन्होंने भारत की सामाजिक विडम्बना की ओर संकेत किया कि 'आज हिन्दू मन्दिरों पर वैसे ही बोर्ड टँगे हैं। अन्तर केवल इतना है कि हिन्दू मन्दिरों में कुत्ते-जानवर भी प्रवेश कर सकते हैं, केवल अछूत नहीं कर सकते।' (पृ. 131)

इसी प्रक्रिया में डॉ. अम्बेडकर ने 'जातिभेद, अस्पृश्यता जैसी रूढ़ियों का दलित समाज' पर पड़ने वाले प्रभाव को रेखांकित करते हुए लिखा, 'स्पृश्य लोगों को प्रत्यक्ष अनुभव कभी नहीं होने से यह टिकी रही है।' लेकिन जैसे ही इन सवर्ण जातियों को 'अछूत' होने की पीड़ा पता चली तो वे शिकायत करने लगे कि 'यह भेदभाव ठीक नहीं है ! गांधी को यह अनुभव दक्षिणी अफ्रीका में हुआ, तो ऐसा ही अनुभव' 'एडिनबरों' में रह रहे भारतीय विद्यार्थियों को हुआ। 'बहिष्कृत भारत' अंक-5, 3 जून, 1927 में 'आजकल के प्रश्न' के अन्तर्गत उनकी शिकायत थी कि 'वहाँ उनके साथ अछूतों जैसा बर्ताव किया जाता है।' डॉ. अम्बेडकर ने इसे पहला प्रश्न मानकर अपनी प्रतिक्रिया में लिखा, **'वर्णभेद पर जीने वाले लोगों की वर्णभेद के विरुद्ध शिकायत पर कौन ख़बर लेगा? उनमें स्वयं इतना वर्णभेद घुसा हुआ है कि अछूतों को भारतीय स्पृश्यों की किसी भी व्यवस्था में कोई स्थान नहीं है।'** (पृ. 181) डॉ. अम्बेडकर ने विक्षुब्ध होकर लिखा, 'पीढ़ी-दर-पीढ़ी अस्पृश्य वर्ग हिन्दुस्तान से अन्यत्र नहीं है।' अस्पृश्यता का उन्मूलन जातिप्रथा-वर्ण व्यवस्था को नष्ट किये बग़ैर सम्भव नहीं है।

इसके विपरीत गांधी जी जातिप्रथा-वर्णव्यवस्था का समर्थन करते थे और अस्पृश्यता उन्मूलन पर ज़ोर देते थे। उनकी दृष्टि में 'वर्णव्यवस्था, कर्तव्य विभाजन के अलावा कुछ भी नहीं है।' पैतृक धन्धा ही श्रेष्ठ धन्धा है। डॉ. अम्बेडकर ने इसका सटीक जवाब यह लिख कर दिया कि अगर दलित 'आत्मोन्नति के लिए अपना मनपसन्द धन्धा चुनने की कोशिश करते हैं तो इससे वर्ण में गड़बड़ी हो जाती है। सवर्णों के चुनने पर नहीं होती। (पृ. 122) इसके साक्ष्य के लिए उन्होंने ख़ुद गांधी जी को ही प्रस्तुत किया, कि महात्मा

जन्म से बनिया हैं तो उनके पूर्वज वाणिज्य त्याग कर रजवाड़े के दीवान बन गये, जो ब्राह्मणों का पेशा है। ख़ुद उन्होंने अपने पूर्वजों का पेशा चुना तक नहीं और क़ानून का पेशा त्याग कर आधे सन्त और आधे राजनीतिज्ञ हो गये।

यह वर्ण और वर्ग की राजनीति है। वर्ण और वर्ग की इस राजनीति में दलित समाज आज तक पिसता आया है। भारत के मार्क्सवादी और जनवादियों ने वर्ग और वर्ण की राजनीति को और उलझा दिया। **गांधी की तरह डॉ. रामविलास शर्मा भी जातिप्रथा को घृणित प्रथा नहीं मानते। उल्टे वे श्रम विभाजन की तर्ज़ पर वर्ण-विभाजन को एक प्रगतिशील क़दम मानते हैं। श्रम विभाजन का अर्थ वर्ग-विभाजन ही है,** जिसमें आर्थिक स्थिति में परिवर्तन के साथ-साथ मनुष्य की वर्गीय स्थिति यानी सामाजिक स्थिति में भी परिवर्तन आ जाता है। जबकि वर्ण-विभाजन (वर्ण-व्यवस्था) में मनुष्य की सामाजिक स्थिति में कोई मौलिक परिवर्तन नहीं आता, क्योकि उसका वास्तविक आधार वंशगत होता है। यहाँ डॉ. रामविलास शर्मा मार्क्सवाद को तो याद रखते हैं पर मार्क्स को भूल जाते हैं। मार्क्स शायद पहले ऐसे चिन्तक हैं जिन्होंने भारतीय समाज व्यवस्था की जातिप्रथा को 'घृणित प्रथा' कहा था और जिसे भारत की 'अपरिवर्तनीय आत्मनिर्भर ग्राम-समाज-व्यवस्था' ने ही अभी तक मज़बूत कर रखा था। मार्क्स ने उसका आर्थिक आधार 'एशियाई उत्पादन पद्धति' को ही माना था। ये तीनों बातें मार्क्स ने सन् 1857 में उस समय कही थीं जब भारत का प्रथम स्वाधीनता संग्राम चल रहा था। डॉ. रामविलास शर्मा का ब्राह्मणवादी संस्कारों से ग्रस्त मार्क्सवाद इन तीनों बातों को भूल कर ब्राह्मणवाद की शरण में चला जाता है।

डॉ. अम्बेडकर ने मार्क्स के विचारों से सहमति दिखाते हुए भारतीय ग्राम समाज व्यवस्था की अपरिवर्तनीयता को इस प्रकार व्यक्त किया है कि 'क्रान्तियाँ-दर- क्रान्तियाँ होती हैं। हिन्दू, पठान, मराठा सबके सब अपने क्रम से स्वामी हुए, लेकिन ग्राम-समुदाय यथावत रहे। हश्र यह कि ग्राम्य- गणराज्य भारत की तबाही सिद्ध हुए।' (पृ. 217) मार्क्स ने ऐसी बातें सन् 1857 में ही लिख दी थीं–'1857 भारत का प्रथम स्वातन्त्र्य संग्राम' पुस्तक नामक पुस्तक में। आत्मनिर्भर ग्राम समुदाय से जातिप्रथा-वर्ण-व्यवस्था मज़बूत हुई। ये निष्कर्ष मार्क्स के थे और डॉ. अम्बेडकर के भी। संवैधानिक तन्त्र के बावजूद

आज की ग्राम पंचायत व्यवस्था से भी जातिप्रथा-वर्ण-व्यवस्था मज़बूत ही होगी, कम नहीं होगी।

भारत के सवर्ण मार्क्सवादियों और जनवादियों ने मार्क्स से कोई सबक नहीं सीखा। वे मानते रहे कि क्रान्ति के बाद समाजवादी व्यवस्था कायम होते ही जातिप्रथा-वर्ण-व्यवस्था अपने आप मिट जायेगी। यह वास्तविक स्थिति से इनकार ही है। डॉ. अम्बेडकर कोई क्रान्तिकारी मार्क्सवादी चिन्तक नहीं थे, लेकिन उन्हें भारत के मार्क्सवादी और जनवादियों से ज़्यादा सामाजिक संरचना में जाति और वर्ण की वास्तविक स्थिति का ज्ञान था। उन्होंने अपने विवादित भाषण- 'एनिहिलेशन ऑफ़ कास्ट' में वर्ण-विभाजन और श्रम विभाजन का अन्तर स्पष्ट किया, 'जातिप्रथा केवल श्रमिकों का श्रम विभाजन ही नहीं है यह श्रम विभान से बिल्कुल भिन्न है। वह वंशगत है जिसमें श्रमिकों का वर्गीकरण एक के ऊपर दूसरी सीढ़ीनुमा है।' जबकि हिन्दू समाज एक बहुमंजिली मीनार की तरह है जिसमें 'एक से दूसरे तल में आने-जाने की सीढ़ियाँ नहीं हैं जिसका जन्म जिस तल (जाति) में होता है वह उसी तल में मरता है।' (पृ. 120) यह वर्ण-विभाजन है, वर्ग-विभाजन नहीं।

डॉ. अम्बेडकर समाजवादी क्रान्ति में विश्वास नहीं करते थे। सोवियत संघ में हुई अक्टूबर क्रान्ति के स्थायित्व को लेकर वे आशंकित थे। उन्हें डर था कि '**रूसी कम्युनिस्टों का रास्ता और लक्ष्य झटपट क्रान्ति करने के ध्येय से तय किये गये हैं, जो उत्क्रान्ति के मार्ग में मुश्किलें ला सकते हैं क्रान्ति क्या है?**' नामक इस लेख में उन्होंने कम्युनिस्टों के ध्येय के बारे में आगे लिखा था कि उनका ध्येय अश्रेष्ठ नहीं है और उससे बढ़ कर यह केवल राजनीतिक ही नहीं आर्थिक व सामाजिक भी है। लेकिन इसे 'समझने की पात्रता अभी बहुजन समाज में नहीं है।' (पृ. 33) डॉ. अम्बेडकर राजनीतिक-आर्थिक क्रान्ति से पहले सांस्कृतिक क्रान्ति लाना चाहते थे। उनकी दलील थी कि दलित समुदाय अशिक्षा, ग़रीबी और अस्पृश्यता जैसी सामाजिक बुराई के अभिशाप से मुक्त नहीं है। उनका सांस्कृतिक स्तर निम्न है। उनका विचार था कि '**शेष क्षेत्रों में क्रान्ति लाने से पूर्व विचारों में क्रान्ति लाना प्राथमिक व अत्यन्त आवश्यक है।**' डॉ. अम्बेडकर में 'सांस्कृतिक क्रान्ति' लाने वाले विचार भारत की एस.यू. सी. आई. कम्युनिस्ट पार्टी के संस्थापक शिवदास

घोष के विचारों से पूरी तरह मेल खाते हैं। यह कम्युनिस्ट पार्टी भी राजनीतिक-आर्थिक क्रान्ति से पहले सांस्कृतिक क्रान्ति लाने पर ज़ोर देती है।

डॉ. अम्बेडकर सर्वहारा की तानाशाही को लोकतन्त्र के लिए ख़तरा बताते हैं और उसके स्थान पर 'राजकीय समाजवाद' की अवधारणा प्रस्तुत करते हैं। उनकी 'राजकीय समाजवाद' की अवधारणा लोकतन्त्र की संसदीय प्रणाली के साथ मिलकर बनी है। "आर्थिक शोषण को समाप्त करने के लिए मूल उद्योगों का स्वामित्व और प्रबन्ध राज्य के हाथ में रहे और बीमा कंपनियों का राष्ट्रीयकरण' किया जाय तथा कृषि क्षेत्रों में मालिकों, काश्तकारों आदि को मुआवजा देकर सरकार भूमि का अधिग्रहण करे और उस पर सामूहिक खेती कराये।" डॉ. अम्बेडकर 'राजकीय समाजवाद' द्वारा इस लक्ष्य को पाने का कार्यक्रम पेश कर रहे थे। इसीलिए उन्होंने उद्योगों के निजीकरण का तीव्र विरोध किया, इससे सामाजिक विषमता बढ़ने का ख़तरा सामने था। निजीकरण की वजह से औद्योगीकरण तेज़ी से नहीं हो पायेगा। इसलिए उनका दृढ़ मत था कि 'भारत में तेज़ी से औद्योगीकरण करने के लिए राजकीय समाजवाद अनिवार्य है।' (पृ. 218) भले ही डॉ. अम्बेडकर समाजवादी क्रान्ति में आस्था न रखते हों पर वे जनता की जनवादी क्रान्ति के लक्ष्य के काफ़ी क़रीब पहुँच गये थे और सामन्ती व्यवस्था को ध्वस्त करके पूँजीवादी जनवादी क्रान्ति का पुरज़ोर समर्थन कर रहे थे। इसके बावजूद भारत के कम्युनिस्टों और समाजवादियों ने उनके प्रति नकारात्मक रवैया अख़्तियार किया। जबकि डॉ. अम्बेडकर अक्टूबर क्रान्ति के बाद सोवियत संघ में किये जा रहे सम्पत्ति, कृषि और उद्योगों के राष्ट्रीयकरण से पूरी तरह सहमत थे और मानते थे कि 'सभी को आवश्यक भूमि प्राप्त न होने की स्थिति में सोवियत संघ के ढंग पर सामूहिक कृषि करने के अलावा कोई विकल्प नहीं है।' (पृ. 112) क्या कारण है कि इन सबके बावजूद डॉ. अम्बेडकर के प्रगतिशील, लोकतान्त्रिक और जनवादी विचारों का समर्थन नहीं किया गया था और आज भी नहीं किया जा रहा है।

डॉ. अम्बेडकर ने तत्कालीन सामाजिक प्रश्नों को अपनी पत्रकारिता के माध्यम से प्रगतिशील दृष्टिकोण से उठाया था। लेकिन हिन्दी पत्रकारिता

उनके प्रति नकारात्मक रवैया अपना रही थी। 1930 से 32 तक चले गोलमेज सम्मेलनों में दलितों के प्रश्नों पर डॉ. अम्बेडकर और गांधी के बीच जो राजनीतिक विवाद हुआ, उसमें भी हिन्दी पत्रकारिता की भूमिका नकारात्मक ही रही। स्वयं गांधी ने उसमें अछूतों का एकमात्र प्रतिनिधि होने का दावा प्रस्तुत किया था और डॉ. अम्बेडकर के दावे को अनुचित बताया। कैसी विडम्बना है कि दलित समाज का व्यक्ति दलितों का प्रतिनिधित्व नहीं करेगा, उसका प्रतिनिधित्व सवर्ण समाज का व्यक्ति करेगा! डॉ. अम्बेडकर ने गांधी के अछूतों का प्रतिनिधित्व करने को चुनौती दी और द्वितीय गोलमेज कांफ्रेंस (29 अगस्त 1931) में दलितों की ओर से शामिल हुए।

अन्ततः 17 अगस्त, 1932 को 'कम्युनल अवॉर्ड' की घोषणा हुई, जिसमें अछूतों के लिए स्वतन्त्र निर्वाचन की व्यवस्था की गयी थी। तो गांधी ने पूना की यरवदा जेल में 20 सितम्बर, 1932 को आमरण अनशन शुरू कर दिया। गोलमेज सम्मेलन में ही गांधी ने जान की बाजी लगा कर दलितों के 'पृथक निर्वाचन' का विरोध करने का ऐलान कर दिया था। उनका तर्क था कि 'पृथक निर्वाचन से दलितों की दशा और भी दुखदायी हो जायेगी।' लेकिन गांधी असली प्रश्न को छुपा रहे थे कि 'पृथक निर्वाचन' से दलित हिन्दू समाज से अलग हो जायेंगे और निश्चित तौर पर हिन्दू समाज 'अल्पसंख्यक' समाज में तब्दील हो जायेगा। इसलिए डॉ. अम्बेडकर ने 'पूना पैक्ट' को 'अछूतों को सवर्ण हिन्दुओं के मताधिकार पर निर्भर रहने का अर्थ-अछूत पूर्ववत उनके गुलाम बने रहें' इस मंशा को पूरा करने वाला बताया था। साथ ही गांधी के इस अनशन को 'राजनीतिक हथकंडा' कहा था। अन्ततः डॉ. अम्बेडकर ने पृथक निर्वाचन की माँग छोड़कर 'पूना पैक्ट' करके गांधी की जान बचायी थी।

इस पूरे घटनाक्रम पर हिन्दी पत्रकारिता की क्या स्थिति थी। एक उदाहरण पर्याप्त होगा। 6 नवम्बर, 1930 के 'भविष्य' पत्र ने लिखा, '...दलितों के स्वतन्त्र निर्वाचन अधिकार की माँग के प्रति कांग्रेस की नीति बहिष्कार की रही। उ.प्र. की हिन्दी पत्रकारिता ने उसी का अनुसरण किया।' (पृ. 16) डॉ. श्यौराज सिंह ने ठीक लिखा है कि सन् 1932 में गोलमेज सम्मेलन में दलितों के पृथक निर्वाचन की माँग पर 'हिन्दी पत्रकारिता की एक धारा गांधी सरीखे राष्ट्रीय नेताओं का समर्थन करती चल रही थी।' 'बहिष्कृत वर्ग' के पृथक

निर्वाचन स्थान के विरोध का यह भी एक कारण था। मज़ेदार बात यह थी कि 'कम्युनल अवॉर्ड' के तहत हिन्दी पत्रकारिता सिखों और मुसलमानों के लिए साम्प्रदायिक आधार पर पृथक निर्वाचन का तो समर्थन कर रही थी पर 'अम्बेडकर के विचार पक्ष के प्रति हिन्दी पत्रकारिता ने गहरी उदासीनता व नकारात्मकता का परिचय दिया। कारण यह सवर्ण पत्रकारिता थी। इस धारा में तो दलित पत्रकारिता के अस्तित्व तक का पता नहीं चलता। जबकि 1929 में 'आदिमानव' जैसे दलित पत्र मौजूद थे।' (पृ. 16-17)

गोलमेज सम्मेलनों के दौरान कांग्रेस के प्रतिनिधि और दलितों के प्रतिनिधि डॉ. अम्बेडकर के बीच 'स्वराज्य की अवधारणा' को लेकर भी गम्भीर मतभेद उभर आये थे। गांधी ने राजा-रजवाड़ों का पक्ष लेते हुए, लोकतान्त्रिक स्वराज्य की बजाय रामराज्य यानी राजतन्त्रों को बनाये रखने का प्रयत्न किया था। गांधी ने ज़ोर देकर कहा था, 'हमें संस्थानिकों (स्टेट) को समाप्त नहीं करना है। सुधार करना है। हमें स्वराज्य नहीं अपना, रामराज्य चाहिए।' (पृ. 130) डॉ. अम्बेडकर 'रामराज्य' वाले स्वराज्य को दलितों के ऊपर राज्य मानते थे। उन्हें आशंका थी इस स्वराज्य में 'अछूतों की स्थिति क्या होगी यानी स्वराज में अछूतों का कितना हिस्सा होगा?' उन्होंने 1920 में 'मूकनायक' के अंक-3 में स्पष्ट लिखा था, स्वराज्य हो तो ऐसा हो, जिसमें हमारा भी थोड़ा बहुत राज्य हो।' उन्हें सन्देह था कि 'हिन्दू आज़ादी मिलने के बाद अछूतों को कुछ भी नहीं देंगे।' (पृ. 148) उनकी चिन्ता थी कि 'स्वराज्य मिलेगा उससे प्राप्त होने वाली स्वयंसत्ता सब जातियों में कैसे विभाजित की जायेगी, जिसकी वजह से स्वराज्य ब्राह्मण राज्य नहीं होना चाहिए, यह प्रश्न मुख्य है।' उन्हें उम्मीद थी कि भविष्य में **हिन्दुस्तान का भावी राज्य एक सत्तात्मक या प्रजा सत्तात्मक न होकर प्रजा प्रतिनिधि सत्तात्मक राज्य होने जा रहा है।** इसलिए उन्होंने माँग रखी थी कि इस प्रकार के राज्य को स्वराज्य होने के लिए मतदारी का अधिकार विस्तृत करके जातिवाद 'प्रतिनिधित्व देना ज़रूरी है।' उन्हें यह भी मालूम था कि भारत का '**मतदाता प्रत्याशी की विशेष सेवा योग्यता की ओर ध्यान न देकर उसकी जाति की ओर देखकर मत देते हैं।**' (पृ. 166) आज़ादी के बाद के इन पचास सालों में डॉ. अम्बेडकर के ये विचार कितने सही सिद्ध हो रहे हैं।

डॉ. अम्बेडकर ने 'स्वराज्य' और 'स्वतन्त्रता' की अवधारणा को दलितों की सामाजिक स्थिति से जोड़कर व्याख्यायित किया था। उन्होंने 'मूकनायक' के सम्पादकीय-10 अप्रैल, 1920 में स्वराज्य के सिद्धान्त की व्याख्या इस प्रकार की थी कि 'उन्हें ब्रिटिश सत्ता का लोप स्वराज्य की व्याख्या नहीं चलेगी। भारतीयों की सत्ता का स्वरूप तय कर लेना होगा। उन्नत अवस्था के अनुरूप सामाजिक स्थिति के लिए जो स्वतन्त्रता है वही स्वराज्य की सच्ची व्याख्या है।' (पृ. 167) डॉ. अम्बेडकर के 'स्वराज्य के सिद्धान्त' को हिन्दी पत्रकारिता ने जातिवादी और स्वराज्य व स्वतन्त्रता विरोधी करार देकर प्रचारित किया कि डॉ. अम्बेडकर स्वराज्य नहीं चाहते। डॉ. अम्बेडकर ने 27 मार्च, 1920 में 'मूकनायक' अंक-5 में अपनी स्थिति स्पष्ट करते हुए अपने विरोधियों को जवाब दिया कि 'जातिभेद के कारण स्वराज्य नहीं मिलना चाहिए, ऐसा हमें कभी नहीं लगा। जिनके द्वारा स्वराज्य देना था, उन्हें जातिभेद की अड़चन दूर कर जातिवार प्रतिनिधित्व देकर स्वराज्य कभी भी दिया जा सकता है।' (पृ. 149) अतः स्पष्ट है कि डॉ. अम्बेडकर सामाजिक विषमता यानी जातिभेद-वर्ण-व्यवस्था को मिटा कर सामाजिक समानता और स्वतन्त्रता के आधार पर स्वराज्य चाहते थे। इसलिए उन्होंने राजनीतिक स्वतन्त्रता के साथ-साथ सामाजिक स्वतन्त्रता की बहाली पर भी ज़्यादा ज़ोर दिया था। इस आधार पर उन्हें स्वतन्त्रता विरोधी बताना ग़लत है। भारत की जातिवादी सामाजिक संरचना को देखते हुए उनका यह सुझाव ठीक ही था, 'राजकीय सुधार और सामाजिक सुधार इन दोनों के क़दम एक साथ, एक जैसे पड़ने चाहिए।' (पृ. 149) इस तरह उनकी दृष्टि में स्वराज्य का वास्तविक आधार सामाजिक स्वतन्त्रता बन जाती है।

डॉ. अम्बेडकर का दार्शनिक-चिन्तन सामाजिक-चिन्तन से जुड़ कर विकसित हुआ है। इससे दलित-चिन्तन को नयी दिशा और नया आयाम मिला है। 'हिन्दुत्व का दर्शन' शीर्षक से प्रकाशित पुस्तक में उनके दर्शन सम्बन्धी लेखों में 'हिन्दू-दर्शन' को 'धर्म-दर्शन' का नाम दिया गया है। दर्शन की विशुद्ध दार्शनिक-व्याख्या उन्होंने नहीं की। उनकी दृष्टि में 'दर्शनशास्त्र और तत्त्वज्ञान में किन-किन बातों का समावेश किया जाये, यह निश्चित नहीं।' (पृ. 102) लेकिन उन्होंने हिन्दू धर्म-दर्शन की दोहरी मान्यताओं और

मानदण्डों पर चिन्ता प्रकट करते हुए बताया कि 'दर्शन एक मानदण्ड के सिवाय जिसके द्वारा आचरण का मूल्यांकन हो और कुछ नहीं है।' किसी भी दार्शनिक सिद्धान्त की कसौटी उसके व्यवहार में अन्तर्निहित होनी चाहिए। वे यह भी मानते थे कि 'जो बात एक व्यक्ति के लिए अन्यायी हो सकती है, वही बात समाज के लिए उपयोगी नहीं हो सकती।' इसीलिए किसी भी दार्शनिक सिद्धान्त का मूल्य, उसके नतीजों से परखना चाहिए। (पृ. 199)

जब उन्होंने 'हिन्दू धर्म के तत्त्वज्ञान की योग्यता' को 'न्याय और उपयुक्तता' की कसौटी पर परखा तो उसमें 'न्याय का दूसरा सरल नाम' 'स्वतन्त्रता, समानता और बन्धुभाव' को एक सिरे से ग़ायब पाया। इसी आधार पर उन्होंने हिन्दुत्व और हिन्दू धर्मदर्शन की तीव्र निन्दा की थी। हिन्दूधर्म-दर्शन का वास्तविक आधार जातिप्रथा-वर्ण-व्यवस्था ही है। उन्होंने लम्बे समय तक इसके ख़िलाफ़ संघर्ष किया और समझ लिया कि 'हिन्दू समाज में जातिप्रथा का अन्त' नहीं किया जा सकता। क्योंकि 'जाति भी हिन्दू का धर्म है। इसी के समर्थन में हिन्दू शास्त्रों, पुराणों, रामायण, महाभारत आदि महाकाव्यों की रचना हुई है। इन्हें त्याग देने से हिन्दू 'हिन्दू' नहीं रहेगा।' (वहीं पृ. 205)

डॉ. अम्बेडकर ने अपने दर्शन को धर्म-दर्शन मानते हुए लिखा है कि उनका समाज दर्शन–'स्वतन्त्रता', 'समानता', 'भ्रातृत्व' इन तीन शब्दों से मिलकर बना है। पर इसे फ्रांस की क्रान्ति पर निर्मित नहीं माना जा सकता। क्योंकि 'मेरे दर्शन का मूल धर्म है, राजनीति-विज्ञान नहीं। 'बुद्ध' के अनुकरण की शिक्षाओं ने मेरा पथ-प्रदर्शन किया है।' (पृ. 109) क्या यह उनकी हठधर्मिता थी जो वे फ्रांस की राज्यक्रान्ति के इन तीनों जनवादी अधिकारों और मूल्यों के प्रभाव को नकार रहे थे? जबकि 'स्वतन्त्रता', 'समानता' और 'बन्धुत्व' आदि तीनों जनवादी नारे विश्व समुदाय को फ्रांस की राज्यक्रान्ति की महत्त्वपूर्ण देन है। इसी आधार पर उन्होंने दलितों से पूछा था, 'क्या तुम्हारे लिए हिन्दू धर्म में समानता है, स्वतन्त्रता है, भ्रातृभाव है? यदि नहीं तो खोई हुई मनुष्यता प्राप्त करने के लिए, समानता प्राप्त करने के लिए, स्वतन्त्रता प्राप्त करने के लिए, सामर्थ्य सम्पादन करने के लिए और सांसारिक सुखोपभोग करने के लिए धर्मान्तर करो।' (पृ. 204)

लगभग पैंतीस साल तक अपने राजनीतिक-सामाजिक जीवन में डॉ. अम्बेडकर हिन्दूधर्म में सुधार के प्रयास करते रहे। जातिप्रथा-वर्ण व्यवस्था

से उत्पन्न जातिभेद को मिटाने का प्रयत्न करते रहे। जब वे असफल रहे तो अन्ततः इस निष्कर्ष पर पहुँचे कि 'धर्मान्तरण किये बग़ैर अस्पृश्यों को अपना दर्जा उन्नत करने का अन्य कोई मार्ग नहीं है।' (पृ. 202) इससे उनकी धर्म में गहरी आस्था प्रकट होती है। वे धर्म को मनुष्य के चरित्र-निर्माण में सहायक मानते थे। धार्मिक-संस्कार उनका लगातार पीछा कर रहे थे, इसीलिए उन्होंने हिन्दूधर्म का परित्याग करके बौद्धधर्म अपना लिया। 14 अक्टूबर, 1956 में उनके नेतृत्व में सामूहिक धर्म परिवर्तन की प्रक्रिया संपन्न हुई। क्या इस तरह डॉ. अम्बेडकर बौद्धधर्म अपना कर कभी न मिटनेवाली जातिप्रथा-वर्णव्यवस्था से उत्पन्न विवाद को सदा के लिए दफ़न नहीं कर रहे थे?

हिन्दी पत्रकारिता ने डॉ. अम्बेडकर के इस क़दम को भी नकारात्मक दृष्टि से देखा, ठीक उसी तरह जब उन्होंने 'हिन्दू कोड बिल' के द्वारा स्त्री मुक्ति का सवाल उठाया था। 'हिन्दू कोड बिल' का इसलिए विरोध किया गया; उसमें स्त्रियों को तलाक़ देने तथा पिता की सम्पत्ति में पुत्रों की भाँति पुत्रियों को भी समान अधिकार देने की वकालत की गयी थी। भारत सरकार ने 'हिन्दू कोड बिल तथा उसका उद्देश्य' पुस्तक में अनुवादकों ने अर्थ का अनर्थ कर दिया। पुस्तक के अन्तिम पृष्ठ में हिन्दू समाज को भरमाया गया, 'हिन्दू कोड बिल हिन्दू समाज और संस्कृति का तख्ता उतार देने वाला कुचक्र है।' शंकराचार्य स्वामी ब्रह्मानन्द सरस्वती ने भी उसे 'वर्णाश्रम के सिद्धान्तों' पर हमला करने वाला तथा हिन्दू सभ्यता, संस्कृति और सामाजिक जीवन को मटियामेट करने वाला बताया। यमुना किनारे निगम बोध कुटिया के 'करपात्री' ने भी उसे विनाशकारी बताया और कहा, "इससे हमारे कारोबार और सम्पत्ति में हमारी लड़कियों की भागीदारी से हमारे 'जामाता' लड़कियों को उकसा कर बँटवारा करेंगे और सम्पत्ति कारोबार में हिस्सा लेंगे।" (पृ 227) जब डॉ. अम्बेडकर इस 'बिल' को पास नहीं करा पाये तो मन्त्रिमण्डल से इस्तीफ़ा देकर कहा, "हिन्दू स्त्रियों की दशा सुधारने वाले इस 'बिल' की 'चार वर्ष जीने के बाद हत्या कर दी गयी। जिस पर किसी ने आँसू नहीं बहाए।" (पृ. 225) सुरेन्द्र मोहन ने ठीक लिखा है कि 'महिला संगठनों तक ने उनकी इस बुनियादी भूमिका का स्मरण तक नहीं किया।' डॉ. श्यौराज सिंह की दृष्टि में डॉ. अम्बेडकर के स्त्री-विषयक चिन्तन को एकांगी और केवल दलित

(अ.जा., अ.ज.जा.) और पिछड़ी जातियों की स्त्रियों तक सीमित किया जा रहा है।' (पृ. 227) जबकि उनकी चिन्ता का विषय सम्पूर्ण स्त्री-समुदाय था।

डॉ. श्यौराज सिंह के अनुसार डॉ. अम्बेडकर मानते थे कि "दलितों और स्त्रियों की दशा सुधारने के लिए शिक्षा को अत्यधिक महत्त्व दिया जाना चाहिए। शिक्षा में भी उच्च शिक्षा से दलितों-स्त्रियों की सामाजिक-आर्थिक उन्नति सम्भव हो सकती है।" 3 अप्रैल, 1927 के 'बहिष्कृतभारत' में बहिष्कृत वर्ग की परिषद् के प्रथम अधिवेशन में दलितों की विभिन्न समस्याओं पर विचार रखते हुए दलितों को सुझाव दिया था, 'हमें उच्च शिक्षा की ओर अधिक ध्यान देना चाहिए। एक बी. ए. पास व्यक्ति का जो सामाजिक आधार बनेगा वह एक हज़ार चौथी पास का नहीं बनेगा।' (पृ. 232) आज़ादी के बाद भी दलित शिक्षा में उल्लेखनीय प्रगति नहीं हुई। ख़ासतौर पर 'उच्च शिक्षा तक पहुँचते-पहुँचते दलित छात्रों की संख्या बहुत कम हो जाती है।' डॉ. श्यौराज सिंह के अनुसार उसका प्रमुख कारण 'शिक्षा के उच्चस्तर पर दलित विरोधी जाति विशेष का अलोकतान्त्रिक जाति-वर्चस्व होना है।' (पृ. 232) दलित-शिक्षा आन्दोलन के संयोजक चन्द्रभान प्रसाद द्वारा संग्रहित आँकड़े 'दलित शिक्षा की शोचनीय स्थिति को उजागर' कर देते हैं। इसलिए दलित शिक्षा का प्रश्न बुनियादी प्रश्नों में से एक है।

आज़ादी के बाद की दलित पत्रकारिता डॉ. अम्बेडकर की पत्रकारिता के बुनियादी सरोकारों से जुड़कर ही विकसित हुई है और अभी भी हो रही है, इसमें सन्देह के लिए कोई गुंजाइश नहीं है। डॉ. अम्बेडकर के समाज-दर्शन ने दलित-चिन्तन को एक नयी दिशा दी। दलितों में राजनीतिक समझ, सामाजिक ज़िम्मेदारी की भावना और सांस्कृतिक चेतना के विकास में समकालीन दलित पत्रकारिता अपना अमूल्य योगदान दे रही है। डॉ. श्यौराज सिंह ने आज़ादी के बाद भारत के विभिन्न क्षेत्रों में कई भाषाओं में प्रकाशित होने वाले सैकड़ों छोटे-बड़े दलित पत्रों का जो उल्लेख किया है उससे एक बात तो सिद्ध हो ही जाती है कि दलित पत्रकारिता दलित समाज की विभिन्न समस्यों पर निरन्तर विचार कर रही थी। उस पर डॉ. अम्बेडकर की विचारधारा का स्पष्ट प्रभाव परिलक्षित होता है। वह आज उसी से अनुप्रेरित होकर विकसित हो रही है।

यह निस्संकोच कहा जा सकता है कि बड़े ही परिश्रम से डॉ. श्यौराज सिंह ने दलित-पक्ष के रूप में जो ऐतिहासिक शोध-सामग्री प्रस्तुत की है और

उसका जो वस्तुपरक आकलन किया है, उससे निश्चित ही दलित-पत्रकारिता को भावी दिशा तय करने में अभूतपूर्व मदद मिलेगी। अपनी कम पृष्ठ संख्या के बावजूद इन दलित-पत्रों में प्रकाशित दलित समाज की समस्याओं से सम्बन्धित संक्षिप्त-सामग्री ने दलित चेतना के विकास में अपूर्व योगदान दिया है। यह दुर्भाग्यपूर्ण स्थिति है कि हिन्दी क्षेत्रों में प्रकाशित होने वाले इन दुर्लभ दलित-पत्रों का हिन्दी पत्रकारिता के इतिहास में कहीं नामोल्लेख तक नहीं मिलता। यूँ भी कह सकते हैं कि ऐसा जान-बूझकर किया गया है। क्या यह वही सवर्ण मानसिकता नहीं थी जो उन्हें ऐसा करने से रोकती रही? क्या हिन्दी साहित्य व पत्रकारिता के उपेक्षापूर्ण व्यवहार की वजह से ही दलित साहित्य व दलित पत्रकारिता एक विकल्प के रूप में अस्तित्व में नहीं आयी है?

इतने शोध-सृजन और चिन्तन के बाद डॉ. श्यौराज सिंह बेचैन प्रस्तावित करते हैं, अब दलित साहित्यकारों को ही तय करना है कि उनके साहित्य व पत्रकारिता की भावी दिशा क्या होगी? क्या वे डॉ. अम्बेडकर की पत्रकारिता के बुनियादी सरोकारों से जुड़ कर और उनके समाज-दर्शन का अनुकरण करते हुए दलित पत्रकारिता के मिशनरी स्वरूप को बनाये रखना ज़रूरी समझते हैं या हिन्दी पत्रकारिता के व्यावसायिक स्वरूप से चिपके रहना चाहेंगे? डॉ. अम्बेडकर के जीवनानुभवों का लाभ उठाते हुए और उनसे सबक लेते हुए दलित साहित्यकारों को वर्ण-व्यवस्था, सवर्ण समाज की समस्या मान कर उसे मिटाने का प्रयत्न छोड़ देना चाहिए और उसके ख़िलाफ़ एक भी शब्द नहीं बोलना चाहिए। क्योंकि ऐसा करके वे अपना अमूल्य समय ही नष्ट करेंगे।"

लेखक से असहमत होने की कोई वजह नहीं है, अपितु मैं इतना और जोड़ना चाहूँगा कि, "दलित साहित्यकारों को मान लेना चाहिए कि दलित एक जाति नहीं है, बल्कि एक समुदाय है और दलित समुदाय के रूप में उसे अपनी नयी अलग पहचान बनानी होगी। उनका अपना अलग दलित समाज होगा; अपने आचार-विचार होंगे, अपनी संस्कृति होगी और एक धर्म होगा; जो हिन्दू समाज-संस्कृति और धर्म से एकदम भिन्न होगा। क्योंकि हिन्दू समाज चार वर्णों में बँटा हुआ है और उससे हमारा दलित समुदाय बाहर खड़ा है तथा वर्ण-व्यवस्था-श्रेष्ठता और हीनता की भावना पर टिकी है। ऐसी स्थिति में दलित समाज को वर्णव्यवस्था की हीनता की ग्रन्थि से मुक्त होकर प्रगति के मार्ग पर उत्तरोत्तर बढ़ते रहना होगा।"

डॉ. अम्बेडकर की पत्रकारिता

—डॉ. रामचन्द्र

एक ऐसे समय में जब साहित्य चिन्तकों के ज़हन पर भूमण्डलीकरण और उत्तर आधुनिकता का नशा सवार हो, ऐसे में एक ही सामाजिक संरचना की विभिन्न भाषिक इकाइयाँ संवादहीनता की स्थिति में पहुँचने को बाध्य हो जाती हैं। एक भाषा में उपलब्ध चिन्तन दूसरी भाषा तक नहीं पहुँचता, जबकि उस विचार विशेष की उपयोगिता दोनों जगहों पर समान होती है। भारतीय समाज के सन्दर्भ में देखा जाये तो पता चलेगा कि अंग्रेज़ी के प्रति जिस तरह की ललक रही है, दूसरी भारतीय भाषाओं से जुड़ने का उत्साह उसी अनुपात में कम रहा है, बल्कि नहीं के बराबर कहा जा सकता है। हालाँकि यह स्थिति हमेशा नहीं थी। भारतेन्दु युग के रचनाकार 'बांग्ला साहित्य' जगत से भली भाँति अवगत थे, तो द्विवेदी युग में यह दायरा और भी बढ़ा था। चिन्तन और सृजना के क्षेत्र में मराठी और बांग्ला में नव जागरणकालीन जो भी महत्त्वपूर्ण उपलब्धियाँ थीं–हिन्दी विचार क्षेत्र में उनकी न केवल जानकारी थी, अपितु विशिष्ट कृतियों के अनुवाद भी हुए थे। यह प्रवृत्ति धीरे-धीरे घटती गयी और बाद के दिनों में तो भयावह सम्बन्धहीनता की स्थिति पैदा हो गयी। पिछले कुछेक सालों से रचना के क्षेत्र में (बहुत कुछ सरकारी प्रयासों से) पारस्परिक आदान-प्रदान थोड़ा पनपा है, लेकिन विचार के क्षेत्र में लगभग अनभिज्ञता का साम्राज्य है। ऐसे में मराठी में उपलब्ध डॉ. अम्बेडकर के प्रखर सम्पादकीयों का हिन्दी में अनुवाद एक स्वागत योग्य क़दम है।

प्रखर युवा दलित साहित्यकार डॉ. श्यौराज सिंह 'बेचैन' द्वारा डॉ. अम्बेडकर के 'मूकनायक' 1920 मराठी पत्र के सम्पादकीयों का हिन्दी में

'मूल खोजो विवाद मिटेगा' शीर्षक से अनुवादित पुस्तक सामाजिक परिवर्तन और चिन्तन के लिए उपयोगी साबित होगी। आज समाज जिस संक्रमण के दौर से गुज़र रहा है, ऐसे में डॉ. अम्बेडकर के सम्पादकीयों का हिन्दी में अनुवादित संग्रह दलित साहित्य के आन्दोलन को एक दृष्टि और दिशा देगा।

सत्ता और शक्ति में भागीदार और अपने जायज़ अधिकारों की माँग सिर्फ़ मौखिक अभिव्यक्ति के द्वारा सम्भव नहीं होती। व्यापक जनमानस तक अपनी बात पहुँचाने और उस बात को स्थायित्व देने के लिए मीडिया ही सबसे प्रभावशाली माध्यम है। हम अपने दैन-दिन अनुभवों से जानते हैं कि बात उसी की सुनी और मानी जाती है, जिसके पास मीडिया नामक मंच हुआ करता है। भारतीय समाज के प्रभुत्वशाली तबके ने 10वीं शताब्दी की शुरुआत से ही पत्रकारिता के इस महत्त्व को भाँप लिया था और उस पर एकाधिकार स्थापित करने की बहुत अंशों में सफल चेष्टा भी की थी। अपने स्वरूप, लक्ष्य और चरित्र में सवर्ण पत्रकारिता अपने हितों के लिए सिर्फ़ सचेष्ट ही नहीं थी, वरन् वह बड़ी चतुराई से शेष तबकों के स्वरों को अनसुना करने और उनकी आकांक्षाओं को नैपथ्य में फेंक देने का भी काम कर रही थी। इसलिए डॉ. अम्बेडकर भी हिन्दू पत्रकारिता के समानान्तर दलित पत्रकारिता के क्षेत्र में सक्रिय हुए और उन्होंने मराठी में ही 'मूकनायक', 'बहिष्कृत भारत' (1927), 'समता' (1928), 'जनता' (1933) और 'प्रबुद्ध-भारत' जैसे पत्रों का प्रकाशन व सम्पादन किया। इन पत्रों में उन्होंने बहुत जोरदार ढंग से दलित जीवन के सवालों को उठाया और उन पर चर्चा की। अपने सम्पादकीय अग्रलेखों के माध्यम से न केवल दलित समाज को अपने आन्दोलन से जोड़ा, बल्कि कट्टर सवर्ण हिन्दू बुद्धिजीवियों और पत्रकारों की आलोचनाओं का भी तर्कसंगत और दो टूक जबाव दिया। उन्होंने विरोधियों के दुष्प्रचारों और आरोपों का ऐसा सशक्त खण्डन किया, कि विचारों के विरोधी सम्पादकों से जबाव देते नहीं बन पड़ा।

डॉ. अम्बेडकर ने एक दलित पत्रकार के रूप में 'मूकनायक' और 'बहिष्कृत भारत' इत्यादि पत्रों में जो सम्पादकीय अग्रलेख लिखे आज वे मराठी की दलित पत्रकारिता का मार्ग प्रशस्त कर रहे हैं। कई मराठी दलित लेखकों ने डॉ. अम्बेडकर के इस रचनात्मक आयाम पर महत्त्वपूर्ण शोध कार्य

किये हैं तथा उनके सम्पादकीय लेखों के मराठी में संग्रह भी प्रकाशित किये हैं। इस महत्त्वपूर्ण कार्य से मराठी भाषी लोगों ने लाभ उठाया और वहाँ दलित पत्रकारिता अपने नये तेवर के साथ विकसित हो रही है।

हिन्दी में डॉ. श्यौराज सिंह बेचैन द्वारा मराठी से अनुवादित डॉ. अम्बेडकर के सम्पादकीयों के संकलन ने हिन्दी समाज के लिए भी "डॉ. अम्बेडकर की पत्रकारिता" के अध्ययन की भाषायी समस्या को हल कर दिया है।

पत्रकारिता और राजनीति के क्षेत्र में जो दलित सवाल आज चर्चा में हैं, वास्तव में उन्हें डॉ. अम्बेडकर ने अपने समय में उठाया था; उनके समय में भारतीय मनीषा के लिए ये सवाल बिल्कुल नये थे, अप्रत्याशित थे और चौंका देने वाले थे। इसलिए उन सवालों का विरोध भी उतना ही उग्र और चुनौती भरा था। किन्तु उल्लेखनीय तथ्य यह है कि इन सवालों के समर्थक और विरोध का जवाब देने वाले लोग जितने दलित समाज में आज मौजूद हैं एवं उनकी जो पक्षधरता प्रगतिशील सवर्ण वर्ग में आज दिखाई पड़ती है वह डॉ. अम्बेडकर के समय में नहीं थी! डॉ. अम्बेडकर अकेले व्यक्ति थे जिन्होंने दलित सवालों को उठाने के साथ-साथ कट्टरवादी हिन्दुओं के विरोधों का भी अकाट्य जवाब दिया था। उनकी पत्रकारिता की यह भी एक विशेषता है कि तीखे से तीखे विरोध का जवाब उन्होंने तीखी भाषा में ही दिया। परन्तु वह विध्वंस कहीं भी नहीं हुए। राष्ट्रीय एकता का रचनात्मक अभीष्ट उनकी मूल चिन्ता थी।

'मूकनायक' के प्रथम सम्पादकीय मनोगत में पत्रकार ने हिन्दू समाज व्यवस्था की स्थिति का सटीक चित्र पेश किया है, "हिन्दी समाज एक मीनार है और एक-एक जाति इस मीनार का एक-एक तल (मंजिल) है। ध्यान देने की बात यह है कि इस मीनार में सीढ़ियाँ नहीं हैं, एक तल से दूसरे तल में जाने का कोई मार्ग नहीं है। जो जिस तल में जन्म लेता है वह उसी तल (जाति) में मरता है। डॉ. अम्बेडकर ने इसे ऊपर-नीचे क्रम में माना है, जबकि महात्मा गांधी ने इस विभाजन को समान्तर माना था।"

जब नासिक में शंकराचार्य कुर्त कोटी ने वर्णाश्रम का समर्थन किया था और उसके पक्ष में तमाम थोथी दलीलें दी थीं, तो डॉ. अम्बेडकर ने 'मूकनायक' में 31 जुलाई, 1920 को अपने सम्पादकीय लेख 'काक गर्जना' में लिखा था–"हम शंकराचार्य को हिदायत देते हैं कि वर्ण धर्म रूपी वृक्ष परकीयों के आक्रमणों से और स्वकीयों की जाँच से, असहाय होने की वजह

से, इनके प्रयासों की कुल्हाड़ी के प्रहारों से, इस वृक्ष के पत्ते और डालियाँ कट गये हैं और यह ठूँठ में तब्दील हो गया है। अब इसे समूल उखाड़ने का प्रयत्न 'बहिष्कृत' और ब्राह्मणोत्तर कर रहे हैं और आज नहीं तो कल उन्हें इसमें सफलता ज़रूर मिलेगी। इसलिए तुम भी स्पृश्य-अस्पृश्य का भेद बन्द करो और एकता स्थापित करने के लिए गाँव-गाँव घूमो, ताकि राष्ट्रीय सामाजिक एकता बढ़े। यदि आप ऐसा प्रयत्न करेंगे तभी शंकराचार्य कहलायेंगे। अन्यथा शरकराचार्य कहना पड़ेगा।"

सवर्ण हिन्दू जिस स्वराज की माँग कर रहे थे, डॉ. अम्बेडकर ने उसे दलितों पर ग़ैर दलितों के राज की संज्ञा दी थी। 28 फ़रवरी 1920 के अंक में वह लिखते हैं–यह स्वराज हमारे ऊपर ग़ैर दलितों द्वारा राज कहना होगा। **अंग्रेज़ी राज में जिनकी हमें बात सहनीय नहीं थी, स्वराज्य में उनकी लात झेलनी पड़ेगी। स्वकीयों के सामाजिक, आर्थिक और धार्मिक ज़ुल्मों के पीछे अंग्रेज़ी सत्ता के सुदर्शन का लोप होकर स्वराज रूपी बज्र का हमारे ऊपर प्रहार होने का समय आने वाला है।** इसलिए हम कहते हैं कि स्वराज दो तो ऐसा दो जिसमें हमारा भी थोड़ा बहुत राज्य हो।

डॉ. अम्बेडकर ने 14 अगस्त 1920 के 'मूकनायक' में 'सिंह प्रतिबिम्ब' नामक सम्पादकीय लेख में दलितों के स्वाभिमान को ललकारा है–"यदि कोई महार सवर्णों के घर किसी काम से जाता है तो वह दुर्व्यवहार के आभास से कातर दीवार से लगकर खड़ा हो जाता है। तब घर वाला देखते ही कहता है, अरे-अरे, दूर हो, वहाँ मत खड़ा हो, वहाँ मेरे बच्चे का मल डालने वाला खापड़ पड़ा हुआ है, तू उसे छुयेगा। परन्तु हमारे बहिष्कृत बन्धु को अपने अन्तः करण में क्या कभी ऐसा लगा है कि उस गन्दे बर्तन के आगे उसका भी कोई वजूद है–हमें सचमुच इन्सान होना है। ज़ुल्म बर्दाश्त करने की आदत पड़ गयी तो मनुष्यत्व की उच्च सीढ़ी से नीचे गिरने में समय नहीं लगेगा। बहिष्कृत वर्ग को अपने नुकसान का मुआवजा और अपमान का बदला लेना चाहिए। पीढ़ी-दर-पीढ़ी हमारे ऊपर अन्याय करने वालों को यह पता चलना चाहिए कि हम भी मुक़ाबला कर सकते हैं। तभी वह हमारे साथ अच्छा व्यवहार करेंगे।

अनुवाद में भाषित भूलें अपेक्षाकृत कम हैं। किसी-किसी वाक्य में अस्पष्टता आ गयी है इसका कारण 75 साल पुरानी मराठी और आज की

हिन्दी के विकास के कारण भी हो सकता है। इसका परिष्कार अगले संस्करण में अपेक्षित है। कुल मिलाकर डॉ. श्यौराज सिंह बेचैन ने डॉ. अम्बेडकर के पत्रकार रूप को उनकी विषयवस्तु के साथ मराठी से हिन्दी में लाकर एक अविस्मरणीय ऐतिहासिक योगदान दिया है। जिसकी प्रासंगिकता निरन्तर बनी रहेगी। समय आने पर यह सेवा और रंग लायेगी।

(मासिक समय सरोकार से)

दलित पत्रकारिता का विवेचन

—सुस्मिता बाला

हिन्दी साहित्य और पत्रकारिता पर हमेशा से सवर्णों का प्रभाव रहा है। पत्रकारिता में दलितों की भागीदारी नगण्य रही है। परिणाम स्वरूप दलितों से सम्बन्धित मुद्दों को भी बहुत कम स्थान मिल पाया है। जिन दलित पत्रकारों ने अपनी उपस्थिति दर्ज कराई है तथा दलितों के मुद्दों को आगे बढ़ाया है, उन्हें समाज में समुचित मान्यता नहीं मिली है। हिन्दी पत्रकारिता में इन दलित पत्रकारों के योगदान को कम करके आँका गया है। इसी वजह से दलित पत्रकारों और उनके द्वारा सम्पादित पत्रों पर समग्र जानकारी अनुपलब्ध रही है।

इस स्थिति ने लेखक डॉ. श्यौराज सिंह बेचैन को बेचैन किया तथा उनके मन में एक ऐसी पुस्तक लिखने का विचार आया जिसमें दलित पत्रकारिता पर सम्पूर्ण जानकारी उपलब्ध हो। इस विषय पर अध्ययन के दौरान वे इस निष्कर्ष पर पहुँचे कि इस तरह की कोई भी पुस्तक तभी सार्थक और उपयोगी होगी। जिसमें दलित पत्रकारों, दलित पत्रों और उनके द्वारा समाज और राष्ट्र को दिये गये योगदान का सम्यक विवेचन मौजूद हो।

'हिन्दी की दलित पत्रकारिता पर पत्रकार अम्बेडकर का प्रभाव' शीर्षक की यह पुस्तक डॉ. श्यौराज सिंह के अथक और मौलिक प्रयासों का परिणाम है। उन्होंने एक ऐसे विषय पर शोध परक पुस्तक लिखने का साहस दिखाया है जिस पर अब तक पत्रकार तो दूर समाजशास्त्रियों की भी दृष्टि नहीं गयी थी या हम कह सकते हैं कि जिस ओर उन्होंने जानबूझकर ध्यान नहीं दिया था। डॉ. श्यौराज सिंह ने पत्रकार अम्बेडकर के समग्र रूप और उनसे प्रेरित

देश भर के पत्रकारों की सृजनात्मक ऊर्जा के विवेचन को एक शोध-प्रबन्ध के रूप में प्रस्तुत किया है।

डॉ. श्यौराज सिंह का यह कहना, "हिन्दी साहित्य और पत्रकारिता से सम्बन्धित किसी भी ग्रन्थ में किसी भी दलित पत्र का किसी भी रूप में उल्लेख तक नहीं मिला।" लेखक का यह कथन पूरी तरह सही नहीं जान पड़ता क्योंकि उन्होंने अपने इस शोध-प्रबन्ध में हिन्दी साहित्य और पत्रकारिता के उन तमाम सन्दर्भ-ग्रन्थों का उल्लेख भी किया है जिनसे उन्होंने सहायता ली है। फिर भी डॉ. श्यौराज सिंह को इस बात का श्रेय अवश्य जाता है कि उन्होंने दलित पत्रकारिता पर नियोजित और क्रमबद्ध ढंग से पहला सारगर्भित और उद्देश्यपूर्ण अध्ययन किया है।

प्रस्तुत पुस्तक में दो युगों की अध्ययन-यात्रा का विवेचन किया गया है। पहला युग स्वतन्त्रता से पूर्व की 'अम्बेडकर' और 'गांधी' की पत्रकारिता का युग है और दूसरा स्वतन्त्रता के बाद पत्रकार अम्बेडकर से प्रभावित दलित पत्रकारिता का है। इस पुस्तक के दोनों युगों को लेखक द्वारा दो खण्डों, एक परिशिष्ट व उपसंहार सहित आठ अध्यायों और 28 उपअध्यायों में निबन्धित किया गया है।

प्रथम तीन अध्यायों में स्वतन्त्रता आन्दोलन में दलित वर्ग की स्थिति तथा तत्कालीन हिन्दी पत्रकारिता का विवेचन किया गया है। पत्रकार के रूप में अम्बेडकर तथा उनके व्यक्तित्व के विभिन्न पक्षों का अध्ययन उनके द्वारा कांग्रेस का विरोध व समर्थन जैसे विषयों पर प्रकाश डाला गया है। इसके साथ ही धर्म, जाति, वर्ण व स्त्री-दशा के बारे में अम्बेडकर के विचारों और शिक्षा व अन्य सामाजिक प्रश्नों को मुख्य रूप से उठाया गया है।

स्वतन्त्रता के बाद निकले देश भर के दलित पत्रों का विवेचन, दलित वर्ग के सम्पादक व प्रमुख पत्रकार, वर्ण व्यवस्था और दलित पत्रकारिता आदि विषयों को चौथे अध्याय में समाहित किया गया है। अध्याय पाँच में 'प्रजातन्त्र की अवधारणा व संविधान' की व्याख्या के सन्दर्भ में दलित पत्रकारिता का विश्लेषण है। अध्याय छह में कुछ प्रमुख अन्तर्राष्ट्रीय घटनाएँ उल्लेखित हैं। अध्याय सात भी अपने आप में काफ़ी महत्त्वपूर्ण है, इसलिए कि इसमें स्त्री की दशा के सन्दर्भ में दलित हिन्दी पत्रकारिता का विश्लेषण मौजूद है। इस

अध्याय में सन् 1848 में ज्योतिबा फुले की पत्नी सावित्रीबाई द्वारा लड़कियों के लिए स्कूल खोले जाने से लेकर 1993 तक की घटनाओं का ज़िक्र है।

आठवें अध्याय में लेखक ने विभिन्न माध्यमों से जुड़े महत्त्वपूर्ण सम्पादकों के साक्षात्कार लिए हैं, जिन्होंने अपने-अपने ढंग से यह बताया है कि दलित पत्रकारिता का भविष्य क्या है? या राष्ट्रीय मुख्यधारा की पत्रकारिता के क्षेत्र में दलितों की भागीदारी क्यों नहीं है? या दलित साहित्यकार राजनीति की शरण में क्यों चले गये? या पत्र-पत्रिकाओं में दलितों के बारे में वैचारिक लेख क्यों नहीं छपते? या हिन्दी पत्रकारिता पर हिन्दू पत्रकारिता का आरोप कहाँ तक सही है? या क्या इस वर्ग में पत्रकार रूपी प्रतिभा का संकट है? इत्यादि। सभी प्रश्नों के उत्तर अविकल रूप से दिये गये हैं। कहीं-कहीं विचार एक दूसरे के विरोधी भी हैं। इस पुस्तक का यह अन्तिम अध्याय परिशिष्ट बहुत अच्छा है। इसमें एक ही स्थान पर दलित पत्रकारिता पर विभिन्न लोगों के विचार उपलब्ध होते हैं जो एक महत्त्वपूर्ण उपलब्धि है।

लगभग एक दर्ज़न पुस्तकों का लेखन, सम्पादन और अनुवाद कर चुके डॉ. श्यौराज सिंह बेचैन की यह पुस्तक हिन्दी साहित्य और पत्रकारिता में मील का पत्थर साबित होगी। इससे दलित पत्रकारिता के सन्दर्भ में विद्वानों की दृष्टि परिष्कृत होगी। साथ ही, भविष्य में इस विषय पर अध्ययन और शोध करने वालों को यह पुस्तक दिशा-निर्देश देने का काम भी करेगी।

(संचार माध्यम, जुलाई-सितम्बर-1998)

चौथे खम्बे की आधार पत्रकारिता

—बालकिशन

'हिन्दी की दलित पत्रकारिता पर पत्रकार अम्बेडकर का प्रभाव' पुस्तक डॉ. श्यौराज सिंह बेचैन द्वारा अपने ग्रन्थ को पुस्तक के रूप में छपवा कर एक ऐसे कार्य को अंज़ाम दिया है, जिसकी आज पत्रकारिता के क्षेत्र में आवश्यकता है।

दलित पत्रकारिता के सन्दर्भ में जहाँ तक डॉ. भीमराव अम्बेडकर की पत्रकारिता का ताल्लुक है। वे लोकतन्त्र के चारों खम्बों को मज़बूत करना चाहते थे। जिनकी नींव पर लोकतन्त्र फलता-फूलता है। इसी कारण पत्रकारिता में सामाजिक सवालों को प्राथमिकता देते थे। ये खम्बे हैं न्यायपालिका, विधायिका, कार्यपालिका और पत्रकारिता। जहाँ तक इन चारों खम्बों को खड़ा कर उसका लाभ किसी को देना चाहा तो, वह था इस देश का सबसे दबा-कुचला समाज। जिसको मानवीय समानता और मतदान करने तथा खाने-पीने और सामाजिक परिवेश में रहने का अधिकार नहीं था। साथ ही जिन्हे सामान्य वेश-भूषा धारण करने का भी अधिकार नहीं था। ख़ासकर जिनको धार्मिक समानता प्राप्त नहीं थी। जिनको अपनी मर्ज़ी से अपना रोज़गार चुनने का भी अधिकार नहीं था। इन सब तरह से वंचित और सर्वहारा के लिए डॉ. अम्बेडकर ने लोकतन्त्र के चारों स्तम्भों की अहमियत को समझ और इनकी स्थापना के लिए अध्ययन, मनन व अनुभव के आधार पर सम्पूर्ण जीवन की आहूती दी। जिसका कोई दूसरा सानी नहीं है।

डॉ. श्यौराज सिंह बेचैन द्वारा डॉ. अम्बेडकर के लोकतन्त्र के चौथे खम्बे को मध्य-नज़र रख कर लिखा गया यह एक जीता जागता बृहत सन्दर्भ ग्रन्थ

है। इस ग्रन्थ का केन्द्र बिन्दू तात्कालिक हिन्दी पत्रकारिता और दलित समाज विषयक डॉ. भीमराव अम्बेडकर का दृष्टिकोण है। इतना ही नहीं, यह ग्रन्थ अपने आप में पहला और निराला होने के कारण "लिमिका वर्ल्ड बुक रिकॉर्ड में इसका उल्लेख आया है।"

इस ग्रन्थ की उपादेयता सम्पूर्ण 21वीं सदी में बनी रहेगी। ग्रन्थ में 'हिन्दी की दलित पत्रकारिता पर पत्रकार अम्बेडकर का प्रभाव' एक खोजपूर्ण विषय होने के कारण यह इक्कीसवी सदी को समर्पित ग्रन्थ माना जायेगा। इस ग्रन्थ में रामचरित मानस की तरह कुल आठ अध्याय हैं। जिनमें प्रथम अध्याय में भारतीय सामाजिक व्यवस्था में दलित वर्ग का विवेचन कर पत्रकारिता के विभिन्न पहलुओं पर प्रकाश डाला गया है। अध्याय दो में पत्रकार के रूप में अम्बेडकर का मूल्यांकन किया गया है। इसमें लोकतन्त्र के चारों खम्बों पर विषयवार खरी-खोज के निष्कर्ष दिये हैं। अध्याय तीन में अम्बेडकर युग की हिन्दी पत्रकारिता का स्वरूप और उसे उनकी चुनौतियों से उनकी सटीकता का प्रमाण प्रस्तुत किया गया है। अध्याय चार में हिन्दी की स्वातन्त्र्योत्तर दलित पत्रकारिता और अम्बेडकर के प्रारम्भिक दौर का एक बहुआयामी विश्लेषण किया गया है। अध्याय पाँच में प्रजातन्त्र की अवधारणा और संविधान की व्याख्या, सम्पादकीय टिप्पणियाँ, लेख, समाचार संयोजन इत्यादि पर एक खोजपूर्ण कार्य है। अध्याय छह में अमुख अन्तरराष्ट्रीय परिघटनाएँ और दलित पत्रकारिता, सम्पादकीय टिप्पणियाँ, लेख, समाचार संयोजन जैसे चुनिन्दा कार्य हैं। अध्याय सात में स्त्री की दशा के सन्दर्भ में दलित हिन्दी पत्रकारिता का बेहतरीन विश्लेषण है और अध्याय आठ में लेखक ने कुछ ऐसी साहित्यिक विभूतियों से सवाल-जवाब किये हैं जो आज के परिवेश में डॉ. अम्बेडकर और उनकी दलित पत्रकारिता को उस समय की त्वरित पत्रकारिता मानते हैं। इस अध्याय ने इस पुस्तक की उपादेयता को और अधिक बढ़ा दिया है।

लेखक का प्रयास पुस्तक के छपने के बाद सार्थक सिद्ध हुआ। पुस्तक में दर्शायी गयी सामग्री इतनी सार्थक लगती है कि पुस्तक को हमेशा अपने पास रखने को दिल चाहता है। डॉ. अम्बेडकर को लेकर पुस्तकें तो और भी बहुत लिखी गयी हैं लेकिन उनमें बाबा साहब के बारे में बुद्ध के बारे परस्पर दोहराई गयीं बातें होती हैं। मानों लेखक एक-दूसरे की कॉपी कर रहे

हैं। विश्लेषणात्मक विवेचन और लोकतन्त्र के चौथे खम्बे की भूमिका का अध्ययन कहीं नहीं मिलता। यह नितान्त नया, मौलिक और ज़रूरी है। यह कितना ज़रूरी है इसका आभास आज़ादी से पूर्व तथा आज़ादी के बाद भी इसे पढ़ कर एहसास और गहरा होता जाता है। इसे दिशा देना, इस ग्रन्थ की विशिष्टता है। एक समय आयेगा जब इस ग्रन्थ की क़ीमत को पहचान कर इसे लेखक को साधुवाद देते हुए बाईबल व गीता की तरह अपना कर इसके प्रश्नों पर चिन्तन, मनन और लेखन किया जायेगा। तभी यह पुस्तक अविस्मरणीय बनेगी। हाँ आज के परिवेश में डॉ. अम्बेडकर की पत्रकारिता का चौथा खम्बा लोकतन्त्र की धुरी का कार्य सम्मानपूर्वक कर रहा है। डॉ. अम्बेडकर के जीवन पर्यन्त किये गये प्रयासों का चारों लोकतन्त्रीय स्तम्भों के मूल को मज़बूत करना रहा है। इससे दलित जीवन और हिन्दी भाषा को जोड़ना एक तरह से भविष्य की पत्रकारिता नीति को परखनली साबित होगा। इस पुस्तक से दलितों की सोच, और उस सोच में खामियाँ और खूबियाँ, दलित राजनीति, दलितों की आर्थिक व सामाजिक स्थिति आदि विषय इस ग्रन्थ की पृष्ठभूमि में छिपे हैं, जिनकी परतें वक़्त गुज़रने के साथ-साथ खुलती जायेंगी। अन्त में लेखक की इस अनमोल श्रमसाध्य सेवा के लिए साधुवाद।

(भारतीय जन संचार संस्थान नयी दिल्ली- 110067)

सामाजिक अन्याय के विरुद्ध, सम्पादक अम्बेडकर

—दयानन्द प्रसाद

भारत में सामाजिक अन्याय ने जातिगत आधार पर एक परम्परा का स्वरूप ले लिया था। तथाकथित सवर्णों को परम्परागत रूप से अन्याय अधिकार मिल गया था कि वे अछूतों पर मनमाना अत्याचार करें, दुर्भाग्य से यह प्रवृत्ति दलितों को लेकर इस देश की मानसिकता में बस गयी। जिसे रोकने के लिए बुद्ध, कबीर, रैदास, अछूतानन्द और फुले की परम्परा में डॉ. अम्बेडकर ने अपनी मराठी पत्रिका 'बहिष्कृत भारत' में अन्याय के विरुद्ध ज़ोरदार आवाज़ उठाई। शोध की दृष्टि से डॉ. अम्बेडकर के कृतित्व के विभिन्न आयामों की खोज अभी शुरू हुई है। मराठी में तो उनके लिखित विचारों व लेखों के बारे बहुत कुछ लिखा और पढ़ा जा चुका है। किन्तु हिन्दी में इसकी शुरुआत है। अभी बहुत कुछ सामने आना बाकी है। अम्बेडकर एक सफल पत्रकार भी थे। इसका परिचय उन्होंने 'मूकनायक', 'बहिष्कृत भारत', 'समता', 'जनता' और 'प्रबुद्ध भारत' जैसे मराठी पत्रों द्वारा दिया था। किन्तु हिन्दी में पत्रकारिता से इतर विद्याओं में भी उनके सृजनात्मक कार्यों का उचित मूल्यांकन अभी तक नहीं हो सका है। उनके कई अनछुए पहलू हैं, जिसे समाज के सामने अभी उपस्थित करना शेष है। इस दिशा में पहला और ठोस कार्य किया है डॉ. श्यौराज सिंह बेचैन ने शायद हिन्दी में देश के पहले शोधक हैं। जिन्होंने 'हिन्दी दलित पत्रकारिता पर पत्रकार अम्बेडकर का प्रभाव' विषय पर पी. एच.डी. की उपाधि प्राप्त की है और वे स्वयं भी सक्रिय पत्रकार हैं। इन्होंने अम्बेडकर

के मराठी पत्रों के सम्पादकियों का हिन्दी अनुवाद भी किया। संयोग से डॉ. बेचैन द्वारा किये गये अनुवाद 'मूल खोजों विवाद मिटेगा', 'दलित क्रान्ति का साहित्य' और 'अन्याय कोई परम्परा नहीं' (संगीता प्रकाशन 30/64 गली नं० 6 विश्वास नगर, शाहदरा, दिल्ली) शीर्षक पुस्तकों के रूप में छप चुके हैं। उनकी ये पुस्तकें 'हिन्दी दलित पत्रकारिता, और गांधी अम्बेडकर', 'हरिजन जनता' नाम से प्रकाशित हुई हैं। 'अन्याय कोई परम्परा नहीं' इस अनूदित व सम्पादित पुस्तक में 'बहिष्कृत भारत' से पन्द्रह महत्त्वपूर्ण सम्पादकीय अग्रलेखों का संग्रह डॉ. श्यौराज सिंह ने किया है। इस महत्त्वपूर्ण कार्य के कारण डॉ. बेचैन ने पिछले एक डेढ़ दशक में जिस संघर्ष तथा परिश्रम से साहित्य में अपना एक स्थान प्राप्त किया है। वैसा स्थान बहुत कम दलित शोधकों को इतने समय में प्राप्त होता है।

'अन्याय कोई परम्परा नहीं' में उन्होंने जिन पन्द्रह अग्रलेखों का अनुवाद किया है, संयोग से वे ऐसे लेख हैं जिनसे समाज को उस समय एक नयी दिशा व नयी चेतना प्राप्त हो रही थी। किन्तु सवर्णों में उससे एक खलबली सी मच गयी थी। इसके बावजूद पत्रकार अम्बेडकर के मन में किसी के प्रति किसी प्रकार का पूर्वाग्रह नहीं था। उन्होंने 'ब्राह्मणवादी व्यवस्था को लगातार चुनौती देते हुए भी अपने को संयत रखा तथा वर्ण संघर्ष को एक नयी सामाजिक क्रान्ति के रूप में देखा। उन्होंने ब्राह्मणों के बजाय ब्राह्मणवाद की आलोचना की और सुधरे हुए लोगों से सहयोग पाने की उम्मीद की।

जिस समय वे अख़बार निकाल रहे थे, उस समय पूरे देश में स्वतन्त्रता प्राप्ति के लिए राष्ट्रीय आन्दोलन ज़ोर पकड़ रहा था, किन्तु पत्रकार अम्बेडकर को दलित समाज व देश की राजनैतिक स्वतन्त्रता की चिन्ता से अधिक दलित वर्ग की मुक्ति की चिन्ता सता रही थी, कि इस वर्ग के लिए सामाजिक आज़ादी मिले बग़ैर राजनैतिक आज़ादी के क्या मायने होंगे? क्या स्वतन्त्रता सभी वर्गों के लिए होगी अथवा एक वर्ग विशेष तक सिमट कर रह जायेगी। वास्तव में वे अपने समय से बहुत आगे की सोच रहे थे। वे अपने आने वाले कल के लिए चिन्तित थे।

आज आज़ादी के पचास साल बाद दलित वर्गों की सामाजिक, आर्थिक और शैक्षिक स्थिति देख कर यह नहीं कहा जा सकता कि पत्रकार अम्बेडकर

की चिन्ताएँ बेबुनियाद थीं। उद्देश्यपूर्ण वैचारिक रूप से ईमानदार वही पत्रकार होता है जो समाज के भविष्य में बहुत आगे तक देख और सोच सकता है। इस दृष्टि से 'बहिष्कृत भारत' के सम्पादक डॉ. बी.आर. अम्बेडकर ने सदियों पुरानी वर्ण व्यवस्था को देखते हुए पूर्व अनुमान लगा लिया था, कि दबे-पिसे दलित व अति पिछड़े वर्ग को संघर्ष के बिना मानवीय नागरिक अधिकार मिल पाना मुश्किल होंगे। क्योंकि भावी स्वराज्य से देश की सत्ता मात्र चन्द लोगों के हाथों में सिमट कर रह जाने वाली थी तथा समाज के एक बड़े हिस्से दलित, किसान तथा मज़दूर उससे वंचित रह जाने वाले थे। इस पूर्वानुमान को दृष्टि मध्य रखते हुए अम्बेडकर अपने पत्रों द्वारा दलित वर्ग की आवाज़ को आजीवन मुखर करते रहे तथा समता, स्वतन्त्रता और बन्धुता के आधार पर अपने अधिकारों के लिए लड़ने की हमेशा प्रेरणा देते रहे। मराठी के इन महत्त्वपूर्ण सम्पादकीय अग्रलेखों को हिन्दी की एक पुस्तक के रूप में निकालना वास्तव में हिन्दी भाषी जनता के लिए हर्ष का विषय है। ख़ासकर ऐसे समय में जब स्वतन्त्रता की स्वर्ण जयन्ती पर आज़ादी की उपलब्धियों का मूल्यांकन हो रहा है। इसमें दलितों, स्त्रियों और दूसरे कमज़ोर तबकों के उत्थान, पतन से जुड़े प्रश्नों को अनदेखा नहीं किया जा सकता। डॉ. श्यौराज सिंह बेचैन दलित साहित्य में इस तरह का बुनियादी योगदान सही समय पर और सही दिशा में कर रहे हैं। अतः यह स्वागतेय क़दम है। इस पुस्तक की भूमिका में वरिष्ठ पत्रकार राजकिशोर ने इस महत्त्व को अपने शब्दों में रेखांकित भी किया है।

दलित क्रान्ति की दिशा

—दिनेश राम

समकालीन हिन्दी साहित्य में श्यौराज सिंह 'बेचैन' एक सुपरिचित नाम है। हिन्दी भाषा में दलित साहित्य की पहचान एवं उसकी स्थापना में इनकी केन्द्रीय भूमिका रही है। साहित्य की अधिकांश विधाओं में रचना कर इन्होंने दलित साहित्य को समृद्ध ही नहीं किया, बल्कि साहित्य में इसके स्वरूप को एक अलग आयाम भी दिया है। इसी प्रक्रिया मैं इन्होंने दलित साहित्य के प्रेरणास्रोत डॉ. बी.आर. अम्बेडकर तथा अन्य मराठी लेखकों के महत्त्वपूर्ण मराठी लेखों आदि का हिन्दी में अनुवाद किया है। मराठी से अनूदित लेखों का इनका नवीनतम संकलन 'दलित क्रान्ति का साहित्य' नाम से प्रकाशित हुआ है। इस संग्रह में मराठी की प्रतिष्ठित पत्र/पत्रिकाओं नवयुग, बहिष्कृत भारत, हिरवी क्षितिजे और कुलावा समाचार आदि से डॉ. अम्बेडकर तथा अन्य मराठी लेखकों के दुर्लभ साक्षात्कार, भाषण और लेखों को चुनकर अनूदित, सम्पादित और संकलित किया गया है। इससे पूर्व इनके दो अन्य महत्त्वपूर्ण संकलन 'मूल खोजो विवाद मिटेगा' और 'अन्याय कोई परम्परा नही' नाम से प्रकाशित हो चुके हैं। इन दोनों संग्रहों में डॉ. अम्बेडकर द्वारा प्रकाशित एवं सम्पादित पत्र 'मूकनायक' और 'बहिष्कृत भारत' की सम्पादकीय टिप्पणियों और लेखों का अनुवाद, सम्पादन और संकलन किया गया है।

समीक्षा की सुविधा के लिए इस संकलन को तीन भागों में बाँटा जा सकता है। पहला डॉ. अम्बेडकर तथा अन्य दलित लेखकों के लेख एवं भाषण। दूसरा ग़ैर दलितों के लेख एवं भाषण और तीसरा प्रा. सत्यबोध हुदलीकर द्वारा लिया गया, डॉ. अम्बेडकर का एक लम्बा साक्षात्कार और संकलन-

का सम्पादकीय। डॉ. अम्बेडकर के लेखों के अतिरिक्त 'आत्मवृत' नामक उनका एक महत्त्वपूर्ण भाषण है, जिसे उन्होंने महार की 'बहिष्कृत परिषद्' के अधिवेशन में दिया था, जिसमें उन्होंने दलितों को शिक्षा प्राप्त करने और परम्परागत पेशा छोड़कर कृषि कार्य करने के लिए प्रेरित किया है। पर इस भाषण का महत्त्वपूर्ण पहलू वह है जहाँ डॉ. अम्बेडकर तथ्यात्मक आधार पर यह दावा करते हैं कि ईस्ट इंडिया कम्पनी सरकार की सेनाओं में अछूतों की संख्या शत-प्रतिशत थी, कम्पनी सरकार अछूत सैनिकों और उनके बच्चों को मुफ्त और अनिवार्य शिक्षा प्रदान करती थी। **सन् 1857 के विद्रोह के बाद जब कम्पनी सरकार के स्थान पर ब्रिटिश सरकार का शासन आया तो उसने कम्पनी द्वारा चलाये जा रहे शिक्षण संस्थानों को बन्द करने के साथ ही, सेनाओं में अछूतों की भर्ती को भी कम कर दिया। अब इनके स्थान पर उच्च जातीय हिन्दुओं को लिया जाने लगा। सरकार-के इस उपेक्षापूर्ण व्यवहार की डॉ. अम्बेडकर बराबर शिकायत करते रहे। पर ब्रिटिश सरकार ने ऐसा क्यों किया?**

इस प्रश्न पर डॉ. अम्बेडकर ने अपने भाषण में मात्र इतना ही कहा कि यह अछूतों द्वारा अन्याय के प्रति प्रतिकार न करने की भावना का परिणाम है। ब्रिटिश सरकार का यह नीतिगत निर्णय था इसलिए बात कुछ और थी, जिसका पता बाद के डॉ. अम्बेडकर के लेखों और शिक्षा से सम्बन्धित ब्रिटिश कालीन दस्तावेज़ों के अध्ययन से चलता है। कारण सामाजिक था ब्रिटिश काल में सामाजिक प्रतिष्ठा वाली जितनी भी सुविधाएँ अछूतों को मिल रही थी उससे उच्च जाति के हिन्दू अपमानित महसूस कर रहे थे, लिहाज़ा उनके मन में सरकार के प्रति आक्रोश उभर रहा था जिसका प्रस्फुटन बाद की घटनाओं में देखा जा सकता है। जब ब्रिटिश सरकार सम्पूर्ण भारत पर अपना प्रशासनिक नियन्त्रण स्थापित कर चुकी थी, तब उसने कुछ कल्याणकारी कार्यक्रमों को अपने हाथ में लेते हुए प्राथमिक शिक्षा पर ध्यान दिया और स्कूलों में अछूतों के प्रवेश की व्यवस्था की, तो उच्चजातीय हिन्दुओं द्वारा इसका तीव्र प्रतिरोध किया गया। यहाँ तक कि इसके विरोध में **मद्रास और बम्बई में दंगे तक हुए। परिणामस्वरूप सरकार को अछूतों के लिए कहीं-कहीं पृथक स्कूलों की भी व्यवस्था करनी पड़ी। इसी स्थिति की पूर्व कल्पना कर**

सरकार ने आरम्भ से ही अछूतों की सेनाओं में भर्ती तथा उनके बच्चों को मिलने वाली शिक्षण सुविधाओं को सीमित कर दिया।

सरकार का ऐसा करना लाज़िमी था, क्योंकि वह बहुसंख्यक हिन्दू समुदाय को नाराज़ कर अधिक दिनों तक सत्ता में बनी नहीं रह सकती थी। इस्लामिक शासन की तरह ब्रिटिश सरकार भी यह सत्य जान चुकी थी कि भारत में-जातीय समाज व्यवस्था को छेड़ना उसके लिए आत्मघाती होगा।

परिणामतः सामाजिक प्रतिष्ठा प्रदान करने वाले क्षेत्रों से अछूतों को दूर रखने के लिए सरकार ने नीति अपनायी, पर बाद में अपने लोकतान्त्रिक संस्कारों के चलते सरकार अपने हित के दायरे में रहते हुए अछूतों के लिए कुछ भी कर सकती थी, और करती रही, जिसमें डॉ. अम्बेडकर की अहम भूमिका थी। इसलिए यह कटु सत्य है कि **ब्रिटिश काल में ही अछूतों को आधुनिक शिक्षा ही नहीं, बल्कि शिक्षा प्राप्त करने का अवसर भी मिला।** इससे भी बढ़कर सत्ता का वह लोकतान्त्रिक वातावरण भी मिला, जिसमें अछूत अपने सामाजिक अधिकारों को लड़ाई के लिए संघर्ष कर सकें।

इस प्रकार देखें तो भारत में ब्रिटिश सरकार के कितने ही बुरे आर्थिक पक्ष क्यों न रहे हों, पर **यही वह महत्त्वपूर्ण ऐतिहासिक काल था जब भारत में आधुनिक क्रान्ति की पूर्व पीठिका तैयार हुई?** इन्हीं स्थितियों को ध्यान में रखते हुए **कार्ल मार्क्स** ने भारत में. ब्रिटिश सरकार को सामाजिक क्रान्ति लाने वाला एक अनकॉन्शस टूल (Unconscious tool) कहा–डॉ. अम्बेडकर के अन्य लेखों में **'क्रान्ति, किसे कहें?'** अत्यधिक महत्त्वपूर्ण है। यह लेख डॉ. अम्बेडकर के एक अन्य लेख, जिसका सम्बन्ध तत्कालीन भारतीय मार्क्सवादी आन्दोलन से था, पर एक सम्पादक द्वारा की गयी टिप्पणी का प्रत्युत्तर है। उक्त लेख में डॉ. अम्बेडकर ने यहाँ के मार्क्सवादियों पर अपने विचार प्रकट करते हुए लिखा था,–**'मार्क्सवादियों का यह सोचना था कि सोवियत रूस की तर्ज़ पर यहाँ भी झटपट क्रान्ति सम्भव हो जायेगी, ग़लत है।'** उक्त सम्पादक महोदय ने डॉ. अम्बेडकर के इस दृष्टिकोण पर अपनी टिप्पणी में लिखा था कि–**'डॉ. अम्बेडकर अछूत आन्दोलन के विरोधी हैं।'** अपने इस लेख में डॉ. अम्बेडकर उसका प्रतिवाद करते हुए उक्त सम्पादक की तथ्यों को मनमाने ढंग से प्रस्तुत करने पर तीखी आलोचना करते हैं। आगे

अपने दृष्टिकोण को स्पष्ट करते हुए उन्होंने लिखा कि–**"कम्युनिस्टों का ध्येय मूलतः अनुचित है, हमें ऐसा नहीं लगता। कम्युनिज़्म का ध्येय जैसा राजनैतिक स्वरूप का है, वैसा ही सामाजिक और आर्थिक स्वरूप का भी है। परन्तु, पहले सामाजिक क्रान्ति के बाबत लोगों के विचारों में क्रान्ति आनी चाहिए। उसके बग़ैर समाज में क्रान्ति घटित नहीं होगी। इस तरह कम्युनिज़्म के आर्थिक और राजनैतिक ध्येय को समझने की पात्रता अभी बहुजन समाज ने आत्मसात नहीं की है।"** (पृष्ठ सं. 19) यहाँ डॉ. अम्बेडकर की वैचारिक क्रान्ति से क्या तात्पर्य है? इसका सीधा सा अर्थ है, इस देश के इतिहास, दर्शन, समाज, धर्म और राजनीति की तार्किक एवं बुद्धिवादी ढंग से व्याख्या होनी चाहिए। नियतिवाद और यथास्थितिवाद की निर्मम आलोचना होनी चाहिए। इस देश की बहुसंख्यक जनता को यह बताया जाना चाहिए कि उनकी यह वर्तमान स्थिति उनके पूर्व जन्मों का फल नहीं, इस समाज व्यवस्था का परिणाम है। इसलिए वह बदली जा सकती है।

इस लेख का सम्बन्ध उन्हीं प्रश्नों से जुड़ा है जो आज मार्क्सवादियों और अम्बेडकरवादियों के बीच बहस का मुद्दा बना हुआ है कि राजनैतिक क्रान्ति पहले या सामाजिक क्रान्ति पहले? डॉ. अम्बेडकर का विचार था कि सामाजिक क्रान्ति के पहले राजनैतिक क्रान्ति सम्भव नहीं। अपने इस दृष्टिकोण की विस्तृत विवेचना उन्होंने अपने प्रसिद्ध लेख 'जाति का उन्मूलन' में की है। यहाँ उन्होंने अपने मत के समर्थन में इतिहास की कई महत्त्वपूर्ण घटनाओं का उल्लेख किया है। उनके अनुसार यूरोप में 'मार्टिन लूथर' और अरब में मोहम्मद साहब के द्वारा चलाया गया, धार्मिक एवं सामाजिक आन्दोलन के बाद ही राजनैतिक क्रान्ति सम्भव हुई। पंजाब में भी 'गुरु नानक' द्वारा चलाए गये धार्मिक एवं सामाजिक आन्दोलन के बाद ही राजनैतिक क्रान्ति सम्भव हुई। ठीक इसी तरह महाराष्ट्र में सन्तों के द्वारा चलाये गये धार्मिक एवं सामाजिक आन्दोलन के बाद ही शिवाजी के नेतृत्व में राजनैतिक क्रान्ति सम्भव हुई। **डॉ. अम्बेडकर समाजवादियों के इस विचार से सहमत नहीं थे कि समाज की हर समस्या के मूल में अर्थ है**–इसलिए आर्थिक क्रान्ति हो जाने के बाद समाज की सारी समस्याएँ समाप्त हो जायेंगी। डॉ. अम्बेडकर ने कहा, अगर थोड़ी देर के लिए यह मान भी लिया जाये तो क्या

आर्थिक क्रान्ति बिना सामाजिक क्रान्ति के सम्भव है। **भारत में कम्युनिस्ट आन्दोलन का 75 साल का इतिहास इस बात का प्रमाण है कि मात्र समाजवाद और साम्यवाद के मुद्दे पर इस देश की बहुसंख्यक जनता को क्रान्ति के लिए एकजुट नहीं किया जा सकता,** तो फिर यह कैसे सम्भव हो? क्या बहुसंख्यक समुदाय के बीच व्याप्त जातीय अन्तर्विरोधों को समाप्त किये बिना उनमें भावनात्मक स्तर पर एकजुटता सम्भव है? अगर नहीं तो इसके लिए सबसे पहले एक ठोस सामाजिक सुधार आन्दोलन की ही आवश्यकता है। इसके बिना क्रान्तिकारी आन्दोलन के लिए जनता को एकजुट नहीं किया जा सकता। यही वह बिन्दु है जहाँ डॉ. अम्बेडकर समाजवादियों और मार्क्सवादियों से अपनी असहमति प्रकट करते हैं।

डॉ. श्यौराज सिंह बेचैन की इस किताब में ग़ैर दलितों द्वारा लिखे गये दो लेख अति महत्त्वपूर्ण हैं। एक नवयुग पत्र का सम्पादकीय जिसे आचार्य प्रहलाद केशव आत्रे ने डॉ. अम्बेडकर के छप्पनवें जन्मदिन पर लिखा था। दूसरा, कमलेश्वर जी का अध्यक्षीय भाषण, जो मराठी के तृतीय दलित साहित्य सम्मेलन के अवसर पर दिया गया था। ये दोनों ही लेख अत्यन्त पठनीय है। "**भारत का महान मूर्तिभंजक**" नाम से अपने सम्पादकीय में आचार्य आत्रे ने डॉ. अम्बेडकर की भाव विह्वल होकर मुक्तकण्ठ से प्रशंसा की है। उनका मूल्यांकन करते हुए उन्होंने लिखा है कि–"एक तटस्थ पत्रकार की दृष्टि से आज मुझे यह कहते हुए संकोच नहीं कि डॉ. अम्बेडकर जैसा प्रकाण्ड बुद्धि, विद्या, कर्तव्य परायण, मानव सेवक और देश भक्ति का एक भी राष्ट्रीय पुरुष हमारे देश में दिखाई नहीं देता।" (पृष्ठ सं. 24) इस लेख को पढ़ते हुए इस बात का गहराई से एहसास होता है कि लेखक का डॉ. अम्बेडकर के प्रति अगाध श्रद्धा, प्रेम और सम्मान है। यह लेख पाठक में भी उस महामानव के प्रति उच्च सम्मान की भावना भर देता है। पर अधिकांश ग़ैर दलित लेखकों में देखा गया है कि वे किसी महान दलित व्यक्ति की प्रशंसा में लिखते समय उदारता का परिचय तो देते हैं, लेकिन ज्यों ही दलित और ग़ैर दलित महापुरुषों को आमने-सामने खड़ा करने का समय आता है, तो वे एक अजीब से समन्वयात्मक दृष्टिकोण के शिकार हो जाते हैं। यहाँ आचार्य अत्रे भी इस प्रवृत्ति से बच नहीं पाये हैं। **एक तरफ़ आत्रे जी डॉ. अम्बेडकर**

के हिन्दू धर्म छोड़ने पर नाराज़ हैं, तो दूसरी तरफ़ इस्लाम के स्थान पर बुद्ध धर्म को अपनाने पर राहत की साँस लेते हैं। एक तरफ़ वे डॉ. अम्बेडकर द्वारा की गयी कांग्रेस की निर्मम आलोचना से नाख़ुश हैं तो दूसरी-तरफ़ वे इस विचार से सहमत हैं कि कांग्रेस और गांधी ने अछूतों के लिए मुसलमानों की तुलना में कुछ नहीं किया। उनके अनुसार एक तरफ़ गांधी जी वर्णाश्रम व्यवस्था के समर्थक हैं तो दूसरी ओर डॉ. अम्बेडकर समाजवादी समाज व्यवस्था के। एक तरफ़ गांधी जी में दूसरों को विचार स्वातन्त्र्य देने की उदारता नहीं है, तो दूसरी तरफ़ डॉ. अम्बेडकर अत्यन्त ही लोकतान्त्रिक। एक तरफ़ डॉ. अम्बेडकर अछूतों के स्वाभाविक नेता हैं, तो दूसरी ओर गांधी जी स्वघोषित, पर अन्त में वही निष्कर्ष कि दोनों ही महान हैं। चिन्तन की यह प्रवृत्ति अत्यधिक कष्टदायक है। डॉ. अम्बेडकर द्वारा किया गया वैचारिक क्रान्ति का आह्वान चिन्तन की इन्हीं प्रवृत्तियों के प्रति विद्रोह का आह्वान है।

दलित साहित्य के सन्दर्भ में कमलेश्वर जी का भाषण ऐतिहासिक है। दलित साहित्य की व्याख्या में उन्होंने अपने साहित्यबोध और इतिहासबोध का बखूबी उपयोग किया है। दलित साहित्य का मूल्यांकन करते हुए उन्होंने इसे '**सम्यक् क्रान्ति**' की आवाज़ कहा। कमलेश्वर जी का यह भाषण दलित साहित्य को समग्रता से समझने का प्रयास है, मैं समझता हूँ कि यह भाषण किसी हिन्दी भाषी ग़ैर-दलित लेखक का दलित साहित्य पर पहला भाषण होगा। इस पुस्तक की समीक्षा के तीसरे भाग के रूप में प्राध्यापक सत्यबोध हुदलीकर द्वारा लिया गया डॉ. अम्बेडकर का साक्षात्कार, ऐतिहासिक और दुर्लभ है, जिसमें उनके व्यक्तिगत जीवन का संघर्ष एवं चिन्तन लिपिबद्ध किया गया है। इस साक्षात्कार में उनका संवेदनशील, मानवतावादी विद्वान, संघर्षशील और देशप्रेमी व्यक्तित्व स्पष्ट होकर उभरता है। इसको पढ़ते हुए यह शिद्दत से महसूस होता है कि डॉ. अम्बेडकर का व्यक्तिगत और सामाजिक जीवन एकरूप था। उनके चिन्तन और उनके कर्म में अद्वैत है।

'हिन्दी साहित्य में जाति एक महत्त्वपूर्ण घटक है।' नामक लेख संकलन का अन्तिम लेख है जिसे हिन्दी के प्रखर दलित साहित्यकार ओम प्रकाश वाल्मीकि ने लिखा है–इस लेख में उन्होंने दलित साहित्य की हिन्दी साहित्य से भिन्नता दिखाते हुए उसको परिभाषित किया है। इसमें उन्होंने ग़ैर दलित

लेखकों के दलितों से सम्बन्धित लेखों में उनके संस्कारगत आग्रहों को बड़े ही तर्क संगत ढंग से दिखाया है। अन्त में संकलन के सम्पादकीय का ज़िक्र आवश्यक है जिसमें संग्रह के प्रत्येक लेखों का परिचय एवं उनकी समीक्षा बड़े ही रोचक ढंग से प्रस्तुत की गयी है। अपने सम्पादकीय में लेखक ने वैचारिक क्रान्ति की धार को भोथरी करने वाली एक विशेष प्रकार की चिन्तन प्रवृत्ति पर प्रहार किया है।

यह पुस्तक कई दृष्टियों से अत्यन्त महत्त्वपूर्ण है। एक राष्ट्रीय दलित साहित्य आन्दोलन खड़ा करने के क्रम में यह महती भूमिका का निर्वाह करती है और हिन्दी भाषी क्षेत्र के लोगों को डॉ. अम्बेडकर के चिन्तन एवं संघर्ष से सीधा संवाद स्थापित कराती है। डॉ. श्यौराज सिंह 'बेचैन' की अनूदित पुस्तकें इस बात की प्रामाणिक दस्तावेज़ हैं कि डॉ. अम्बेडकर के चिन्तन का स्वरूप उनके संघर्ष एवं अनुभव की ठोस ज़मीन पर विकसित हुआ है। इसलिए उनका चिन्तन इस देश की धरोहर है। दलित आन्दोलन से जुड़े हुए व्यक्तियों, उससे सहानुभूति रखने वाले मित्रों तथा राष्ट्रनिर्माण के लिए संघर्षशील भारतीयों के लिए यह संकलन पठनीय और संग्रहणीय, दोनों है।

(कथा मासिक हंस जून 1999)

परिशिष्ट

रेडियों से प्रसारित

'हिन्दी की दलित पत्रकारिता पर पत्रकार अम्बेडकर का प्रभाव' नामक पुस्तक के लेखक है डॉ. श्यौराज सिंह 'बेचैन'। 384 पृष्ठ की इस पुस्तक का मूल्य है 450 रुपये। दलित वर्ग में जन्मे देश के प्रमुख चिन्तक व पत्रकार अम्बेडकर की पत्रकारिता और दलित पत्रकारों द्वारा मूक, वंचित मानव को अभिव्यक्ति के जो सृजनात्मक साधन उपलब्ध कराये गये, इसका वर्णन इस पुस्तक में दो खण्डों एक परिशिष्ट एवं उपसंहार सहित आठ अध्यायों और 28 उप अध्यायों में निबन्धित है। प्रथम खण्ड में अम्बेडकर के व्यापक विचारों एवं उनकी पत्रकारिता के समग्र रूप का विषयोचित मूल्यांकन किया गया है। दूसरे खण्ड में, स्वातन्त्र्योत्तर दलित हिन्दी पत्रकारिता पर अम्बेडकर के प्रभाव का शोधपूर्ण अध्ययन किया गया है।

डॉ. श्यौराज सिंह द्वारा हिन्दी विषय में। प्रस्तुत शोध प्रबन्ध शीर्षक "हिन्दी की दलित पत्रकारिता पर पत्रकार अम्बेडकर का प्रभाव" पर प्रस्तुत परीक्षकों की गोपनीय रिपोर्टें।

परीक्षक नं. 1

मैंने उपयुक्त शोधप्रबन्ध आद्योपान्त ध्यानपूर्वक पढ़ा। यह शोधकार्य एक मौलिक विषय को लेकर लिखा गया है। इसके लिए शोधार्थी के साथ-साथ शोध निदेशक **डॉ. वीरेन्द्र डंगवाल** भी साधुवाद के पात्र हैं।

हिन्दी में दलित पत्रकारिता पर सम्भवत: यह पहला शोध कार्य है, जिस पर डॉ. अम्बेडकर के पत्रकार व्यक्तित्व का प्रभाव देखने की सफल कोशिश की गयी है। विषय के अनुरूप शोधप्रबन्ध को आठ अध्यायों में विभक्त किया

गया है। सभी अध्याय परिश्रमपूर्वक तैयार किये गये हैं, जिनमें तर्क-सहित शोधार्थी ने अपनी मान्यताएँ रेखांकित की हैं।

प्रथम अध्याय में भारतीय समाज व्यवस्था में दलित वर्ग की स्थिति का आकलन करते हुए शोधार्थी ने अच्छी व्याख्या प्रस्तुत की है। इसी सन्दर्भ में वह हिन्दी पत्रकारिता के दलितवर्ग के प्रति रुख की निर्मम आलोचना करता है, जो अनुचित नहीं है।

आगे पत्रकार के रूप में डॉ. अम्बेडकर का मूल्यांकन है। तदुपरान्त अम्बेडकर-युग की हिन्दी पत्रकारिता के स्वरूप और उसे उनकी चुनौतियाँ शीर्षक अध्याय में विस्तारपूर्वक सामाजिक प्रश्नों के सभी प्रश्नों के साथ हिन्दी पत्रकारिता को, उसकी प्रकृति को समझाने की चेष्टा की गयी है। इसी क्रम में चौथा अध्याय पठनीय है। यह शोधप्रबन्ध का सर्वाधिक महत्त्वपूर्ण अध्याय है, जिसमें हिन्दी की स्वतन्त्रता-परवर्ती हिन्दी दलित पत्रकारिता को अम्बेडकर की विचारधारा के सन्दर्भ में परखने का उपक्रम है। शोधार्थी ने मुख्यरूप से उत्तर प्रदेश, बिहार, महाराष्ट्र, मध्यप्रदेश, पंजाब, दिल्ली, राजस्थान के दलित वर्ग के प्रमुख पत्रकार और सम्पादकों की विचारधारा का मूल्यांकन किया है। दलित वर्ग की समस्याओं तथा आरक्षण आदि पर इन पत्र एवं पत्रकारों की वाणी को बहुत अच्छे ढंग से विश्लेषित किया गया है।

आगे प्रजातन्त्र की अवधारणा और संविधान की व्याख्या विषयक सम्पादकीय टिप्पणियों, लेखों तथा समाचारों के संयोजन पर सामग्री है। कुछ प्रमुख अन्तर्राष्ट्रीय परिघटनाओं को दलित पत्रकारिता के सन्दर्भ में देखा गया है। फिर स्त्री की दशा के सन्दर्भ में दलित हिन्दी पत्रकारिता का विश्लेषण किया गया है। निस्सन्देह यह सामग्री डॉ. अम्बेडकर की स्त्रीविषयक अवधारणा के आलोक में संयोजित की गयी है। जो आज अत्यन्त प्रासंगिक है। अन्तिम अध्याय परिशिष्ट के रूप में है, जिसमें कुछ चर्चित-अचर्चित पत्रकारों एवं सम्पादकों के साक्षात्कार है।

कुल मिला कर यह शोध प्रबन्ध अपने प्रस्तुतिकरण में परिपक्व है। भाषा एवं शैली में प्रौढ़ता है। शोधार्थी में तर्क-क्षमता दिखाई देती है। यह शोध प्रबन्ध हिन्दी-साहित्य तथा हिन्दी पत्रकारिता के क्षेत्र में एक नया अध्याय जोड़ता है।

संस्तुति 1

मेरी संस्तुति है कि इस शोध-प्रबन्ध के उपलक्ष में श्री श्यौराज सिंह को रुहेलखण्ड विश्वविद्यालय की ओर से पी.एच.डी. की उपाधि नियमानुसार मौखिक परीक्षा के उपरान्त प्रदान कर दी जाये। शोध-प्रबन्ध प्रकाशन के सर्वथा योग्य है।

परीक्षाक नं. 2

दलित पत्रकारिता का शुभारम्भ राष्ट्रपिता महात्मा गांधी के 'हरिजन' तथा राष्ट्र-संविधान डॉ. अम्बेडकर के 'जनता' नामक अख़बारों द्वारा हुआ। दोनों अख़बारों की मूल चेता दलित के समुत्थान की रही। आगे चलकर दलितों, वंचितों व शोषितों की समस्याओं पर अनेक पत्रों का प्रकाशन हुआ। उन सभी पर डॉ. अम्बेडकर की दलित विषयक सोच की विशेष एवं गहरी छाप रही। रस परम्परा में श्री बाबूराव बागल तथा श्री नामदेव ढसाल स्रादिकों ने दलित पत्रकारिता को प्रखर और मुखर तेवर प्रदान किये।

सुधी शोधकर्ता ने अपने पूरे प्रयास से यह रेखांकित करने की सफल चेष्टा की है कि दलित पत्रकारिता सामाजिक यथार्थ के अपेक्षा अधिक समीप है। इस पत्रकारिता का प्रधान स्वर समता मूलक मानवीय सम्बन्धों का गहराई से पता लगाना, उनकी ऐतिहासिकता के श्वेतश्याम पक्षों पर प्रकाश डालना और साथ ही दलित बोध की संवैधानिकता पर वैचारिक बहस कराना रही है। इस उद्देश्य में दलित पत्रकारिता सर्वथा सफल रही है। शोधछात्र ने लगभग दो सौ दलित पत्रकारों तथा कतिपथ सवर्ण पत्रकारों के हवाले से अपने शोध को प्रौढ़, पुष्ट एवं तर्कसम्मत बनाया हैं, उसका तथ्यान्वेषण मार्मिक और विचारोद्‌बोधक है।

शोधार्थी श्री श्यौराज सिंह तथा शोधनिर्देशक डॉ. डंगवाल की इस दृष्टि से प्रशंसा की जानी चाहिए कि एक अत्यन्त अछूते, उलझे एवं संवेदनशील विषय पर गहमागहमी से विचार और विमर्श किया है और कहीं पर भी न भटकाव आया है और न असन्तुलन।

पत्रकार जगत के 17 प्रबुद्ध हिन्दी पत्र प्रतिनिधियों के साक्षात्कार के माध्यम से विचारमन्थन देकर प्रस्तुतवृति का मूल्य दूना हो गया है। प्रस्तुत शोध से जीवन्त वैचारिकता पनपी, बढ़ी और बलवती हुई है।

अतः मैं सन्तोषपूर्वक संस्तुति करता हूँ कि प्रस्तुत सन्दर्भ में श्री श्यौराज सिंह को रुहेलखण्ड विश्वविद्यालय, बरेली की पी.एच. डी. उपाधि प्रदान की जाये।

शोध प्रबन्ध प्रकाशन के योग्य है।

पत्रकारिता के 'आईने' में दलित समाज

—अनुजा भट्ट

डा. अम्बेडकर ने कभी नहीं चाहा कि उनको देवता मानकर पूजा जाये, लेकिन गाजीपुर के 'सवाना' नामक गाँव में अम्बेडकर का मन्दिर बन रहा है। उस महान मूर्तिभंजक को मूर्ति में बदल लेना जहाँ एक ओर अम्बेडकर को महामानव के रूप में प्रतिस्थापित करता है वहीं दूसरी ओर कई तरह के प्रश्न, कई तरह की जिज्ञासाएँ भी मानव मन में उठती हैं। इन प्रश्नों का उत्तर देने में श्यौराज जी की यह पुस्तक हमारी सहायता करती है। पुस्तक का विषय 'हिन्दी की दलित पत्रकारिता पर पत्रकार अम्बेडकर का प्रभाव' के स्थान पर यदि कुछ संक्षिप्त रूप होता तो अच्छा रहता। पर यह कोई लेखकीय भूल नहीं है। चूँकि यह उनका शोधप्रबन्ध है और हमारे यहाँ के शोधप्रबन्धों की यह विडम्बना ही कही जायेगी कि विषय यहाँ काफ़ी विस्तार वाले होते हैं। जिससे मूल विषय उतना विस्तार नहीं पाता जिस विस्तार की अपेक्षा सुधी पाठक करते हैं।

इस पुस्तक की विशेषता यह है कि यह कई सारे प्रश्न पाठक के सामने उपस्थित करती है और उसे अपनी समाज व्यवस्था के प्रति मनन करने के लिए बाध्य भी करती है। निश्चय ही इसके लिए लेखक साधुवाद के पात्र हैं। अम्बेडकर का हवाला देते हुए जो प्रश्न उन्होंने उठाये हैं, निश्चित तौर पर वे प्रश्न हमारी सामाजिक व्यवस्था के सृजन और ध्वंस के नियोक्ता रहे हैं।

'मानव जाति जिनका त्याग कर देती है वे ईश्वर के प्रिय बन जाते हैं, 'हरिजन' का यही तो अर्थ है,' लेखक के अनुसार गांधी जी 'हरिजन' को मानव जाति में नहीं मानते। शायद मनुष्य से कम दर्जे का मानते हैं।

इसी प्रकार यदि आप किसी व्यक्ति से उसका परिचय जानना चाहें तो नब्बे प्रतिशत व्यक्ति अपनी जाति ही बताते हैं। यदि किसी दलित व्यक्ति के साथ बलात्कार होता है तो ख़बर छपती है कि वह स्त्री चरित्रहीन थी।

लेखक ने यह भी आरोप लगाया कि सन्त लोग मानव-मानव में समानता की बात नहीं करते। वे तो ईश्वर की दृष्टि में सब को समान मानने के पक्ष में है। हिन्दुत्व की प्राण प्रतिष्ठा में हज़ारों अछूतों ने अपने सिर कटाये, लेकिन किसी हिन्दू ने दलितों के लिए प्राणोत्सर्ग नहीं किया।

ये सारे के सारे प्रश्न हमारी समाज व्यवस्था की सच्ची पोल खोल देते हैं। आज चाहे हमने कितनी भी प्रगति क्यों न कर ली हो, बावजूद इसके हम समाज में व्याप्त इन विकृतियों से अभी भी ग्रसित हैं। मनुष्य के मन में मनुष्य के प्रति ही हीनता का भाव है और एक मनुष्य सदैव दूसरे व्यक्ति पर शासन करना चाहता है। ऐसी स्थिति में पत्रकार अम्बेडकर एक ऐसी समाज व्यवस्था की रचना में जुटे जो एक जातिविहीन समाज था। यूरोपीय शिक्षा से सम्पन्न होते हुए भी अपनी बात को कहने के लिए वह जो उद्धत देते थे, वह हमारे धर्मशास्त्र और पौराणिक कथाओं पर आधारित होते थे, जिसे आम जनता आसानी से ग्रहण कर सकती है।

अपने अनुभवों से उन्होंने जाना कि शिक्षा कितनी ज़रूरी है। साथ ही शिक्षक के समाज के प्रति उत्तरदायित्व को भी उन्होंने अनुभव किया। वह सहशिक्षा के पक्षधर थे और चाहते थे कि अन्तरजातीय और अन्तरदेशीय विवाह हों, इसके लिए उन्होंने 'मूकनायक', 'बहिष्कृत भारत', 'जनता' तथा 'प्रबुद्ध भारत' जैसे लोकप्रिय पत्रों में लिखा। उन्होंने माना कि जनक्रान्ति में समाचारपत्रों की एक गम्भीर भूमिका होती है।

पूरी की पूरी पुस्तक में अगर कुछ खटकता है तो वह यह कि लेखक गांधी और अम्बेडकर को दो अलग-अलग ध्रुवों पर केन्द्रित करने का प्रयास करता है, लेखक की जितनी ज़िम्मेदारी अपने लेखन के साथ होती है। उससे कहीं अधिक ज़िम्मेदारी समाज के साथ होती है जिसका वह भी अंग है। माना कि समाज विकृत हो गया है। लेखक का काम मूल्यांकन का होना चाहिए। और उस मूल्यांकन के आधार पर चीज़ों को ग्रहण करने या न करने का अधिकार पाठक का होना चाहिए। गांधी के प्रति घृणाभाव और अम्बेडकर के

प्रति भक्तिभाव दर्शाना लेखक का उद्देश्य नहीं होना चाहिए। प्रेमचन्द के लेखन की प्रशंसा में लेखक का यह कथन कि 'प्रेमचन्द ने अपने साहित्य में दलितों को विशेष सम्मान और प्यार दिया लेकिन फिर भी प्रेमचन्द गांधी को अपना आदर्श मानते थे अम्बेडकर को नहीं' एक हास्यास्पद स्थिति पैदा करता है। पुस्तक में जो उद्धरण दिये गये हैं वे भी अपूर्ण हैं उद्धरणों की अपूर्णता दुर्बोधता पैदा करती है। प्रयाग शुक्ल के व्यंग्य मत से 'क्योंकि व्यापक जनसमुदाय को अच्छी चीज़ें देने से लाभ क्या वे तो उसकी समझ में आयेंगी नहीं।' यह बात किस सन्दर्भ में है, कहीं भी स्पष्ट नहीं होता। इस तरह के कई उदाहरण पुस्तक में हैं।

लेखक ने माना है कि दलित पत्रकारिता में अम्बेडकर का विशेष योगदान है। इसके लिए उसने ब्यौरेवार पत्र-पत्रिकाओं का उल्लेख भी किया है। इस तरह सामग्री संचयन की दृष्टि से लेखकीय श्रम की सराहना की जानी चाहिए। पाठकों को इससे दोहरा लाभ होगा। एक तो उनके सामने तथ्यात्मक अध्ययन होगा। दूसरा उनको तत्कालीन समाज व्यवस्था को समझने में भी मदद मिलेगी। पुस्तक में विश्लेषण की काफ़ी गुंजाइश है। लेखक की स्वयं की दृष्टि विद्वान लेखकों के उद्धरण तले दब-सी जाती है और पाठक यह जानने के लिए पूरी पुस्तक पढ़कर भी अतृप्त रहता है कि आख़िर लेखक यानी श्यौराज जी का स्वयं का क्या मत है।

इन तमाम मत-मतान्तरों के बावजूद लेखक ने उन तमाम कष्टों और तकलीफ़ों को कहने का जोखिम उठाया है जिसे दलित समाज भोग रहा है। इसके लिए उसने तथ्य भी उपस्थित किये हैं। ऐसा कार्य कर पाना साहस और जीवट का काम है। विचारों को झकझोरने में पुस्तक एक गम्भीर भूमिका अदा करती है।

(आज कल–मई–1999)

❑❑